编委会

郝文杰	全国民航职业教育教学指导委员会副秘书长、中国民航管理干部学院副教授
江丽容	全国民航职业教育教学指导委员会委员、国际金钥匙学院福州分院院长
林增学	桂林旅游学院旅游学院党委书记
丁永玲	武汉商学院旅游管理学院教授
刘元超	西南航空职业技术学院空保学院院长
杨文立	上海民航职业技术学院安全员培训中心主任
范月圆	江苏航空职业技术学院航空飞行学院副院长
定 琦	郑州旅游职业学院现代服务学院副院长
黄 华	浙江育英职业技术学院航空学院副院长
王姣蓉	武汉商贸职业学院现代管理技术学院院长
毛颖善	珠海城市职业技术学院旅游管理学院副院长
黄华勇	毕节职业技术学院航空学院副院长
魏 日	江苏旅游职业学院旅游学院副院长
吴 云	上海旅游高等专科学校外语学院院长
刘晏辰	三亚航空旅游职业学院民航空保系主任
史金鑫	中国民航大学乘务学院民航空保系主任
汤 黎	武汉职业技术学院旅游与航空服务学院副教授
江 群	武汉职业技术学院旅游与航空服务学院副教授
汪迎春	浙江育英职业技术学院航空学院副教授
段莎琪	张家界航空工业职业技术学院副教授
王勤勤	江苏航空职业技术学院航空飞行学院副教授
覃玲媛	广西蓝天航空职业学院航空管理系主任
付 翠	河北工业职业技术学院空乘系主任
李 岳	青岛黄海学院空乘系主任
王观军	福州职业技术学院空乘系主任
王海燕	新疆职业大学空中乘务系主任
谷建云	湖南女子学院管理学院副教授
牛晓斐	湖南女子学院管理学院讲师
戴 璐	海口经济学院旅游与民航管理学院讲师
胡 飞	中国民航大学乘务学院民航空保系讲师

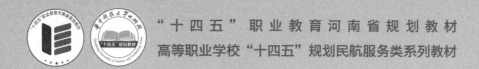

"十四五"职业教育河南省规划教材

高等职业学校"十四五"规划民航服务类系列教材

民航服务心理学

主　编◎定　琦　刘　芳
副主编◎张　莹　邵小明　曹冬薇

华中科技大学出版社
http://press.hust.edu.cn
中国·武汉

内 容 提 要

本书立足于对民航服务心理和民航旅客心理的研究和探索,内容涵盖民航服务心理学概述、感知觉与民航服务、民航旅客的需要、个性心理特征与民航服务、情绪感情与民航服务、民航服务中的态度、民航服务中的有效沟通、民航服务中的人际关系、民航服务中的团队建设,以及应急心理与民航服务等。本书适合高等职业院校民航专业学生使用,也可作为相关人员的学习参考书。

图书在版编目(CIP)数据

民航服务心理学/定琦,刘芳主编. —武汉:华中科技大学出版社,2021.10(2024.1重印)
ISBN 978-7-5680-7296-0

Ⅰ.①民… Ⅱ.①定… ②刘… Ⅲ.①民用航空-旅客运输-商业心理学-高等职业教育-教材 Ⅳ.①F560.9

中国版本图书馆 CIP 数据核字(2021)第 208510 号

民航服务心理学 定琦 刘芳 主编
Minhang Fuwu Xinlixue

策划编辑:胡弘扬
责任编辑:刘 烨 王梦嫣
封面设计:廖亚萍
责任校对:刘 竣
责任监印:周治超
出版发行:华中科技大学出版社(中国·武汉) 电话:(027)81321913
　　　　　武汉市东湖新技术开发区华工科技园　　邮编:430223
录　排:华中科技大学惠友文印中心
印　刷:武汉开心印印刷有限公司
开　本:787mm×1092mm　1/16
印　张:17　插页:2
字　数:419 千字
版　次:2024 年 1 月第 1 版第 4 次印刷
定　价:49.80 元

本书若有印装质量问题,请向出版社营销中心调换
全国免费服务热线:400-6679-118　竭诚为您服务
版权所有　侵权必究

INTRODUCTION
出版说明

民航业是推动我国经济社会发展的重要战略产业之一。"十四五"时期,我国民航业将进入发展阶段转换期、发展质量提升期、发展格局拓展期。2021年1月在京召开的全国民航工作会议指出,"十四五"期末,我国民航运输规模将再上一个新台阶,通用航空市场需求将进一步激活。这预示着我国民航业将进入更好、更快的发展通道。而我国民航业的快速发展模式,也进一步对我国民航教育和人才培养提出了更高的要求。

2021年3月,民航局印发《关于"十四五"期间深化民航改革工作的意见》,明确了科教创新体系的改革任务,要做到既面向生产一线又面向世界一流。在人才培养过程中,教材建设是重要环节。因此,出版一套把握新时代发展趋势的高水平、高质量的规划教材,是我国民航教育和民航人才建设的重要目标。

基于此,华中科技大学出版社作为教育部直属的重点大学出版社,为深入贯彻习近平总书记对职业教育工作作出的重要指示,助力民航强国战略的实施与推进,特汇聚一大批全国高水平民航院校学科带头人、一线骨干"双师型"教师以及民航领域行业专家等,合力编著高等职业学校"十四五"规划民航服务类系列教材。

本套教材以引领和服务专业发展为宗旨,系统总结民航业实践经验和教学成果,在教材内容和形式上积极创新,具有以下特点:

一、强化课程思政,坚持立德树人

本套教材引入"课程思政"元素,树立素质教育理念,践行当代民航精神,将忠诚担当的政治品格、严谨科学的专业精神等内容贯穿于整个教材,使学生在学习知识的"获得感"中,获得个人前途与国家命运紧密相连的认知,旨在培养德才兼备的民航人才。

二、校企合作编写,理论贯穿实践

本套教材由国内众多民航院校的骨干教师、资深专家学者联合多年从事乘务工作的一线专家共同编写,将最新的企业实践经验和学校教科研理念融入教材,把必要的服务理论和专业能力放在同等重要的位置,以期培养具备行业知识、职业道德、服务理论和服务思想的高层次、高质量人才。

三、内容形式多元化,配套资源立体化

本套教材在内容上强调案例导向、图表教学,将知识系统化、直观化,注重可操作性。华中科技大学出版社同时为本套教材建设了内容全面的线上教材课程资源服务平台,为师生们提供全系列教学计划方案、教学课件、习题库、案例库、教学视频音频等配套教学资源,从而打造线上线下、课内课外的新形态立体化教材。

我国民航业发展前景广阔,民航教育任重道远,为民航事业的发展培养高质量的人才是社会各界的共识与责任。本套教材汇集来自全国的骨干教师和一线专家的智慧与心血,相信其能够为我国民航人才队伍建设、民航高等教育体系优化起到一定的推动作用。

本套教材的编写难免过程疏漏、不足之处,恳请各位专家、学者以及广大师生在使用过程中批评指正,以利于教材质量的进一步提高,也希望并诚挚邀请全国民航院校及行业的专家学者加入我们这套教材的编写队伍,共同推动我国民航高等教育事业不断向前发展。

华中科技大学出版社

2021 年 11 月

PREFACE 前言

2018年,中国民用航空局发布《新时代民航强国建设行动纲要》。该纲要指出:2021年到2035年,我国将实现从单一的航空运输强国向多领域民航强国的跨越;到21世纪中叶,实现由多领域的民航强国向全方位的民航强国的跨越,全面建成保障有力、人民满意、竞争力强的民航强国。

我国的民航事业已经进入了高速发展阶段,我国也跻身世界航空运输大国之列,民航服务人才需求急剧增长。作为一个科技密集型的现代化运输行业,安全是其运行的第一要素,然而仅有安全还不能完全体现这一行业的先进性和优势,优质高效的服务是占据更广泛市场空间的必要条件。

民航提供给旅客的产品就是服务,它是影响旅客满意程度的重要因素。"以旅客需求为中心,让旅客满意"已成为民航服务宗旨。围绕这一服务宗旨,民航服务人员如何准确地把握旅客心理,提供有针对性、周到贴心的服务?如何提高自己的心理素质,培养良好的服务意识?这些问题的解决是提高民航服务质量的关键,因而迫切需要民航服务心理学提供科学有效的答案。

在此背景下,基于教学工作的需要,我们编写了本书。本书立足于对民航服务心理和民航旅客心理的研究和探讨,遵循科学性、实用性、针对性的原则,既拓宽了学生的知识视野,又增加了趣味性,旨在使学生了解和掌握民航服务心理和旅客心理,实现培养高素质、高技能人才的目标。

本书根据学生的认知结构、学习特点和民航企业对民航服务人员的需求构建教材体系，遵循必需、够用的原则，以任务为目标，以行动为导向，从工作需要出发，来编写教材内容。本书内容涵盖民航服务工作需要掌握的心理学知识及工作技巧，主要包括民航服务心理学概述、感知觉与民航服务、民航旅客的需要、个性心理特征与民航服务、情绪情感与民航服务、民航服务中的态度、民航服务中的有效沟通、民航服务中的人际关系、民航服务中的团队建设，以及应急心理与民航服务等。通过大量的案例及训练，锻炼学生的民航服务心理学技能，具有较强的实践性。全书体系全面、层次清楚，由日常到专业，由简单到复杂，由一般到特殊，符合人才培养规律。

  本书由定琦、刘芳担任主编，张莹、邵小明、曹冬薇担任副主编。具体写作分工：定琦编写项目五和项目八，刘芳编写项目一和项目十，张莹编写项目二和项目三，邵小明编写项目七和项目九，曹冬薇编写项目四和项目六。全书由定琦、张莹负责统稿。

  本书在编写过程中得到了很多同仁的帮助，借鉴参考了一些书籍和报刊资料，所引资料我们尽可能注明，且一直在积极与相关著作权人联系，但仍有部分未联系上，请在见到本书后与我们联系，我们将按照相关的法律法规妥善处理。在此，向文献资料的原作者深表敬意，并对各位同仁给予我们的帮助致以诚挚的感谢！由于编者水平有限，书中的疏漏和不足在所难免，恳请业内专家和读者批评指正。

编　者
2021 年 4 月

CONTENTS 目录

项目一　民航服务心理学概述 ……………………………………… 1

　　任务一　服务与民航服务 ………………………………… 2
　　任务二　心理学概述 ……………………………………… 9
　　任务三　民航服务心理学概述 …………………………… 13

项目二　感知觉与民航服务 …………………………………………… 21

　　任务一　感觉与知觉概述 ………………………………… 23
　　任务二　影响民航旅客感知觉的因素 …………………… 36
　　任务三　民航服务人员的社会知觉 ……………………… 42

项目三　民航旅客的需要 ……………………………………………… 54

　　任务一　需要与马斯洛需要层次理论 …………………… 56
　　任务二　民航旅客的服务需要 …………………………… 62
　　任务三　特殊旅客的服务需要 …………………………… 68

项目四　个性心理特征与民航服务 …………………………………… 80

　　任务一　个性的概述 ……………………………………… 81
　　任务二　气质与民航服务 ………………………………… 85
　　任务三　性格与民航服务 ………………………………… 94
　　任务四　能力与民航服务 ………………………………… 107

项目五　情绪情感与民航服务·················115

　　任务一　认识情绪与情感··················116
　　任务二　民航旅客情绪情感管理················129
　　任务三　民航服务人员的情绪管理···············135

项目六　民航服务中的态度···················150

　　任务一　态度的概述····················152
　　任务二　民航旅客态度的改变················158
　　任务三　民航服务人员的态度要求··············163

项目七　民航服务中的有效沟通·················166

　　任务一　沟通的概述····················168
　　任务二　沟通的障碍····················174
　　任务三　民航服务中沟通的技巧和策略············177

项目八　民航服务中的人际关系·················191

　　任务一　人际关系概述···················192
　　任务二　民航服务中的客我交往···············199

项目九　民航服务中的团队建设·················214

　　任务一　团队的概述····················216
　　任务二　团队建设·····················219
　　任务三　团队组织管理···················224

项目十 应急心理与民航服务 ·············· 233

  任务一　群体与群体心理 ················· 234
  任务二　群体冲突及处理方法 ············· 243
  任务三　民航常见突发事件应对策略 ······· 247

参考文献 ································ 259

项目一　民航服务心理学概述

项目目标

知识目标

了解服务与民航服务的含义、特征,以及民航服务人员的基本要求;

了解心理学发展及研究对象。

能力目标

领会学习民航服务心理学的意义;

掌握民航服务心理学的学习和研究方法。

知识框架

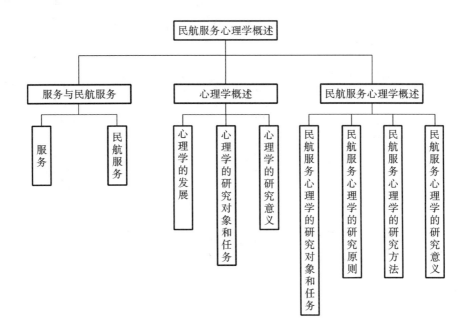

 **项目引入**

国航分公司开展服务心理学培训

2007年5月18日,国航某分公司地面服务部开展了为期两天的服务心理学的培训。该部特别邀请了国家职业咨询师、中国航空干部管理学院资深教授来公司授课。公司客舱部、市场部、企划部的部分员工也参加了此次培训。

培训主要从心理学基本原理着手,根据马斯洛需要层次理论中人的五种需要(生理需要、安全需要、社会需要、尊重需要、自我实现需要),结合服务工作,分析民航与旅客间的关系、旅客心理,以及员工对个人、他人心理认识与处理等问题。培训结合现今民航现状,以案例举证,探讨服务部门如何与服务实际相结合,给旅客提供优质服务;面对航班延误、旅客情绪激动等情况,如何分析旅客心理,从而更好地做好后期旅客服务工作。服务过程中,员工怎样提高与旅客交流技巧;员工面对庞大的旅客群,如何做好自身心理防卫,保持健康的心理。不同气质、性格的人如何互补做好工作;不同性格的人如何相处,如何调整好自己的心态。同时,还为每一位参与培训者做了一次自身心理测试,从而让每个人了解自己的气质类型,以克服自己在服务中的心理弱点。

在该公司地面服务部举办这样正规的心理学培训还是第一次。在采访员工的过程中,员工们对这样的培训活动一致表示认可,此次培训加强了员工对心理知识的了解,使员工更深层次地了解、理解民航服务,并逐步学会如何去分析他人心理,以便在日后的服务工作中更好地揣摩旅客心理,做好服务工作。

(资料来源:向莉,周科慧.民航服务心理学[M].北京:国防工业出版社,2009.)

分析:

民航服务工作的本质是人与人之间的交往和沟通。这一过程从根本上来说是人与人心理的沟通与交流。因此,了解人的心理的本质,把握人的心理规律,对于提高民航服务质量,提升民航服务人员心理素质具有极其重要的意义。

 ## 任务一 服务与民航服务

要对民航服务心理学进行研究就必须首先了解服务的本质和特征。下面就将服务的定义、本质及特征做逐一表述和探讨。

一、服务

 **(一)服务的定义**

"服务"一词在英语中的基本含义是指为他人做有益的事情。国外相关文献的解释和

定义有很多，比较有代表性的解释为，借助一定资源，以无形的方式发生在顾客与员工之间，满足顾客需求和解决顾客问题的一种或一系列行为。在我国，受传统观念的影响，一般认为服务就是"为他人做事，并使他人从中受益"，而更多意义上被理解为是一种奉献，是一种无私的行为。而随着社会的进步和发展，人们对服务的理解不断深入，认为服务是一种创造价值的行为，并且可以通过交易使他人得到满足，普遍将服务与产品等同起来，提出了服务商品的全新概念。

对于服务行业从业人员而言，服务是指为顾客做事，使顾客从中受益，即服务是为他人利益或为某种事业而工作，以满足他人需求的价值双赢的活动。服务是一种人与人之间的沟通与互动。顾客是服务产品的接受者，服务人员是服务产品的生产者，服务依赖于两者而存在，是结果和过程的统一。

服务不能以固定的实体来表现，却能被顾客感受到，服务人员的举止、眼神、表情，都能给顾客以直观的印象，给旅客造成或好或坏的心理感受，从而决定服务产品的质量。基于此，我们认为"服务"是区别于其他商品的特殊商品，它具有双重内涵，即功能服务内涵和心理服务内涵，我们既要通过标准化、规范化、程序化的操作来满足顾客的基本需求，也要用自己谦恭的态度、敏锐的洞察力和有效的"有声语言""无声语言"在顾客心目中树立一个富有人情味、和蔼可亲的形象，使顾客满意度最大化。

服务的英文为 service（本意亦是服务）。我们可以从这个单词中的每个字母所引申的含义来理解服务的基本含义：

（1）s——smile（微笑），其含义是服务人员应该对每一位顾客提供微笑服务，微笑服务是基本的服务要求。

（2）e——excellent（出色），其含义是服务人员应将每一个服务程序、每一个微小的服务工作都做得很出色。

（3）r——ready（准备好），其含义是服务人员应该随时准备好为顾客服务。

（4）v——viewing（看待），其含义是服务人员应该将每一位顾客看作需要提供优质服务的贵宾。

（5）i——inviting（邀请），其含义是服务人员在每一次服务结束时，都应该显示出诚意和敬意，主动邀请顾客再次光临。

（6）c——creating（创造），其含义是每一位服务人员应该想方设法精心创造出使顾客能享受其热情的服务氛围。

（7）e——eye（眼光），其含义是每一位服务人员始终应该以热情友好的眼光关注顾客，适应顾客心理，预测顾客要求，及时提供有效的服务，使顾客时刻感受到服务人员在关心自己。

（二）服务的分类

从服务行业的分类看，我们可以将服务分成以下四类。

1 流通服务

流通服务包括零售、批发、仓储、运输、交通、邮政、电信等。

2 生产生活服务

生产生活服务包括银行、保险证券、房地产咨询、广告、旅游、餐饮、娱乐、美容等。

3 精神和素质服务

精神和素质服务旨在满足人们精神需要和提高素质的服务，包括教育、文艺、科学、宗教、新闻、图书、体育、医疗卫生、环保等。

4 公共服务

公共服务是指政府机构（包括公共权威部门、公共事业部门，以及其他形态的公共组织和承担公共义务的私人组织和个人）提供的服务。公共服务是公共服务主体为履行其职责和职能，不以营利为目的，为满足社会公共需求，生产、提供和实现公共利益的使用价值和价值的公共活动和过程。

服务的性质如图1-1所示。在服务的领域中，我们又可以将服务简单地划分为两类：一类是伴随着某个有形产品的服务，如家电售后服务、产品技术支持；另一类是服务行业的服务本身，如民航服务、旅游服务、租赁服务、专业咨询服务、金融服务、电信服务、餐饮服务、公共服务等。

图1-1 服务的性质

如果把服务产品广义地看作一种无形产品的话，则服务行业还可细分为"产品＋服务"（"服务产品"及"服务产品的服务"可以明确分离开来）和"产品＝服务"（不易明确分离）两小类。前者如电信、金融、餐饮等（均有其服务产品及相应的客户服务）；后者如民航、旅游等（整个服务过程构成其无形产品）。

（三）服务的特征

服务作为商品的一种特定存在形态，与其他商品相比，具有其特殊性，其特征表现如下。

1 差异性

由于顾客性格、需求、情绪、价值观不同，服务必须围绕顾客的不同需求展开，因此，服务内容和形式都应有所差异，应体现尊重顾客的特性。顾客在服务这一商品的交换过程中扮演参与者，公司提供的服务因顾客的不同而表现得有所差异。提供服务的公司和员工不同，也会体现出服务理念、内容和方式的差异。同一规格、同一层面的服务对于某一位顾客来讲是优质、令人满意的，而对于另一位顾客来讲却有可能是不满意甚至是不合格的。同时，对于服务的提供者来讲，不同的员工或公司提供的服务也有所不同。可以说，供求双方都会体现服务的差异性特征。服务的差异性特征说明因人而异提供个性化服务是非常重要的。

2 同时性

服务的提供和接受是同时发生、同时发展、同时结束的。这就意味着服务的供求双方在同一时间提供和享受服务,无论是文体服务、娱乐服务,还是其他形式的服务,服务的提供者和接受者往往在同一时间段内完成服务这一特殊商品的交换。

3 无形性

服务无法提前预知、提前展示。虽然可以对服务内容进行宣传和规定,但是在提供服务之前,服务对象往往是无法预料到其整体结果的。如在乘坐飞机之前,乘务员无法预知旅客是怎样的性格,需要为每位旅客提供怎样的服务;在一次音乐会之前,观众无法预知一位歌手唱得怎样,现场效果如何;即便是餐饮行业中菜肴、酒水等有形商品,虽然顾客可能已经知晓某家餐厅菜肴味道和服务态度的大致状况,但对真正为其提供服务的厨师和服务员的服务水平,仍是无法预知的。

4 灵活性

需求的不断变化要求服务人员必须针对顾客需要,提供准确、及时、周到的服务,因此,服务人员应当广泛涉猎、充分了解服务对象的心理状态,根据其情绪、性格、习惯、风俗等不同特征,采取不同的服务方式。服务人员在服务过程中难免会遇到各种各样的突发状况,在发生突发状况的时候,必须采取灵活的措施才能使服务更加完备。

5 不可逆性

服务过程具有不可逆性,一次周到的服务有可能会使顾客非常满意,愿意介绍更多的顾客,而一次失败的服务则有可能会导致顾客的损失,并损害公司的形象。因此,服务行业的从业人员应当做好充足的准备,尽力让服务过程完美无憾。

二、民航服务

(一)民航服务的含义

由于行业自身的特点与要求,民航服务与其他行业的服务,如餐饮服务、旅馆服务、旅游服务等相比,在服务的内涵、本质及要求等方面存在着一定的区别。

民航服务就是一种以旅客的需求为中心,为满足旅客的需要而提供的活动。这个概念体现了如下思想,即旅客是民航服务的核心和主体,而民航服务人员、服务部门是民航服务的客体。

这是从狭义的角度给民航服务所下的定义,但实际上民航服务的含义并非仅此而已,有更丰富的内涵。

根据民航服务的实践,我们还应该从以下三种不同的角度来认识、理解民航服务。

第一,从广义的角度看,民航服务不仅只是单纯的服务技巧,还包括航空公司所提供的各项内外设施,是有形设施和无形服务共同组合而成的有机整体。

第二，从旅客的角度看，民航服务是旅客在消费过程中所感受到的一切行为和反应，既可以说是一种经验的感受，也可以说是航空公司及民航服务人员的表现给旅客留下的印象和体验。

第三，从航空公司的角度看，民航服务的本质是员工的工作表现。这是航空公司提供给旅客的无形产品，而这个产品具有消费和生产同时发生的特性，并且不可能储存。

综上所述，民航服务就是在民航服务人员以礼貌、友善、和蔼可亲的态度接待旅客的过程中所营造的服务环境。在这个环境中，航空公司内外所提供的各种便利设施，对无形服务同样起着必不可少的辅助作用。

良好的民航服务，应该让旅客能够产生温暖的、被了解的、被关注的、宾至如归的美好感觉，并由此达到让旅客渴望再次光临的效果。

（二）民航服务的特征

民航服务是在特殊的环境下对特殊群体进行的服务，与酒店服务相比，存在着明显的特殊性，主要体现在以下几个方面。

1 服务的运行环境特殊

民航服务的实施大多集中在飞行过程中，处在空中这样一个特殊的环境下，服务主要发生在客舱当中，客舱是一个特殊的场所，面积狭小，人员众多。航班的飞行状态也直接影响到服务的实施情况。整个服务过程受到空间、飞行状态、旅客心理等因素的影响和制约。因此，服务必须严格符合规范性和机动性，必须要求机组人员密切配合，在规定的时间和程序内完成一系列令旅客满意的服务。

2 服务的安全责任重大

从旅客的心理需求出发，安全是旅客的最大需求。旅客能安全抵达目的地是旅客及其家人的最大愿望，也是所有机组人员的最基本的任务。近几年，国内各航空公司纷纷招聘男性担任航班的安全员，担负着观察、发现、处理各种安全隐患的任务。机舱的其他乘务员也要随时担负起维持客舱秩序，消除各种危机事件的任务，在紧急情况下，要主动担负起面对旅客、面对危机的责任。因此，安全服务是民航服务中的一项主要内容，参与安全管理是机组人员的基本任务。民航安全，重于泰山。

3 服务内容繁多、实施难度大

民航服务需要为旅客提供全面周到的服务。在民航企业竞争日趋激烈的今天，客舱服务的内容也越来越充实、越来越细化。只有将服务内容与旅客的需求相结合才能为旅客提供满意的服务。从国内外各大航空公司所提供的服务内容来看，民航服务的基本工作主要包括礼仪服务、技术服务、安全服务、餐饮服务、救助服务、娱乐服务、咨询服务、商务服务等，而每项内容所涵盖的面又非常广泛，复杂程度甚高，特别是在飞行的特殊过程中，要完成这几项服务难度是非常大的，它所要求的技术水平也是相当高的。

4 个性服务明显

由于民航消费的大众化，旅客群体的构成也越来越复杂。民航服务人员每天都要遇见各种各样的旅客,他们所显示出来的需求存在着差异性。在飞行的不同阶段,旅客的心理变化也是不同的。因此,民航服务人员需要积极采取措施,为旅客提供个性化的服务,特别关照特殊的旅客,缓解旅客的各种不良情绪,使旅客完成轻松、愉快的旅程。

国内的航空公司不乏有特色的个性服务,比如在深圳航空公司(简称深航),乘务组推出了手语服务,照顾某些特殊旅客;在飞行过程中,设计了简单有效的机上健身操来缓解旅客的飞行疲劳;在飞往北方的航线上,为照顾到众多的北方旅客,特意在餐食中给旅客派发"辣朋"牌辣酱,以迎合旅客的口味……这些都体现出航空公司对旅客的个性呵护,也大大提高了航空公司的美誉度和竞争力。

5　服务人员素质要求高

在民航服务的特殊环境下,我们对民航服务人员的要求也是非常高的。民航服务人员不仅应具备良好的外形条件,还必须具备稳定的心理素质、超强的应变能力和沟通能力。民航服务人员只有具备良好的综合素质,才可以为旅客带来完美的服务。

(三)民航服务人员的基本要求

随着民航事业的快速发展,对民航服务人员的素质要求也越来越高。民航服务人员是民族文化的传递者,是服务内容的实施者,也是情感交流的使者。因此,民航服务人员不仅要有良好的外在形象,更要具备过硬的心理素质、高尚的情操及熟练的服务技能。综合来讲,当代民航服务人员必须达到以下几个方面的基本要求。

1　良好的外在形象

心理学的研究结果表明:人的心理活动首先来自外部环境信息对视觉的影响,外部环境的第一信息十分重要。当个体展示自身的魅力后,其以后的活动就都具有魅力,这就是所谓的"首因效应"。良好的外在形象可以在旅客心中产生良好的"首因效应",从而增强美好的第一印象和亲切感,拉近与旅客的距离,增加旅客的愉悦感。同时,美好的个人形象也代表了公司的整体形象,因此,对民航服务人员的外在提出要求是非常有必要的。

但良好的外在形象不是单指美丽的外表,而是在优越的外形条件的基础上显示出的一种良好的气质,体现出一种整体美和亲和力。在要求民航服务人员具有良好的仪态、仪表的同时,还需要民航服务人员时刻保持发自内心的微笑来感染旅客的情绪。

2　坚毅的意志品质

人们在各种行动中,经常会带有稳定的特点,体现出一定的规律性,这在心理学上被归纳为几种不同的意志品质,即自觉性、果断、坚忍性和自制力。良好的意志品质是保证活动顺利进行、实现预定目标的重要条件。民航服务人员面临着复杂的服务环境与服务对象,在职业生涯当中所面临的困难也是艰巨的。因此,对民航服务人员意志品质的培养是十分必要的。

3　过硬的心理素质

研究表明,各种突发事件处置得成功与否的一个重要因素就是处理人心理素质的好坏。在民航服务过程中,经常会遇见一些复杂的问题和突发事件,一名优秀的民航服务人员必须具备超强的心理素质以面对各种突发事件和紧急情况,要做到处事不惊、沉着果断。同时,由于服务业的从业人员所承受的心理压力比其他行业要大得多,这也要求民航服务人员面对挫折、打击,甚至受到旅客不公平的对待时,可以及时调整好自己的情绪,把握好自己的行为准则,始终为旅客提供优质的民航服务。

4 深厚的文化素养

文化包括人文文化与科技文化。其中,人文文化是人类感性思维探求世界的结果,包含了文学、哲学、史学、艺术、宗教等学科;科技文化则是人类理性研究,认识与掌握客观世界规律的成果。

文化素养则是能够了解、研究、分析、掌握人文文化、科技文化中的部分学科的技能,可以独立思考、剖析、总结并得出自己的世界观、价值观的一种能力。有良好文化素养的人更豁达,更善于接纳新的事物,更容易创造良好的沟通氛围,有助于树立高雅的气质和亲和力。因此,提高民航服务人员的文化层次、文化素养是提高民航服务人员整体素质的重要手段,有利于提升服务的整体档次,也有利于延续服务人员的职业生涯。

5 积极的团队精神

团队精神建设是一个成功团队的根本。团队精神有凝聚团队成员的作用,团队的目标和理想把团队成员团结在一起。团队精神不仅能激发个人的能力,而且能激励团队中的其他人,鼓励团队中的所有成员发挥潜力、探索和创新。民航服务的实施需要团队,需要每个机组人员在相互配合、团结协作、相互鼓励中实现目标,只有这样才能确保民航服务人员顺利完成服务的各项内容。因此,每个民航服务人员必须具备积极的团队合作精神,注重团队在实施民航服务中的作用,只有这样才有利于发挥集体的力量,树立公司的良好形象。

6 敏锐的服务意识

服务意识是民航服务人员主动为旅客提供优质服务的意念和愿望,是民航服务人员服务行为的驱动力,是更好满足旅客需求的前提和基础。民航服务人员必须在完成规范化服务的同时,善于发现旅客的需求,具备超前意识,给旅客带来满意又惊喜的服务,这才是提高服务质量的根本途径。同时,民航服务人员还要有娴熟的服务技能,把服务意识和服务技能高度统一起来,在具备强烈的服务意识的前提下,合理运用服务技能才能把优质的服务献给旅客。

■知识关联

民航乘务员国家职业技能标准(2019年版)节选

任务二　心理学概述

一、心理学的发展

心理学是一门古老而年轻的科学,早在公元前4世纪,古希腊思想家亚里士多德就在其心理学专著中探讨了人类的心理现象。但在很长的历史时期内,心理学一直包含在哲学之中。直到1879年,受自然科学的影响,德国哲学家冯特在莱比锡大学建立了世界上第一个心理实验室,把自然科学中所使用的方法应用于心理学的研究,这才标志着心理学从哲学中脱离出来,成为一门独立的学科。自此,心理学开启了一个崭新的发展历程。但心理学发展至今只有100多年的历史,与其他学科相比还是一门很年轻的正在发展中的学科。

19世纪末20世纪初,心理学的研究呈现出百花齐放、百家争鸣的局面,出现了以冯特、铁钦纳为代表的构造主义学派;以詹姆斯、杜威、安吉尔为代表的机能主义学派;以华生为代表的行为主义学派;以韦特海默为代表的格式塔学派;以弗洛伊德为代表的精神分析学派等。这些学派的基本观点不同,研究的范围和方法也不同,却都想以自己的理论体系来统帅整个心理学,于是形成了长期的争论和对峙。20世纪30年代,形成了新行为主义和新精神分析学派两个比较有影响的学派。20世纪60年代,美国又出现了人本主义心理学,它主张心理学应是人化的心理学,强调研究人的本性、价值、尊严和自由。与此同时,出现的还有认知心理学,被人们称为心理学研究的新方向,它认为人的行为主要取决于认识活动,强调心理学主要应研究人类认识的信息加工过程。目前,心理学研究逐渐出现本土化倾向,开始注重从本国实际出发来研究心理学。

在中国,心理学也同样有着悠久的历史渊源。孔子主张"性相近也,习相远也";孟子主张性善,"人无有不善,水无有不下";荀子主张性恶,"人之性恶,其善者伪也"等。他们争辩的核心问题,仍然是人的心理、精神现象。但当时心理学在方法上仍然不能摆脱主观的臆测和推论,还不能够成为独立的学科,只能从属于哲学或其他学科。

20世纪初,西方心理学开始传入中国,由于经济落后和连年战乱,我国心理学工作者的数量很少,仅限于翻译和介绍西方的心理学。初期,片面强调学习巴甫洛夫高级神经活动学说和苏联心理学。1958年,开展了所谓批判心理学的资产阶级方向的运动。1960—1965年是心理学的恢复期,但后面的几年心理学被彻底否定。

1977年以来的40多年时间,是中国心理学的大发展时期,不仅增设了大量的教学和科研机构,培养了一大批心理学人才,而且还加强了国际的交流与学习,产生了心理学的各个分支学科,心理学的研究和应用都得到了较大的发展。

■ 知识关联

心理学主要流派

二、心理学的研究对象和任务

（一）心理学的研究对象

心理学的研究对象是心理现象，不仅人类有心理现象，动物也有心理现象。心理学是研究人的心理现象及其发生、发展规律的科学。

人的心理现象有着无穷的奥秘，恩格斯把它誉为"地球上最美的花朵"。在生活中，我们不难发现，有些人意志坚定、锲而不舍，最终实现了自己的目标，而有些人意志薄弱、半途而废。喜、怒、哀、恶、惧这些情绪情感，对我们来说也都不陌生，这些都是人类心理活动的现象。人类在体验这些心理现象的同时，也一直在探索这些心理现象的产生和发展规律，于是就产生了系统研究心理现象及其发生发展规律的科学——心理学。

复杂的心理现象分为心理过程和个性心理两个方面（见图1-2）。

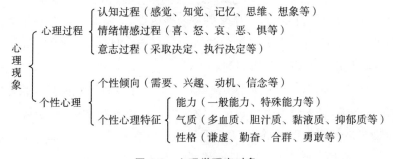

图 1-2　心理学研究对象

1　心理过程

根据心理过程的性质和形态不同，研究中又把它分为认知过程、情绪情感过程和意志过程三个不同的侧面。

1）认知过程

认知过程是指人通过感官和大脑对客观事物的现象和本质进行反映的心理活动过程，包括感觉、知觉、记忆、思维、想象等心理现象。

感觉，是人脑对当前直接作用于感觉器官的客观事物的个别属性的反映。例如，通过眼、耳、鼻等不同感官的视觉、听觉、嗅觉作用，能反映事物的形状、颜色、软硬等个别属性。

知觉,是人脑对直接作用于感觉器官的客观事物的各个部分和属性的整体的反映。知觉以感觉为基础,但不是感觉的简单相加,而是对大量感觉信息进行综合加工后形成的有机整体。比如对某个事物,我们通过视觉器官感到它具有圆圆的形状、红红的颜色;通过嗅觉器官感到它有香甜的气味;通过口腔感觉到它有酸甜的味道,于是大脑皮层联合区对这些感觉信息进行综合加工分析,把这个事物反映成一个苹果,这就是知觉。

记忆,是过去经历过的事物在人脑中的反映。人在感知过程中形成事物的映象,当事物不再继续作用于感觉器官时,它并不会随之消失而能在头脑中保持一定的时间,在一定的条件下还能重现出来。

思维,是人脑借助语言对客观事物间接和概括的反映。人不仅能直接感知个别具体的事物,还能够运用头脑中已有的知识、经验去揭示事物的本质联系和内在规律,如公安人员通过犯罪现场的蛛丝马迹,推断出犯罪的大概过程。

想象,是人脑对过去形成的表象进行加工改造后而产生新形象的心理过程。想象是在记忆表象的基础上进行的,但不是记忆表象的简单再现,而是表象的重新改组和重建。人类总是随时在感知着周围的环境,并通过自身的选择进行记忆和分析等思维活动,有些时候还会进行想象和创造,从而得出比较恰当的判断。

2) 情绪情感过程

情绪情感过程,即人们在认识客观事物的过程中,由于客观事物与人的主体需要之间的关系而产生喜、怒、哀、恶、惧等主观心理体验的过程。

俗话说,人非草木,孰能无情?人在认识世界和改造世界的过程中,总会产生这样或者那样的主观体验。一般来说,需要获得满足就会引起积极的情绪情感,需要得不到满足就会产生消极的情绪情感,如事业上的成功会让我们感到愉快和喜悦,失去亲人则会感到痛苦。

3) 意志过程

意志过程是人类有意识地提出目标、制订计划、选择方式方法、克服困难、痛苦和悲伤等,以达到预期目的的内部心理活动过程。意志是人的主观能动性的充分体现,动物只能消极地顺应周围环境,而人能够根据客观世界发展的规律和主观需要,事先确定目的、制订计划、调节行动,达到改造客观世界的结果。

认知过程、情绪情感过程、意志过程三个方面相辅相成,统称为心理过程。认知过程是一切心理活动的基础,意志活动总以一定的认知活动为前提;情绪情感过程总是伴随着认知过程和意志过程而产生的;反过来,情绪情感过程和意志过程又促进了人类认知的发展。

所以,知、情、意这三个不同的过程彼此联系、相互作用,共同构成了心理学研究对象的一个重要方面。

2 个性心理

人们生活在现实环境中,每时每刻都受到自然环境、社会环境等各种因素的影响。由于每个人的先天素质和后天的生活环境不同,心理过程总是带有个人的特征,从而形成了每个人的个性。例如,有人急性子,有人慢性子,有人宽容大度,有人斤斤计较。这些都是人的个性心理特征。与此同时,人们在各自的生活环境中,还形成了各自的兴趣与喜好等,如有人爱好音乐,有人喜欢数学,有人喜静,有人喜动等,心理学上把这些心理活动称为个性倾向,个性倾向是心理学的另外一个重要研究对象。

人的心理过程和个性心理是密切联系的。一方面,心理过程概括了人们共性的心理规律,个性心理是通过心理过程形成的。如果没有对客观事物的认识,没有对客观事物产生的情绪和情感,没有对客观事物的积极改造的意志过程,个性心理就无法形成。另一方面,个性是在心理过程中不断重复、强化而逐渐形成的,形成的个性心理又会制约心理过程的进行,并在心理活动过程中得到体现,从而使共性的心理过程带上了浓厚的个人色彩。

心理过程和个性心理都属于心理学的研究对象,二者相互联系,不可分割。

(二)心理学的研究任务

人的心理世界是宇宙中较复杂、隐秘的领域,心理活动渗透在人类社会生活的各个方面,人类认识世界和改造世界的一切实践活动都是在人的心理活动的参与下进行的,也都是在人的心理调节指导下完成的。心理学研究的基本任务就是探索、揭示人类心理现象发生、发展和变化的规律。其研究任务可以概括为以下三个方面。

1 描述和测量人的心理现象

心理现象虽然纷繁复杂,但有其质和量的特点,只有先从现象上把握了心理活动的质和量的特点,才有可能进一步理解心理现象的实质和揭示心理活动的规律。因此,心理学首要任务是从质和量两个方面描述和测量人类的心理现象,寻找其规律性。例如,在研究人的智力时,首先从智力的结构、作用等方面描述和把握智力的特点,其次用实证方法测量智力的水平高低、变化发展等。心理学所使用的测量工具有两种性质:一是可行性(可信度),即所测量的数据不应该在测验时有大的变化;二是有效性(效度),即这个测验必须能测量想要测量的东西。

2 理解和说明人的心理规律

心理现象是在一定的内外因素的影响下产生和发展的。因此,理解和说明人的心理规律就成为心理学研究的重要任务。理解和说明人的心理规律,实际上就是探究心理现象产生或变化的原因,并揭示其规律。其具体研究主要涉及以下三个方面。

第一,影响因素研究,即研究影响心理的各种因素,一般包括环境因素、生理因素和心理因素三类,以及这些因素在导致某一心理现象产生或变化中的相互关系、相对重要性等。

第二,因果关系研究,即查明这些影响因素与心理现象产生或变化之间的因果关系。

第三,内在机制研究,即研究某一心理现象产生或变化时,有机体内部心理上的神经生理机制和心理上的信息加工机制。

3 预测和控制人的心理活动

掌握人的心理活动规律,就能根据客观现实需要去预测和控制心理活动。通过预测和控制去解决现实中所存在的各种心理问题,以提高人的学习、工作、生活的质量,促进人的心理健康发展,这是心理学研究的最终目的。所谓预测,就是根据心理现象产生和变化的规律性,对人的心理活动的产生和变化趋势进行预先的推测。例如,在了解个体性格特征的前提下,我们可以较准确地预测其在特定情境中会产生哪些行为反应。所谓控制,就是根据影响因素与心理活动之间的因果制约性,采用保留或消除某些影响因素的方式,促使某一心理活动的产生或防止某一心理活动的产生。例如,利用适当的奖惩措施可以养成个体良好的行为习惯或改变个体不良的行为习惯。科学的重要作用就在于预测和控制,了解了影响心理活动的因素,就能够尽量消除不利因素,创造有利因素,从而改造和控制个体的行为,提高个体的活动效率。

心理学既是一门理论科学,又是一门应用科学。完成这些基本任务不但有重大的理论作用,而且也具有广泛的应用价值。

三、心理学的研究意义

世界上任何事物或现象的变化和发展都是有规律的,人的心理活动同样也有其规律性。一切社会实践活动都是由人的活动构成的,而人的一切活动又都是在其心理活动的调节下进行的。因此,心理学作为研究人的心理现象及其规律的科学,对于所有与人相关的活动或领域都有着特定的理论和实践意义。

从理论意义上看,心理学阐明了心理现象的发生、发展过程,阐明了个体的心理现象依存于个体的神经系统和客观现实。这就证明了人的心理对物质世界的依赖关系,心理是客观现实与人脑相互作用的结果,进一步具体论证了物质与意识的关系、认识与实践的关系、感性认识与理性认识的关系。掌握了心理学的科学知识,能帮助个体正确地理解各种精神现象,有助于人们形成科学的世界观。

从实践意义上看,心理学是一门应用性很强的学科,它为人们的实践领域提供了许多心理学方面的依据。例如,利用儿童心理发展的规律,可以更好地培养儿童多方面的能力;利用人的个性特点和规律,有针对性地进行教育,能够取得最佳的教育效果;在选拔和培训人才方面、在提高企业管理水平方面、在增强法制效果等方面,心理学都可充分发挥作用。此外,犯罪心理学、侦查心理学为我们预测犯罪和侦破案件提供了心理学方面的依据,等等。以上这些都是心理学在实践领域中发挥重要作用的具体体现。

总之,心理学以其重要的理论和实践价值在当代社会越来越受到重视,随着社会的进步和发展,心理学研究也日益彰显出重要的理论和实践意义。

任务三　民航服务心理学概述

一、民航服务心理学的研究对象和任务

(一) 民航服务心理学的研究对象

民航服务心理学主要研究民航旅客消费心理、民航服务心理和民航服务人员心理,这三个方面的内容构成了民航服务心理学的研究对象。民航服务过程不仅囊括了民航旅客和民航服务人员两大主体,同时也被社会、经济、文化等多方面因素所影响。因此,民航服

务心理学的研究不能独立进行,必须放到各种环境与背景因素中进行综合考虑。

1 民航旅客消费心理

民航服务心理学要探讨民航旅客的服务需要、动机、情绪情感、社会文化等相关的心理活动特点和规律,了解心理因素对旅客选择和消费过程的影响。《孙子兵法》中写道,"知己知彼,百战不殆",在民航服务过程中,了解自身的服务对象能够帮助我们更好地为旅客提供满意的服务,有助于我们正确理解并预测旅客的行为,从而有效地影响和引导旅客行为。

2 民航服务心理

从心理学的角度看,民航服务实质上是民航服务人员通过与旅客的互动交往,以帮助旅客获得良好的消费经历和消费体验的过程。要使旅客获得好的体验,就必须在服务过程中迎合旅客心理,满足旅客需要。因此,民航服务人员与旅客在服务交往过程中的心理探讨,就成了民航服务心理学研究对象的一个重要方面。

3 民航服务人员心理

民航服务人员如机场候机楼内的地面服务人员、航空公司的飞行员及空中乘务员的需要、情绪情感、人际关系等心理活动特点和规律也是民航服务心理学研究的对象。在服务行业中,产品质量不仅取决于设施设备等硬件条件,更取决于服务人员的素质以及服务意识等软件要素。因此,了解民航服务人员的心理,在民航企业管理中做到知己知彼、有的放矢,成为提高服务质量和管理效率的关键因素。

(二)民航服务心理学的研究任务

民航服务心理学主要研究民航旅客、民航服务人员以及两者在服务交往过程中的心理规律,其研究任务主要包括以下三个方面。

1 探讨民航旅客在消费过程中的心理规律,为提供针对性服务奠定理论基础

旅客的消费行为是在其消费心理的支配下进行的,因此,了解旅客消费心理的发生、发展和变化规律是非常有必要的。探讨旅客的消费心理就是要探讨旅客消费行为产生的规律,探讨旅客的知觉、情绪情感等。先天素质的差异和生活的社会环境不同,造成了每个旅客在气质、性格等方面的差异,因此,旅客的个性心理探讨也是民航服务心理学的重要研究任务。了解旅客的个性心理规律,可以帮助我们更好地理解旅客在消费过程中的心理需要,并针对这些需要提供更好的服务,从而使每一次服务过程都能让旅客感到满意。

2 探讨民航服务人员的心理规律,为完善民航服务质量提供理论依据

民航服务人员在工作中的心理状态、心理素质等要素直接决定民航服务质量的高低。民航服务心理学必须从感知觉、情绪情感、意志及能力等多方面探讨民航服务人员的心理规律,帮助民航服务人员更好地认识自我、调节自我,以最佳的状态完成每一次服务过程,不断完善和提高民航服务质量。

3 研究民航服务人员与民航旅客在服务交往过程中的心理规律，推进民航整体服务质量

民航服务是由民航服务人员与旅客之间一个个短暂的交往过程衔接而成的，每一个环节进行的好坏都直接决定了旅客满意度。因此，研究民航服务交往过程中的心理规律，是民航服务心理学的重要任务。例如，航班延误时如何缓解旅客焦急、烦躁的情绪；面对旅客的指责如何缓解剑拔弩张的气氛等。民航服务是由很多环节构成的整体，每个环节之间的衔接也至关重要。如何做好不同服务环节的衔接，有效引导旅客心理的变化，这些都是民航服务心理学的研究任务。

二、民航服务心理学的研究原则

（一）客观原则

人的心理源于客观现实，同时人的心理也是一种客观存在，有其自身产生、发展和变化的规律。心理是人的一种内在体验，尽管现代科技高度发达、仪器设备精密先进，但人们仍然难以直接对之进行观察和测量。绝大多数心理现象只能通过对言谈举止、表情动作和活动的观察、分析、测量来间接推知，而且人的心理与行为之间往往不是一对一的关系。心理现象人皆有之，不仅研究对象有，研究者也有，研究者容易做出猜测与臆断。这所有的特点现象都要求民航服务心理研究必须严格遵循客观性原则，即研究要严格地对人的外在表现进行如实的观察和系统的记录，尽可能地收集完整的资料，然后分析资料得出结论；必须尊重事实状况，对资料不能简单取舍，更不能随意添加和臆测，唯有如此，才能称为科学的研究。

（二）发展原则

发展原则又称为动态变化原则。民航服务理念、工作方法及管理方法会随着内外环境条件的变化而变化，伴随着这些活动的心理现象也必然是变化发展的。可见，民航服务心理研究从思想指导到方法手段都应该遵循发展原则，不能轻易地拿出前人的、曾经是科学的结论去解释已变化的新现象、新情况，同时，研究方法也要寻求突破与创新。

（三）相关原则

服务工作中的每个人，其心理与行为都会在彼此相互影响、相互作用的各种外部环境因素作用下产生变化，且各种心理现象之间、心理与行为之间也互相影响、互相作用。因此，民航服务心理学的研究要真实、科学地揭示服务过程中心理现象的特点与规律，坚持相关原则是必要的。坚持此原则，就是要求用联系的观点做多方面的考察，考察环境因素之间、环境与心理现象之间、心理现象之间、心理与行为之间的关系，以求研究结果的科学、真实。

（四）实践原则

实践原则要求深入民航服务工作，发现和研究心理现象、验证研究成果并将成果用于服务工作，不断提高研究水平，这是服务工作对民航服务心理学研究的要求，也符合民航服务心理学完善和提高的要求。

（五）开放原则

开放原则要求做研究要在立足于我国国情，贯彻"洋为中用"的方针，批判性地吸收国外一切有利于我国民航服务工作发展的民航服务心理学理论与研究方法，并对其进行改造和应用，同时也要贯彻"古为今用"方针，努力挖掘并继承我国古代心理学思想，使历史为现实服务。

三、民航服务心理学的研究方法

和其他学科的研究一样，民航服务心理学也有一定的方法，较常见的方法有观察法、访谈法、问卷调查法、心理测验法、经验总结法和案例分析法等。

（一）观察法

观察法是研究者根据一定的研究目的、研究提纲或观察表，利用眼睛、耳朵等感觉器官去感知、观察被研究对象或借助辅助工具去探索、观察被研究对象，从而获取资料的一种方法。由于人的感觉器官具有一定的局限性，研究者往往要借助各种现代化的仪器和手段，如照相机、录音机、录像机等来辅助观察。科学的观察具有目的性、计划性、系统性和可重复性。常见的观察方法有核对清单法、级别量表法、记叙性描述法。在民航服务心理学中，观察法主要是针对旅客和民航服务人员的行为举止进行观察。

（二）访谈法

访谈法又称晤谈法，指通过和受访人面对面交谈，了解受访人的心理和行为的基本研究方法。由于研究问题的性质、目的和对象不同，访谈法具有不同的形式。根据访谈进程的标准化程度，可将它分为结构型访谈和非结构型访谈。访谈法的优势是运用面广，可以有针对性地提出问题并收集多方面的工作分析资料。在民航服务心理学中，访谈法主要运用于发生矛盾冲突或突发事件后的调查研究。

（三）问卷调查法

问卷调查法是通过发放、回收、整理和分析问卷而获取资料的一种方法，按照问卷填答者的不同,可分为自填式问卷调查和代填式问卷调查。问卷一般由卷首语、问题与回答方式、编码、其他资料、结束语等部分组成。问卷的问题设计要遵循客观性、必要性、可能性和自愿性原则,问题表述要具体、单一、通俗、准确、简明、客观,回答方式通常有开放型回答、封闭型回答和混合型回答三种基本类型。民航服务满意度调查就是问卷调查法的重要运用。

(四)心理测验法

心理测验法是用标准化的实验工具引发和刺激被测试者产生反应并记录反应结果,通过一定的方法予以量化,描绘其行为轨迹,并对其结果进行分析的方法。这种方法的最大特点是对被测试者的心理现象或心理品质进行定量分析,具有很强的科学性。心理测验的形式包括智力测验、个性测验、心理健康测验、职业能力测验、职业兴趣测验、创造力测验等。心理测验法主要在民航从业人员入职测试等环节发挥作用。

(五)经验总结法

经验总结法是对实践活动中的具体情况,进行归纳与分析,使之系统化、理论化,上升为经验的一种方法。总结推广先进经验是人类历史上长期运用的较为行之有效的领导方法之一。经验是指在实践活动中取得的知识或技能。在总结经验时,一定要树立正确的指导思想,对典型案例要用马克思主义的立场和观点进行分析和判断,分清正确与错误、现象与本质、必然与偶然。经验一定要观点鲜明、正确,既有先进性和科学性,又有代表性和普遍意义。经验总结法主要是用于民航服务中各类事件的处理。

(六)案例分析法

案例分析法又称个案研究法,是指通过分析典型案例获取结果或结论的一种研究方法。这种方法可以有机地结合社会生活中的典型个案进行分析和评价,从而由具体到抽象得出概念、范畴和理论。案例分析强调知识的横向联系,突出知识的重新组合,注重能力的综合应用,是心理学常用的一种研究方法,在民航服务中尤其在新进人员的教育、管理等方面经常用到这种方法。

四、民航服务心理学的研究意义

(一)提高民航服务营销效果

随着我国市场经济的不断发展,市场竞争日趋激烈,消费需求日趋多样化。在这种新态势下,企业营销越来越难,如果不分析研究消费者心理及其变化,并据此采取有效的营销对策,就难以在竞争中取胜。民航服务更是如此,在感性消费日益成为潮流的市场环境下,如果仅仅根据人口、年龄、职业收入等因素来研究市场,根本无法理解消费者,成功的营销策略更是无从谈起。在激烈的市场竞争中,一些民航企业往往将主要力量投入到如何击败对手上,而忽视了对旅客消费行为所反映的心理状态的了解,结果导致竞争失败或事倍功半。那么,为什么掌握旅客心理,比起其他条件如票价、硬件环境等,在营销上反而更有决定性呢?这是因为旅客的一切消费行为到最后都取决于旅客当时的情绪导向。假如有两家民航企业,其硬件条件相差无几,但旅客最后乘坐的是甲而不是乙,可能只是因为民航服务人员的服装更赏心悦目罢了。所以,有人认为,成功的服务营销从心理开始,了解旅客的行为与心理规律对于制定民航服务战略非常重要。

(二)提高民航服务质量

当今,民航业正在迅猛发展,无论是民航企业的管理者,还是民航服务人员都应该去了解并研究旅客的出行动机及其心理需求,力求最大限度地满足旅客的需求,以提高民航企业的核心竞争力。

近几年,随着我国经济的快速发展,旅游业呈现出前所未有的繁荣景象,出入境旅游和国内旅游持续兴旺,民航旅客流量大增,旅客的社会背景不同,心理表现也各异。我国航空公司若以一流的服务质量和一流的设施设备,去服务每一位旅客、满足每一位旅客的需求,就能在当今民航市场竞争激烈的形势下赢得胜利。

随着国民经济的快速发展和人民生活水平的日益提高,国内的普通旅客也越来越多。据近几年国内旅客调查结果显示,国内旅客中农民、工人、军人、学生、离退休人员的数量不断增多。这些人的收入虽然不高,但他们也有着不同的心理需求。所以作为民航企业经营管理者需要掌握这些人的旅行心理,努力提高民航服务质量,更好地为他们服务,满足他们的需求。

(三)提高民航服务人员心理健康水平

有人的地方就有心理。掌握一些心理学知识,不但有益于民航服务人员自身心理健康发展,而且有助于与他人友好相处。

首先,学习心理学知识,可使民航服务人员加深对自身的了解,知道自己为什么会做出某些行为,这些行为背后究竟隐藏着什么样的心理活动,以及自己现在的个性、气质等特征又是如何形成的。科学地理解心理现象,能使人正确地评价自己个性品质的长处和短处,确定个别的特点,自觉地努力发展积极的品质,克服消极的品质。民航服务人员还可以把自己学到的心理活动规律运用到人际交往中,通过他人的行为推断其内在的心理活动,实现对外部世界的准确认知。

其次,在工作、学习和生活中,一个人难免会碰到各种心理难题和心理困惑,例如,恋爱问题、婚姻问题、人际关系问题,以及失眠、焦虑、忧郁等,学习心理学知识,有助于民航服务人员更好地进行自我分析和自我调节,避免陷入心理困惑不能自拔,而导致心理疾病,甚至是精神疾病。随着现代社会的发展,人的精神生活将越来越重要,心理问题会越来越多,心理学亦将越来越重要。

因此,民航服务人员掌握一定的心理学知识,就可以在一定范围内对自身和他人的行为进行预测和调整,也可以通过改变内在和外在的因素实现对行为的调控。也就是说,可以尽量消除不利因素,创设有利情境,引发自己和他人的积极行为。例如,当我们发现自己存在一些不良的心理品质和习惯时,就可以运用心理活动规律,找到诱发这些行为的内外因素,积极地创造条件来消除这些因素的影响,实现自身行为的改造。

项目小结

本项目探讨了服务和民航服务的含义和特征,有助于民航服务人员深入理解民航服务工作的性质;介绍了心理学的发展和心理学的研究对象、任务等,对民航服务人员有着深刻的影响与启发;总结了民航服务心理学的研究原则与研究方法,有助于我们更好地学习和掌握相关知识,提高民航服务和管理工作的实效性,从而进一步提高民航服务质量。

项目训练

一、简答题

1. 服务的特征有哪些?
2. 民航服务的特征有哪些?
3. 民航服务心理学的研究对象是什么?
4. 请结合实际谈谈学习民航服务心理学的意义。
5. 请结合本书的体系,讨论民航服务心理学有哪些不同的研究思路。

二、选择题

1. 不属于民航服务特征的是(　　)。
   A. 无形性　　　　B. 一次性　　　　C. 亲密性　　　　D. 即时性
2. 下列现象不属于认知过程的有(　　)。
   A. 知觉　　　　　B. 思维　　　　　C. 想象　　　　　D. 兴趣
3. 个性心理特征不包括(　　)。
   A. 行为　　　　　B. 能力　　　　　C. 气质　　　　　D. 性格
4. 世界第一个心理学实验室的创建者是(　　)。
   A. 弗洛伊德　　　B. 马斯洛　　　　C. 冯特　　　　　D. 斯金纳
5. 心理过程不包括(　　)。
   A. 个性心理　　　B. 认知过程　　　C. 情绪过程　　　D. 意志过程

三、案例分析题

与自闭症儿童建立"空中心桥"

春运第一天,航班迎来了一名特殊的小旅客——一名自闭症少年。因大雾天气,航班延误了近3小时,眼下终于要登机了。机组人员接到地面服务人员送到航班上的"特殊旅客申请单",并询问机组是否可以承载。在征得机长同意后,府颖作为一名母亲和有10多年飞行经验的乘务长,非常有信心把这名特殊旅客服务好。在给乘务组开临时机上准备会时,她通报了这次特殊旅客的基本情况,要求乘务组细心观察,不刻意打扰,对于周围的旅客要做耐心的解释等。一段与自闭症儿童建立"空中心桥"的旅行就这样开始了。

孩子入座后,府颖主动和父母进行了自我介绍,在父母的提醒下,孩子说了声"阿姨好",为了调节气氛,府颖开玩笑地说"叫我姐姐",这拉近了他们之间的距离。

登机结束后,府颖发现略有些紧张的小旅客很喜欢用手撕报纸杂志,撕得非常整齐,纸片一片一片撒落在地上,府颖却装作什么都没看到,默默地拿来了十几本杂志放在了这位小旅客的旁边。航程中,服务程序都有条不紊地进行着,与以往不同的是,大家都在默默地关注着这位小旅客。最终航班顺利地到达了目的地,虽然这位小旅客的座位旁堆了一地被他撕碎的杂志,但看着他平静地和父母走下飞机,乘务组感到十分欣慰。

(资料来源:根据相关资料整理。)

请问:
1. 乘务长是如何与自闭症儿童建立"空中心桥"的?这给你什么启发?
2. 你是如何将心理学应用于你的生活中的?请分享经验。

四、实践题

"撕纸游戏"

游戏规则:大家围成一个大圈坐着,主持人给每个人发一张白纸。然后由主持人宣布让大家闭眼,并按照指示对白纸进行对折,然后进行撕角。最后睁开眼睛将被撕的纸张打开,互相对比,看有什么不同。

要点:
让大家知道,每个人都有属于自己的想法,我们不能把自己的观点强加于人,人与人之间要少一点误会,多一些理解和体谅。

项目二　感知觉与民航服务

项目目标

知识目标

了解感知觉的含义、特征与分类；

掌握影响民航旅客感知觉的内外部因素。

能力目标

提高民航服务人员对旅客的社会知觉的认知能力，从而有效地开展人际交往；

避免和克服服务中的知觉偏差，如首因效应、晕轮效应等。

知识框架

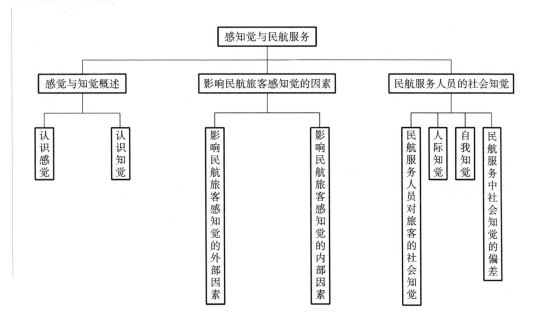

 **项目引入**

新加坡樟宜机场连续七年蝉联Skytrax"全球最佳机场"大奖 机场设施持续升级"星耀樟宜"盛大开幕

2019年3月28日,新加坡樟宜机场摘得Skytrax"2019全球机场奖"——"全球最佳机场"的桂冠,这是樟宜机场连续第七年、总共第十次获得该殊荣,刷新了连续蝉联该项大奖的最长年限记录。

由Skytrax主办的"2019全球机场奖"是根据来自100个国家的1350万名乘客的投票,对全球550多家机场进行综合满意度调查得出的结果。2018年,樟宜机场共计获得32项最佳机场奖。截至2019年3月底,樟宜机场的累计获奖总数达到595项。

"我们非常荣幸能够被Skytrax评选为'全球最佳机场',这份荣誉来自每一位机场合作伙伴的大力支持和全体员工始终如一为旅客带来卓越服务的坚定信念与对工作的全情投入。希望旅客们能通过世界一流的设施、服务和体验,对我们标志性的'樟宜体验'有更全面的理解。"樟宜机场集团总裁说道。

硬件设施升级提升乘客出行体验

2019年1月与2月,中国往返新加坡的客运量达到119万人次,同比增长9%,其中,京沪两地往返新加坡的客运量分别增长了14%和11%。为了更好地提升乘客的机场体验,樟宜机场持续进行了航站楼的翻新及创新技术的应用。1号航站楼扩建完成后,与"星耀樟宜"无缝连接,增加了自动化设施,升级了行李运输系统,其年度客容量可达到2400万人次。4号航站楼实行了"畅快通行"流程,充分利用智能自助系统,从值机、行李托运、通关、登机及离境等各个环节优化了乘客的登机方式。2号航站楼的扩建项目也于2019年启动,着力于优化和扩大"畅快通行"的推行,除增设自助值机亭、自助行李托运柜机和自动通关闸门外,面部识别系统的应用也让旅客的通关过程更加流畅。在零售方面,2号航站楼扩展20%的特许经营空间,注入更多新鲜的购物餐饮概念,并对游乐场和休息室等休闲设施进行升级改造,从而深化"樟宜体验"。

全新休闲体验满足多元需求

全新新加坡生活风尚地标"星耀樟宜"于2019年4月17日对公众正式开放。"星耀樟宜"坐落于樟宜机场的核心位置,提供顶级的休闲游乐设施、大型室内花园景观,特色零售和餐饮商店,酒店及一系列机场运营设施,为旅客带来极致的旅行和转机体验。

除了樟宜机场现有的400余家特色零售商店和140家餐饮店铺之外,还有280家多元化的餐饮和零售商店进驻"星耀樟宜",类型覆盖了全球餐饮店、免税购物商店、狮城特色品牌商店和艺术文化商店等各方面,具体包括超人气汉堡Shake Shack新加坡首店、精灵宝可梦(神奇宝贝)日本境外唯一的固定零售店,新加坡国民品牌虎牌啤酒的全球首家概念店Tiger Street Lab和新加坡本土艺术画廊商店Supermama等。

樟宜机场还从餐饮、购物、休闲娱乐等方面全方位升级了3号航站楼的地下二层区域,让家庭出行的旅客多了一个休闲娱乐的新选择。中国旅客可以在这里品尝丰富的美食,乐虾拉面家(Le Shrimp Ramen)可给旅客带来新加坡本土、中式和日式混合的创新融合菜风味。日本殿堂级折扣店唐吉诃德(Don Quijote)在日本境外的第一家机场店也落地樟宜机场。同时,家长也可以陪孩子在全新的卡通主题室内游乐园KinderPLAY度过亲子时光。

　　同时,随着全球航空业的蓬勃发展,为了更好地应对全球旅客的飞行需求,樟宜机场的 5 号航站楼也将于 2030 年前后完工,5 号航站楼将承载最高达 5000 万人次的年度客容量,此举也将使樟宜机场的总年度客容量提升到 1.35 亿人次,从而进一步巩固樟宜机场国际领先的航空枢纽地位。

　　(资料来源:根据 https://cn.changiairport.com/news/Skytrax 2019.html 整理。)

分析:

　　优美宜人的机场环境,在视觉、听觉等方面会全方位影响到旅客对机场的感知,会吸引旅客的注意力,提高旅客对航空公司的赞誉度,给旅客留下美好的印象。

任务一　感觉与知觉概述

　　心理学研究表明,人们对客观世界的认知过程,是人们获得各种知识和经验所表现出来的心理过程。人的心理过程是通过感觉、知觉、思维、想象、记忆等心理机能活动完成的。人的心理过程是从感知觉开始的,感知觉对旅客的选择、注意、需要和能力等方面都有着很大的影响。学习感知觉的特点和规律对于民航服务人员而言至关重要,是把握旅客心理特点,提供优质服务的前提和基础。

一、认识感觉

(一)感觉的定义

　　感觉是指人脑对直接作用于感觉器官的客观事物的个别属性的反映。人脑是通过接受和加工事物的个别属性进而认识其整体的。人们对客观世界的认识通常是从认识事物的一些个别的、简单的属性开始的。例如,黄瓜,我们用眼睛看,它是绿色的,形状是长条形;用手摸一摸,知道它表面是不光滑、有突起的;用手掂一掂,知道它有一定的重量。绿色、长条形、有重量就是黄瓜这一事物的一些个别属性。眼睛与手表面的皮肤是人的感官,我们将感官接收到的信息传递到大脑,人的大脑对之进行加工,于是就形成了颜色、重量、光滑度等感觉。感觉虽然简单却很重要,它在人的心理发展及工作生活中意义重大。

　　首先,感觉为我们提供了有机体内外环境的信息。我们能够通过感觉了解宇宙万物,感受有机体的各种状态,如冷热、饥渴。其次,感觉保证了有机体与环境的信息平衡。人们从周围环境获得必要的信息,是保证有机体正常生活所必需的。反之,信息超载或不足,都会破坏信息的平衡,对有机体带来严重的不良影响。如大城市信息超载,造成信息污染,会使人产生"冷漠"的态度;相反,如果"感觉剥夺"造成信息不足,也会使人痛苦不堪。最后,感觉是一切高级、复杂心理现象的基础。离开感觉,一切高级、复杂的心理现象就无从产生。

　　感觉认识的是事物的个别属性;感觉所认识的事物必须是直接作用于感官的,如果事物不在眼前，如提起某样东西你知道，则不属于感觉；感觉是人脑的认识，是人脑对事物的加工，离开人脑就谈不上感觉。

(二) 感觉编码

感觉编码(sensory encode)，是指将外部刺激的能量转化为神经系统能够接受的神经能或神经冲动的过程。所谓编码就是指将一种能量转化为另一种能量，或者说，将一种符号系统转化为另一种符号系统。例如，发电报就是通过编码，将文字转化为线条和点。我们的神经系统不能直接加工外界输入的物理能量和化学能量，如光波和声波，这些能量必须经过感官和神经系统对其进行能量转换，将其转换为神经系统能够接受的神经能或神经冲动。这个转换过程就是我们所说的感觉编码。

大脑直接加工的材料是外部刺激引起的神经冲动，人脑对神经冲动(信号)的加工是一种译码的过程，人脑通过这种译码加工某种神经冲动所代表的现实刺激物的特性，能够帮助人们获得关于外部世界的知识。感觉编码不仅发生在感官中，而且发生在神经系统的不同层面上。

近年来，关于感觉编码的研究有两种代表性理论。一种为特异化理论(specificity theory)。这种理论主张，不同性质的感觉是由不同类型的神经元来传递信息的，如有些神经元是传递红色信息的，有些神经元是传递甜味信息的。当这些神经元被激活时，中枢神经系统就把它们的激活分别解释为"红"和"甜"。

另一种理论叫模块理论或模式理论(modular theory)。这种理论认为，编码是由一整组神经元的激活模式引起的。如红光不仅能引起某种神经元的激活，还能引起相应的一组神经元的激活。只不过某种神经元的激活程度较大，而其他神经元的激活程度较小。只有整组神经元的激活才产生红色的感觉。

(三) 感觉的分类

根据感觉器官的不同，可以将感觉分为八类：视觉、听觉、味觉、嗅觉、皮肤觉、运动觉、平衡觉、内脏觉。其中，前五类感觉因其感觉器官在外面，故称外部感觉；后三类感觉因其感觉器官在内部，故称内部感觉。但也有人提出前五种感觉以外的"第六感觉"，或称超感觉(extra sensory perception)，即通过不同于正常人类感官而获得有关外部世界或未来信息的可能性。研究超感觉的科学称为"异常心理学"。这种对所谓的特异功能的研究近百年来在学术界引起了不少争议，至今仍未取得一致的结论。目前，学术界承认第六感觉，但仍需要进一步的科学证据去证明。

1 视觉

视觉是人类非常重要的一种感觉，它是由光刺激作用于人的眼睛而产生的。人类获得的外界信息中有80%是来自视觉。

2 听觉

听觉是听觉器官在声波的作用下产生的对声音特性的感觉。听觉的适宜刺激是声波，它是由物体振动产生的。声波通过空气传递给人耳,并在人耳中产生听觉。用音叉和示波器,我们就可以看到声波的形状。

3 味觉

味觉是指食物在人的口腔内对味觉器官化学感受系统进行刺激并产生的一种感觉。最基本的味觉有甜、酸、苦、咸四种,我们平常尝到的各种味道,都是这四种味觉混合的结果。味觉的感受器是位于舌头表面的味觉细胞。味觉的适宜刺激是能溶于水的化学物质。舌尖对甜味最敏感,舌后对苦味最敏感,舌中和舌两侧分别对咸味和酸味敏感。

4 嗅觉

嗅觉是一种感觉。它由两个感觉系统参与,即嗅神经系统和鼻三叉神经系统。嗅觉和味觉会整合和互相作用。嗅觉是外激素通信实现的前提。嗅觉是一种远感,意思是说,它是通过长距离感受化学刺激的感觉。相比之下,味觉是一种近感。

5 皮肤觉

皮肤觉简称肤觉,当人与外界接触时,覆盖在身体表面的皮肤向大脑传递着压力、温度和疼痛方面的信息,统称皮肤觉。根据感受的内容不同,可分为触觉、温度觉和痛觉等。触觉对人类生存极为重要。人可以没有视觉,没有听觉,但不可以没有触觉,没有触觉的人是很难生存下去的。温度觉是指皮肤对物体表面冷热的感觉。没有痛觉的人,即使自己受到严重伤害,也是觉察不到的。痛觉与情绪主观感受和认知有很大关系。

6 运动觉

运动觉简称动觉,是反映身体各部分的位置、运动及肌肉的紧张程度的感觉。其感受器存在于肌肉组织、肌腱、韧带和关节中。人类由于具有高度精确的运动觉,才能实现动作协调,完成各种复杂的运动技能。

7 平衡觉

平衡觉也叫静觉,它是人体做加速度或减速度(直线或旋转)运动时产生的感觉。其感受器是位于内耳的前庭器官。前庭器官水肿会使人产生眩晕的感觉。

8 内脏觉

内脏觉也叫机体觉,是对内脏活动的感觉,如饥渴、饱胀、恶心、内脏不适等。其感受器是内脏壁上的神经细胞。

(四)感觉的规律

1 感受性和感觉阈限

感受性是指感觉器官对适宜刺激的感觉能力,也可以说是感觉的敏锐程度。感觉阈限是指能引起感觉且持续一定时间的刺激量,是衡量感觉的一个尺度。感受性分为绝对感受性和差别感受性,分别用绝对感觉阈限和差别感觉阈限来衡量。

1)绝对感受性和绝对感觉阈限

感觉是由刺激物引起的,但并不是所有的刺激物都能引起人的感觉,除刺激物性质要适宜外,刺激还必须达到适当的限度。那种刚刚能引起感觉的最小刺激量就叫绝对感觉阈限,而这种对最小刺激量的感觉能力就叫绝对感受性。绝对感觉阈限和绝对感受性之间成反比关系,即绝对感觉阈限的值越小,绝对感受性就越高。

2)差别感受性和差别感觉阈限

在刺激物引起感觉之后,尽管刺激强度又发生了变化,但并不是所有的刺激强度变化都能被我们觉察出来。如在原有100克重量中再加上1克,人们感觉不出它的变化,加上3克或更多一些,人们才可能觉察出前后的两种重量的差异。这种刚刚能引起差异感觉的刺激物的最小变化量叫差别感觉阈限,而这种对同类刺激最小差别量的感觉能力,叫差别感受性。差别感受性与差别感觉阈限也成反比关系。

■ **知识关联**

绝对感觉阈限

绝对感觉阈限是指人的感觉器官接受某种刺激时刚刚能够引起反应或刚刚能停止其反应的刺激,即刚刚能够引起感觉的最小刺激量。不同感觉器官的绝对感觉阈限是不同的。例如,人很难感觉落在皮肤上的灰尘。但如果灰尘一次次地落在皮肤上,并达到一定量时就会引起人的感觉。凡是达不到最小刺激量则不能引起人的感觉。心理学的研究表明,人类五种感觉的绝对感觉阈限近似值如表2-1所示。

表2-1 人类五种感觉的绝对感觉阈限近似值

感觉种类	绝对感觉阈限
视觉	看到晴朗夜空下9米外的一支烛光
听觉	安静环境下听到6米以外表的滴答声
味觉	可尝出9升水中加入1茶匙糖的甜味
嗅觉	闻到散布于3居室中一滴香水的气味
触觉	感觉到从1厘米高处落到脸颊上蜜蜂的翅膀

2 感受性变化的规律

人的各种分析器的感受性会随条件和有机体状态的不同而发生变化。

1)感觉的适应

适应指刺激对感觉器官的持续作用而使感受性发生变化的现象。适应可以使感受性提高,也可以使感受性降低。例如,视觉适应——"明适应"与"暗适应";嗅觉适应——"入芝兰之室,久而不闻其香;入鲍鱼之肆,久而不闻其臭";触觉适应——戴眼镜、戴手表等;味觉适应——厨师做菜,若做多了就会越做越咸。听觉一般较难适应。痛觉则根本不能适应或很难适应,因为人具有自我保护功能。适应能力是有机体在长期进化过程中形成的,它对人们感觉外界事物、调节自己的行为具有积极的意义。

2）感觉的对比

感觉对比是指同一感受器接受不同刺激而使感受性发生变化的现象，分为同时对比和继时对比两种。同时对比是指几个刺激物同时作用于同一感受器，从而使感受性发生变化的现象。继时对比是指几个刺激先后作用于同一感受器，使感受性发生变化的现象。例如，吃糖之后吃苹果，会觉得苹果酸，吃苹果之后再吃糖会觉得糖更甜。研究感觉的对比现象有重要的现实意义。工业产品、艺术品、生活用品等各种设计都要考虑感觉的对比现象。大型的人物雕塑，如果就按人体的比例直接放大就不好看。教学中的直观教具的制作，也要考虑人的感觉的对比现象。

3）感觉的相互作用

感觉的相互作用是指对某种刺激物的感受性因其他感觉器官受到刺激而发生变化的现象。在一定条件下，各种不同的感觉都常发生相互作用，从而使感受性发生变化。例如，泡沫的摩擦声，让人产生冷的感觉、起鸡皮疙瘩；微弱的声音提高人的视觉感受性等。不同感觉的相互作用的现象相当普遍，其一般规律是微弱的刺激能提高其他感觉的感受性，而强烈的刺激则会降低其他感觉的感受性。例如，红、橙、黄这些暖色给人温暖的感觉；蓝、青、紫这些冷色给人寒冷的感觉。色调的浓淡不同，会引起人的轻重感的不同，两个同样大小同样质地的球，黑色给人重的感觉，白色则给人轻的感觉。

二、认识知觉

（一）知觉定义

知觉是指人脑对直接作用于感觉器官的客观事物的整体属性的认识，是人对感觉信息的组织和解释的过程。例如，看到一个苹果、听到一首歌曲、闻到花香、尝到美食等，这些都是由大脑所传达的知觉现象。

人脑是通过接受和加工事物的个别属性进而认识其整体的。人们对客观世界的认识通常是从认识事物的一些个别的、简单的属性开始的。例如，榴莲，我们用眼睛看，它是黄色的，形状是椭圆形；用手摸一摸，知道它表面是坚硬、有突起的；用手掂一掂，知道它有一定的重量。黄色、椭圆形、有重量就是榴莲这一事物的一些个别属性。以上是属于感觉，通过感觉我们认识了榴莲的这些特性。当我们再次见到它或者拿起它，榴莲的整体属性如颜色、重量、光滑度等就会出现在我们的大脑中，于是就形成了知觉。

知觉作为一种认识活动，包括觉察、分辨和确认等过程。觉察是指发现事物存在，但还不知道它是什么；分辨是把一个事物及其属性与另一个事物及其属性区别开来；确认是指人们利用已有的知识和经验及当前获得的信息，确定知觉的对象是什么，给它命名，并把它纳入一定的范畴。

因此，知觉认识的是事物的综合属性，是对事物整体的认识；知觉所认识的事物必须是直接作用于感官的，如果事物不在眼前，如提起某样东西你知道，则不属于知觉；知觉是人脑的认识，是人脑对事物的加工，离开人脑就谈不上知觉。

■ 知识关联

感觉与知觉的联系与区别

感觉和知觉同属于认识过程的初级阶段,即感性认识阶段,都是对当前事物的直接认识。感觉是知觉的基础,知觉是多种感觉的有机综合,知觉是按一定方式来整合个别的感觉信息,并根据个体经验来解释感觉信息的。人所感觉到的事物的个别属性必须具体到某种事物上,离开具体的事物,抽象的属性是不存在的,知觉是以各种形式的感觉为前提,也是感觉的深入与发展,感觉到的各种事物属性越丰富、越多样,知觉就越全面、越完整、越精确。

感觉和知觉是不同的心理过程,感觉反映的是事物的个别属性,知觉反映的是事物的整体,即事物的各种不同属性、各个部分及其相互关系。感觉是仅依赖个别感觉器官的活动,而知觉是依赖多种感觉器官的联合活动。感觉是认识世界的开端,是一切知识的最初源泉;知觉凭借过去的经验、思维和语言活动反映事物的整体属性。例如,我们感觉到"绿色"这一属性,一定会把它与具体事物,如树叶、青菜、草坪等联系起来,抽象的绿是不存在的。对于先天性的盲人而言,无论怎么解释,他们也无法感受到颜色。

(二)知觉类型

1 根据知觉过程中起主导作用的分析器划分

根据知觉时起主导作用的感官的不同,可把知觉分为视知觉、听知觉、触知觉、嗅知觉、味知觉等。例如,对物体的大小、形状、距离和运动的知觉属于视知觉;对声音的方向、节奏、韵律的知觉属于听知觉。在这些知觉中,除了起主导作用的感官,还有其他感觉成分参加。

2 根据所认识事物的特性划分

根据知觉对象的空间特性、时间特性和运动特性,又可把知觉分为空间知觉、时间知觉和运动知觉。

1)空间知觉

空间知觉是对物体的形状、大小、距离、方位等空间特性的知觉。它是多种感受器协同活动的结果,如视觉、触觉、动觉都对空间知觉的获得起着重要的作用。

形状知觉简单说就是对物体形状的知觉,它是视觉、触觉、运动觉协同活动的结果,它们的协同活动,提供了物体形状的信息。"大千世界,色形而已"。我们要认识世界,就必须分辨物体的形状。形状知觉是人和动物共有的知觉能力,但人的形状知觉是不同于动物的,如人能识别文字,分辨各种复杂的表情等。

日常生活中,人们对物体大小已有的知觉经验或对物体大小的熟悉度会影响到大小知觉。对物体大小的知觉经验会帮助人们准确地知觉物体的实际大小。

距离知觉是关于物体的远近距离或深度的知觉,也叫深度知觉。距离知觉是根据外部环境和有机体内部的许多线索进行的,这些线索叫距离线索。当观察者与周围物体发生相对运动时,远近不同的物体在运动速度和运动方向上将出现差异。一般来说,近处物体移动得快,方向相反;远处物体移动得慢,方向相同。比如坐火车即可感受到这一点。

方位知觉是指对空间方向、位置,以及对有机体自身所在空间位置等属性的知觉。人在进行视觉定向时,必须借助一定的参照物,如太阳的东升西落、地磁的南极和北极、天空与大地的上下等。受生活习惯的影响,不同国家和地区的人们习惯采用的参照标准会不一样。如我国南方地区的人习惯用自己的身体来定向,在回答问路时,他们习惯说向左、向右或左拐、右拐。北方地区的人则习惯于用太阳作为参照,在回答问路时,他们习惯说向东、向西、南拐、北拐。

2)时间知觉

时间知觉是对客观事物的顺序性和延续性的知觉,也称时间感,指在不使用任何计时工具的情况下,个人对时间的长短、快慢等变化的感受与判断。时间的参照系统来自自然界提供的信息,如太阳东升西落,月亮阴晴圆缺,地球自转一圈是一天,月亮绕地球转一圈是一月,地球绕太阳转一圈是一年;还来自人类创造的计时工具;以及有机体自身的节律性活动,如鸡叫三遍天亮,青蛙冬天冬眠、春天苏醒,人的脉搏,等等。

旅客搭乘飞机时较担心的就是安全和准时这两个问题。在保证安全的情况下,航班能都准时就显得非常重要,一旦时间被打乱,旅客就会产生烦躁感甚至发展为强烈的不安和不满。

3)运动知觉

运动知觉是对物体的空间位移和移动速度的知觉,即人对物体的空间运动特性的知觉。它依赖于对象运行的速度、距离,以及观察者本身所处的状态。运动是绝对的,静止是相对的。但我们能够知觉到的运动只是很小的一部分相对运动,太快或太慢的运动我们都知觉不到。运动知觉是相当复杂的过程,它需要大脑进行高水平的组织,综合各种信息而产生判断。它不仅同运动的速度有关,还同距物体的距离有关。天上的星星运动得相当快,但我们感觉不到它在动,是因为距离我们太遥远了。而从我们身边一擦而过的汽车,其速度使我们有风驰电掣之感,是因为距离我们很近。运动知觉对人和动物的生存均有重要的意义。有些动物(如青蛙、蜻蜓)只能知觉运动的物体,它们对静止的物体没有反应。

4)错觉

还有一种特殊形态的知觉叫错觉,是对客观事物的一种不正确的知觉,即知觉的映象与客观事物不一致。

(1)长短错觉。

长短错觉分为缪勒-莱尔错觉(箭形错觉)、潘佐错觉(铁轨错觉)、贾斯特罗错觉。

缪勒-莱尔错觉(箭形错觉):将两条长度相同的线段平行放置,然后在两端添加两条斜线,图2-1中,上下两条线段两端的斜线朝向刚好相反,在观察的时候人们会认为斜线朝内的线段要比斜线朝外的要短,这个现象就被称为缪勒-莱尔错觉,是缪勒-莱尔于1889年提出的心理学理论。

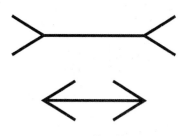

图2-1 箭形错觉

潘佐错觉(铁轨错觉):在折线的两头有两条等长的线段,结果上面的一条线段看上去比下面一条线段长一些(见图2-2)。

贾斯特罗错觉:是指两条等长的曲线,位于下面的一条曲线比上面一条曲线看上去长一些;同样,两个完全一样的扇形环,位于下面的扇形环比上面的扇形环看上去大一些的视错觉现象(见图2-3)。贾斯特罗错觉是一种光学错觉,发现于1889年。

图2-2　潘佐错觉

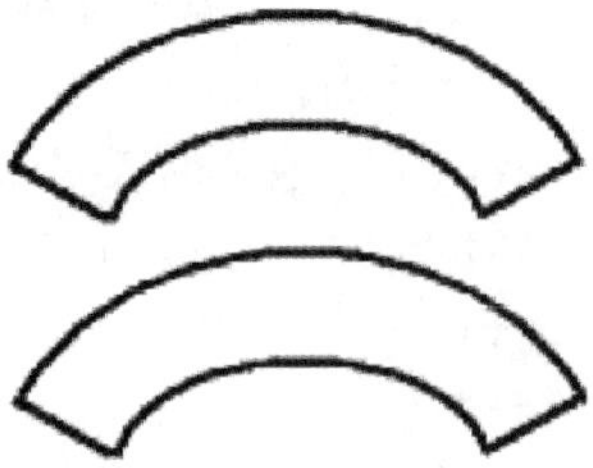

图2-3　贾斯特罗错觉

(2)大小错觉。

大小错觉分为多尔波也夫错觉、艾宾浩斯错觉。

多尔波也夫错觉:两个面积相等的圆形,一个在小圆的包围中,另一个在大圆的包围中,结果前者显大,后者显小(见图2-4)。

图2-4　多尔波也夫错觉

艾宾浩斯错觉:两个大小完全相同的圆放置在一张图上,其中一个被较大的圆围绕,另一个被较小的圆围绕;被大圆围绕的圆会比被小圆围绕的圆看起来小(见图2-5)。

(3)形状错觉:分为爱因斯坦错觉、冯德错觉、波根多夫错觉。

爱因斯坦错觉:在许多环形曲线中,正方形的四边略显弯曲(见图2-6)。

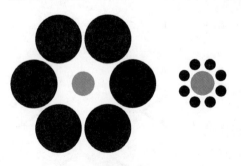

图2-5　艾宾浩斯错觉

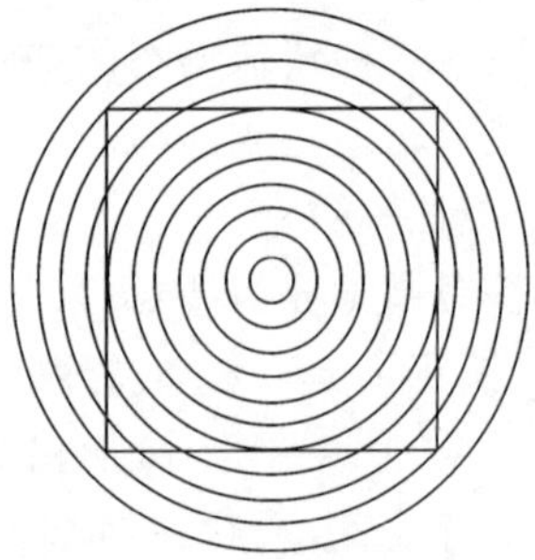

图2-6　爱因斯坦错觉

冯德错觉:两条平行线由于受附加放射线的影响,使得两条平行的直线看起来好像是弯曲的(见图2-7)。

波根多夫错觉:被两条平行线切断的同一条直线,看上去不在一条直线上(见图2-8)。

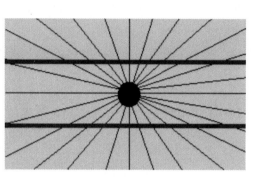

图 2-7　冯特错觉

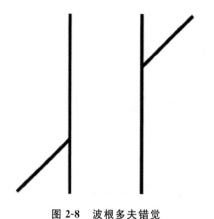

图 2-8　波根多夫错觉

(4)形重错觉。

形重错觉是指物体的形状影响对重量的判断。例如,一斤铁与一斤棉花比较,人们会觉得一斤铁更重。

(5)时间错觉。

时间错觉是指对持续时间的错误估计。比如等人时会觉得度日如年,与自己心爱的人在一起则会觉得时间过得很快。

(6)方位错觉。

方位错觉即对上下、左右等方位产生的错觉。比如听报告时,我们听到的声音实际是从侧面扩音器里发出的,但我们感觉是从前方报告人那里发出的。又比如在海上飞行时,海天一色,找不到任何参照物,飞行员容易产生"倒飞错觉"。

主观上,错觉的产生与人过去的经验和情绪等有关。错觉的产生受过去经验的影响。例如,人们习惯把小的对象看成是在大背景中运动,如人、车辆在大地上运动。所以夜晚观月时,人们会习惯地把大片的白云看成是静止的,而把月亮看成是运动的。

情绪也会使人产生错觉,如时间错觉。焦急等待、夜晚失眠、百无聊赖等都会使人感到时间过得很慢;生活得充实、集中精力学习、工作,则会觉得时间过得飞快,有光阴似箭、日月如梭之感。

总之,错觉的产生既有客观因素,也有主观因素;既有生理因素,也有心理因素。在不同错觉的产生过程中,各种因素不是孤立地、平均地起作用,而可能是多种因素综合作用。研究错觉有重要的理论意义和实践意义,在实践中可以将错觉适用于服装设计、建筑设计、室内装饰、军事伪装等方面。

■ 知识关联

风声鹤唳,草木皆兵

这句成语出自《晋书·苻坚载记》。公元383年,前秦皇帝苻坚带领八十余万大军征讨东晋。东晋则派出大将谢石、谢玄带兵八万前去迎战。两军最后夹淝水两岸对峙。苻坚当时很傲慢,根本没把力量悬殊的晋军看在眼里。不料,他登上寿阳城头,看到晋军阵营整齐、斗志激昂,并把八公山上的一草一木都看成了晋军士兵,顿时大惊失色。在淝水决战的时候,秦军溃败,损失极大。符坚仓皇逃窜,路上听见风声和鸟叫声也认为是追兵将至。

知觉并不总是客观、正确的,它受到客观因素和内在因素的影响,任何一种因素都足以影响人的知觉过程,甚至导致错觉产生。

(三)知觉的特性

人对客观事物的知觉,受主客观条件的影响,有其特殊的活动规律。知觉过程的心理规律可以归纳为知觉的四个基本特性。

1 知觉的选择性

作用于人的感觉的刺激物是多种多样的,但人不可能全都清晰地感知到,因此也就不可能对所有的刺激都做出反应。人在感知客观世界时,总是有选择地把少数事物当成知觉的对象,而把其他事物当成知觉的背景,以便更清晰地感知对象。人对同时作用于感觉器官的所有刺激并不都产生反应,而只对其中少数刺激加以反应,这种对外来信息进行选择而做进一步加工的特性叫作知觉的选择性。

知觉对某一对象的选择,与注意的选择有关。当注意指向某种事物的时候,这一事物便成为知觉的对象。对象与背景之间互相依赖(见图2-9)。对象与背景之间差别越大的,则对对象的知觉越清晰;对象与背景之间差别越小,越不容易知觉对象。比如课下说话,别人听不清,若在安静的阅览室说话,则会被很多人听到,影响别人学习。

图2-9 图像与背景

对象与背景之间的关系受刺激的空间组合的影响,可以相互转化,如两歧图(双关图)说明了知觉中对象与背景的相互转化。

对象与背景之间的关系还与时间序列有关。发生在前面的知觉直接影响后来的知觉,产生了对后面知觉的准备状态,这种现象即知觉定势。

影响知觉选择性的因素可以从客观因素与主观因素两个方面谈起,其中,客观因素包括知觉对象的强度,有绝对强度和相对强度的影响,强度大的对象容易被我们选择为知觉的对象;对象与背景差异越大,越容易从背景中选出知觉的对象,如白纸黑字、鹤立鸡群、万绿丛中一点红;在相对静止的背景中,运动的刺激物容易被选为知觉的对象,如闪烁的霓虹灯广告;有明显特征的事物也容易被选为知觉的对象,如公鸡和母鸡容易分辨,而雌兔和雄兔不易分辨。主观因素包括有无积极的态度,以及知觉者的兴趣、爱好、情绪状态等。

2 知觉的理解性

在感知当前事物的时候,人总是根据以往的知识经验来理解它们,并用词语表示出来,这种特性称为知觉的理解性。它表现在人们运用已有的知识经验把当前的知觉对象纳入已有的知识系统中。

在知觉信息不足或复杂的情况下,知觉的理解性需要语言的提示和思维的帮助。一块像小狗的石头,也许开始很难看出来,但如果有导游提醒,就会越看越像。

知识经验不同,对知觉对象的理解也不同。同样一棵香樟树,植物学家根据他的知识经验可以用分类学的概念把它称为双子叶植物,而一位木匠可能根据他的知识经验按木材的用途把它称为优质木材。

如图2-10所示,如果横着看,我们会把中间图形知觉为B;如果我们竖着看,我们会把中间图形知觉为13。知觉的理解性以知识经验为基础,有丰富的经验,才能理解对象,理解的程度直接关系到知觉的速度和完整性。人的情绪状态对知觉的理解性也有影响。当一个人心情愉快,他会感到一切都很顺眼,因为这时候他看到的总是事物美好的一面;而当一个人有烦恼时,就会觉得什么东西都不顺眼,因为这时候他看到的总是事物不好的一面。

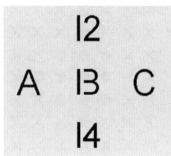

图 2-10 知觉理解图

3 知觉的整体性

人的知觉是一个主动加工处理感觉信息的过程,当直接作用于感觉器官的刺激处于不完备的情况下,人根据自己的知识经验,对刺激进行加工处理,使自己的知觉仍保持完备性的特性叫作知觉的整体性。例如,一首歌曲即使由不同的人演唱、不同的乐器弹奏,人都会知觉为同一首歌曲。各部分关系发生变化,知觉的整体形象就会发生变化。例如,正方形与菱形都是由4条相等的边组成的封闭图形,但线条之间的关系发生变化,人的知觉就不同了。

格式塔学派的心理学家提出的整体知觉的组织原则如下。

1)接近性(proximity)

凡距离相近的物体容易被知觉组织在一起(见图2-11)。

2)相似性(similarity)

凡形状或颜色相似的物体容易被知觉组织在一起(见图2-12)。例如,在民航服务过程中,人们容易把中国人、日本人和韩国人混在一起,把欧洲各国的人混在一起。

3)连续性(continuity)

凡能够组成一个连续体的刺激更容易被看作一个整体(见图2-13)。例如,人们通过服装和标志将处在不同城市中的航空公司员工视为一个整体。

4)封闭性(closure)

人们倾向将缺损的轮廓加以补充,将其看作一个完整的封闭图形(见图2-14)。

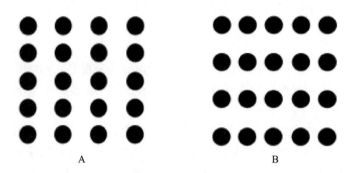

图 2-11　接近性图示

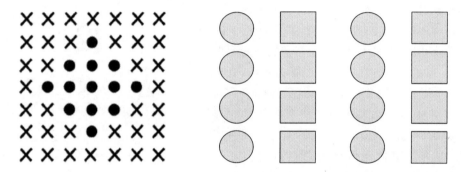

图 2-12　相似性图示

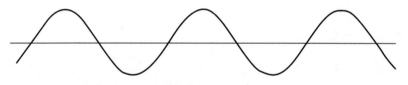

图 2-13　连续性图示

图 2-14　封闭性图示

5）良好图形（goodness）

单纯的、规则的、左右对称的图形容易被看成是一个整体。

4 知觉的恒常性

在一定的范围内,当知觉的条件或对象发生变化的时候,知觉的映象仍保持不变。知觉的这种特性被称为知觉的恒常性。

1)大小恒常性

当一个物体离我们远近距离不同,根据视网膜成像的原理,物体离我们越远,成像越小,离我们越近,成像越大(见图2-15)。但这与我们实际上知觉的映象并不一致。事实上,在一定距离内,不论物体离我们远还是近,我们所知觉到的某个物体的大小是不变的。

图 2-15　大小恒常性图示

2)形状恒常性

当我们从不同角度观察同一物体时(见图2-16),物体在视网膜上投射的形状是不断变化的,但是我们知觉到的物体的形状并没有出现很大的变化,这就是形状恒常性。

图 2-16　形状恒常性图示

3)颜色恒常性

有颜色的物体在色光照明下,它的颜色并不受色光照明的影响,而保持相对不变。例如,用红光照射白色物体的表面,我们看到的物体表面不是红色,而是红光照射下的白色;再如,室内家具在不同颜色灯光的照明下,其颜色保持相对不变。

4)明度恒常性

在照明条件改变时,我们倾向于默认感知物体表面的明度知觉不变。例如,白墙在阳光和照明条件改变时,我们倾向于对物体表面的明度知觉不变。又如,阳光下与黄昏时,粉笔总是白色的;而煤块在阳光和月光下看,都是黑色的。从物体反射的光量来看,阳光是月光的80万倍,尽管煤块在阳光下反射的光比粉笔在月光下反射的光多得多,但煤块在阳光下仍然是黑色的,粉笔在月光下仍然是白色的。可见,我们看到的物体明度,并不取决于照明条件,而是取决于物体表面的反射系数。

知觉的恒常性对人们的正常生活和工作具有重要意义。它可以使我们在不断变化的环境下,仍然保持对事物本来面目的认知,保持对事物的稳定的知觉,使我们更好地适应不断变化的环境。如果知觉不具有恒常性,那么人就难以适应瞬息万变的外界环境。

任务二 影响民航旅客感知觉的因素

在民航服务过程中,我们秉承旅客是"上帝"的原则,旅客是民航全程服务的主体。民航旅客的感知觉直接影响和决定着民航服务交往与沟通。作为一名民航服务人员,了解和掌握影响民航旅客感知觉的因素是民航服务交往成败的关键。

一、影响民航旅客感知觉的外部因素

民航旅客对航空公司和机场的感知觉,是指民航旅客通过自己的感官对航空公司和机场的整体知觉。在与旅客的服务交往过程中,旅客享受到的是机场服务、安检服务、候机服务、机上服务等一条龙服务,这一整体知觉是由航空公司和机场各个方面共同组成的,包括航空公司和机场的服务环境,航线、航班时间服务人员的形象与态度等。

(一)民航旅客对服务环境的感知觉

心理学原理告诉我们:人们的心理活动起源于感知,感知形成知觉,知觉指导人们的行动,人的知觉离不开当时所处的环境。民航旅客经常出入的地方,如飞机客舱、民航售票处、候机室、机场餐厅、机场商场、机场酒店等地方,这些环境是否宽敞、明亮、整洁、美观、幽雅都会使民航旅客产生不同的感知觉。随着我国经济的迅速发展,人们生活水平的日益提高,旅客对服务环境的要求也越来越高,而服务环境的好坏成为旅客评价航空公司和机场的重要因素。这些感知觉将会影响他们的心理活动和行为。

1 服务环境的色彩对民航旅客感知觉的影响

颜色是通过眼、脑和我们的生活经验所产生的一种对光的视觉效应。人对颜色的感觉不仅仅由光的物理性质所决定,比如人对颜色的感觉往往受到周围颜色的影响。不同的颜色给人不同的心理感受。一般来讲,红色是一种热情的颜色,象征着吉祥、喜庆、热烈、奔放、激情、斗志;蓝色是一种宁静的颜色,象征着忧郁、豁达、沉稳、清冷、悠远;绿色是大自然的颜色,有欣欣向荣的意思,象征着清新、希望、舒适、生命、和平、自然、青春等。这些色彩搭配对于服务环境来说很重要,会带给旅客不同的知觉、不同的心理感受。比如海南航空公司(简称海航)的乘务员的制服就很有特色,"海天祥云"制服看起来淡雅、清爽,彰显乘务员的清新脱俗、知性淡雅与温和柔美;候机大厅以蓝色或绿色为主色调,给旅客一种整洁、舒适、幽雅、宁静、充满希望的感觉。这些色彩就会使旅客产生一种良好的知觉印象。

■ 知识关联

| 颜色寓意 |

2 服务环境的温度、音量对民航旅客感知觉的影响

一个人主要通过皮肤来实现对温度的知觉,不同的温度会让人产生不同的知觉。温度过高或过低,都会使人注意力分散、心烦,动作准确性下降,甚至会使人情绪急躁或低落。因此,民航服务环境,如民航售票口、候机厅、民航餐厅、飞机客舱等地方都应该注意服务环境温度对旅客感知觉的影响,保持适宜的温度,以调节民航旅客的情绪。一般来讲,夏季室内温度应该在 18—24 ℃,冬季在 17—22 ℃ 为宜,这是人在室内时感觉最舒适的温度,有利于调节人的情绪。

一个人对声音高低的感受主要取决于声波振动的频率,声音是人对声波频率刺激的反映。频率高,听起来的声音就高;反之,听起来的声音就低。此外,服务环境中的声音对于旅客的知觉也有影响。一般来讲,服务环境的广播声音不宜过大,声音超过 140 dB 时,人就会产生一种令人不舒服的触压觉和痛觉。因此,在机上服务时,民航服务人员使用广播时要注意音量的大小,尽可能以温和、美妙的广播声为旅客带来良好的体验。

3 服务环境设施对民航旅客感知觉的影响

对于民航旅客来讲,机场和客舱相关的服务设施是否齐备、方便,会对其心理产生不同的影响。例如,服务设施缺乏,会给旅客造成许多麻烦,问询处、特殊行李托运处等这些配套服务设施如果标识不清楚,旅客需要的时候找不到,就会产生不愉快、不舒服的感知觉。反之,除了必备的服务设施,如果还有更加丰富的机场服务项目如机场影院、机场特色项目体验等,旅客就会对服务环境有一个更加良好的感知觉。

■ 知识关联

| 韩国旅行的开始——仁川国际机场使用指南 |

(二)民航旅客对航班时刻的感知觉

对民航旅客来说,各种飞机所具有的基本功能从本质上讲是相同的,它们之间的差别

难以区分。旅客对某航空公司的偏爱与航空公司所使用的飞机型号几乎没有多大关系。研究表明,旅客对客运班机的选择,主要与四个因素密切相关:起飞时间、是否按时抵达目的地、中途着陆次数、民航服务人员的态度。因此,时间的价值对于旅客来说是非常重要的,比飞机的类型和娱乐条件更为重要。某航空公司在调查中发现,对于大多数民航旅客而言,航班时刻、是否直达是其选择航空公司的重要因素。民航服务人员必须把航班正点视为航空公司的生命线,要尽一切可能减少航班的延误,让民航旅客在航班时间上有一个良好的感知觉。

(三)旅客对民航服务人员的感知觉

在民航旅客服务工作中,旅客对服务评价的感知觉主要取决于旅客对民航服务人员的感知觉。民航服务人员的外表、表情、言语等都会成为旅客评价民航服务的影响因素,不仅是旅客对服务人员的感知觉,而且也是对整个航空公司和机场感知觉的重要内容。

1　通过民航服务人员的外表感知

在服务过程中,旅客对民航服务人员的感知首先来自民航服务人员的外表,它包括民航服务人员的着装、发型、姿态等。这些外表特征成为旅客了解民航服务人员的重要途径,形成旅客对民航服务人员的第一印象。因此,各大航空公司都会精心设计和选择属于本公司的特色制服、妆容等,会邀请世界知名服装设计师为本公司打造属于自己的职业服装。

■知识关联

空乘制服盘点,不仅仅是一件"好看的衣服"那么简单

2　通过民航服务人员的表情感知

在服务过程中,民航服务人员的一举一动都将给旅客留下深刻的印象,民航服务人员的表情是旅客感知服务人员的最重要的途径。一般来说,外部的表情包括面部表情、言语表情、体态表情等,表情是传递人情绪的外部表现,是人们感知他人心理状态的一个重要指标。

首先,民航服务人员的面部表情通过眼部、脸颊和口部肌肉的变化来表现各种情绪状态。比如,眼睛不但可以传情还可以交流思想。面部表情是一种十分重要的非语言交往手段,是旅客了解服务人员思想、情感、情绪的重要线索。

其次,民航服务人员的言语表情是指通过言语方式表达的情绪,言语表情对他人具有很强的感染力,民航服务人员与旅客交往时所使用的语速、语调和语气等是旅客了解民航服务人员的情绪、心境、态度等心理活动的途径。

最后,民航服务人员的体态表情主要指民航服务人员的动作、手势等,这也是旅客感知

民航服务人员性格、气质的客观依据。

3 通过民航服务人员的言语感知

人们运用语言进行交际的过程叫言语。言语要借助于语言才能实现,离开了语言,人与人之间只能通过表情、动作进行交际。人们常说,闻其言知其人,言语是一个人与他人交往时感知他人的重要途径。在民航服务过程中,言语也就成为旅客感知民航服务人员的一个重要途径。旅客通过民航服务人员的言语来感知服务人员的态度、理解服务人员所要传递的意思和思想。因此,民航服务人员要努力使自己的用词准确、表达清晰,使自己在语言表达上给旅客留下一个良好的感知觉印象。

4 民航服务对旅客社会知觉的影响

旅客知觉民航服务时,主要注意的是服务质量,知觉印象取决于服务质量的高低。服务质量既是服务本身的特性与特征的总和,也是旅客感知的反应,因此服务质量既由服务的技术质量、职能质量、形象质量和真实瞬间构成,也由感知质量与预期质量的差距所体现。技术质量是指服务过程的产出,即旅客从服务过程中所得到的东西。例如,航空公司为旅客提供的飞机、舱位等。对于技术质量而言,旅客容易感知,也便于评价。职能质量是指在服务推广的过程中,民航服务人员在履行职责时的行为、态度、穿着、仪表等给旅客带来的感受。形象质量是指企业在社会公众心目中形成的总体印象。它包括企业的整体形象和企业所在地区的形象两个层次。如果企业拥有良好的形象质量,些许的失误仍会获得旅客的谅解;如果失误频繁发生,则必然会破坏企业形象;倘若企业形象不佳,则企业任何细微的失误都会给旅客带来很坏的印象。真实瞬间则是服务过程中旅客与企业进行服务接触的过程。真实瞬间是服务质量展示的有限时机。一旦时机过去,服务交易结束,企业也就无法改变旅客对服务质量的感知,服务质量出了问题也无法补救。总之,友好、热诚、优雅、周到、礼貌的民航服务,容易使旅客产生舒适感、安全感和公平感,从而留下良好的印象。

二、影响民航旅客感知觉的内部因素

旅客感知觉不仅受客观因素的影响,也受主观因素的影响。影响旅客感知觉的主观因素主要包括兴趣、需要和动机、经验、期望、个性、阶层意识和其他个体因素等。

(一)兴趣

兴趣是人们积极探究某种事物,或从事某种活动的意识倾向。这种倾向是和一定的情感体验相联系的。知觉者通常把自己感兴趣的事物作为知觉对象,而把那些和自己兴趣无关的事物作为背景,或干脆排除在知觉之外。例如,一个对民航工作很有兴趣的人,总是关心报刊、杂志上有关民航工作的报道和文章,并注意新出版的民航书籍,希望能和民航界的从业人员交朋友,参加相关的讨论会。在参与这些活动时,他总是精神饱满、心情愉快。

兴趣是在一定的需要的基础上,在社会实践过程中形成和发展起来的。当主体产生某种需要的时候,他就会优先注意周围环境中满足其需要的事物并产生兴趣,比如为了满足认识的需要,人们往往会产生阅读有关书籍的兴趣。

人的兴趣的发展一般要经过有趣、乐趣、志趣三个阶段。有趣是兴趣发展的初级水平,它往往是被某些外在的新异现象所吸引而产生的直接兴趣,特点是持续时间短暂,甚至随生随灭;乐趣是兴趣发展的中级水平,它是在有趣的基础上发展起来的,特点是基本定向,持续时间较长;志趣是兴趣发展的高级水平,它与人的崇高理想和远大目标相结合,是在乐趣的基础上发展起来的,特点是积极自觉,持续时间长,不易改变。

兴趣是影响知觉的首要因素。人们通常把自己感兴趣的事物作为知觉对象,而把那些与自己兴趣无关的事物作为背景,或干脆排除在知觉之外,所以他们对知觉对象的选择及留下的知觉印象也就会不一样。民航旅客也是一样,头一次乘坐飞机的旅客,往往兴趣在于飞行过程中的所见所闻和机窗外的景物,对于服务质量的好坏,因为没有比较,所以并不在意。但对于多次乘坐飞机的旅客,他们更看重服务质量和航班的正点率。总之,兴趣影响着知觉者知觉什么,知觉的程度,以及留下什么样的知觉印象。

(二)需要和动机

所谓需要,是指人对客观事物所提出的要求在大脑中的反映。它是人在体验到某种缺乏时而产生的主观状态,是个体活动积极性的源泉。动机是在需要的基础上产生的。当有机体感到有某种缺乏时,就会产生相应的需要。一旦有了需要,有机体就会想方设法去满足它。但需要产生之后,并不一定会立即成为推动人们进行某种活动的动机。只有当需要的强度达到一定的水平时,才有可能转化为动机。萌芽状态的需要,能够使有机体产生不安之感,但由于它的强度微弱,此时还不能使人明确地意识到。随着需要强度的增加,达到甚至超过人的意识阈限时,个体才会明确地知道什么使他感到不安,并意识到满足这种需要的手段和事物。实质上,此时的心理状态也只是一种愿望,还没有真正形成动机。人有了明确的需要和满足需要的手段,并不等于就能为满足需要而采取行动。只有当与需要相适应的刺激出现时,人才会形成活动动机。

凡是能满足人的需要、符合人的动机的事情,往往会成为知觉的对象、关注的中心;反之,与人的需要和动机无关的事情,则不会被人注意。心理学家给饥饱程度不同的受试者辨认一张看不出任何图形的画,结果显示,饥饿受试者辨认出那张图画是食品的概率为40%左右,而非饥饿受试者辨认出那张图画是食品的概率为10%左右,前者远高于后者,这就是需要对认知的影响。一般情况下,只有那些能够满足需要、符合动机的事物,才能引起知觉者的注意,从而被清晰地感知。

同一个航班,可以同时接纳各种类型的旅客,如商务型、度假型等。由于各种类型的乘客具有不同的需要和动机,他们对于航班服务感知的范围、具体的对象,以及最终的整体知觉印象是多种多样的。比如,商务型旅客更看重航班的正点率;而度假型旅客更希望能享受到品质更高的服务。

(三)经验

人的知识经验直接影响知觉的内容。人们从学习、工作等方面所获得的经验,会在很大程度上影响人们对知觉对象的选择、解释。过去的经验往往使知觉更清晰、更迅速。在实际生活中,当知觉对象提供的信息不足时,知觉者总是以过去的知识经验来补充当前的知觉。有的旅客对某家航空公司的服务很满意,形成良好的印象,那么今后再乘坐飞机时,他很可能再次选择该航空公司。原因就是他对这家航空公司有了良好的印象,以往的经验促使他成为这家航空公司忠实的旅客。此外,如果有人曾向他介绍推荐某家航空公司并极力称赞该航空公司的服务,那么这些知识和间接经验也可能影响他的决定,他出行时就会选择别人推荐的这家航空公司的航班。

(四)期望

知觉者当时的心理状态,尤其是期望,对知觉也有影响。在知觉过程中常常渗透着知觉者的期望心情,这就使人对事物的知觉不像事物本来的面貌,而是像人们所期望的那样。同一事物,由于人们的期望不同,就会得到不同的知觉效果。有人说"人所看到的正是他所想要看到的",即说明了期望对知觉的影响。

(五)个性

个性是指区别于他人的在不同环境中显现出来的相对稳定的影响人的外显和内隐性行为模式的心理特征的总和。不同人的个性有很大的个体差异,每个人对事物的看法都自成体系,行为表现也有其独到之处,这是由每个人的具体生活条件和教育条件不同所致的。由于人们的个性特征各不相同,每个人的个性心理活动过程以及行为表达方式也会千差万别。所以,对同样的事物或信息会产生不同的选择和理解,这也会导致知觉结论的差异。

(六)阶层意识

人生活在社会之中,必然因各种因素从属于某一社会阶层,从而产生各种阶层意识。不同阶层的人的价值观、生活方式、态度、情绪、情感等方面是不同的。社会一般以财富、技能和权力来划分阶层。从一个人的收入、文化程度及职业,可以判断他所属的社会阶层。一般来说,高等阶层的人出行常以飞机作为交通工具,对服务有较高的要求;中等阶层的人视野比较开阔,他们中有相当部分的人出行时倾向于乘坐飞机,对服务也有较高的要求;低等阶层的人受经济社会地位等条件的影响,对世界的看法有局限性,出行往往青睐物美价廉的交通工具,如火车、汽车等。

(七)其他个体因素

影响旅客社会知觉的主观因素,除以上几个方面外,还包括人口统计方面的因素。例如,收入、年龄、性别、职业、家庭结构、国籍、民族和种族、态度、信仰、心境等。其中,年龄、职业、收入、性别等因素对旅客社会知觉的影响较大。

任务三 民航服务人员的社会知觉

社会知觉就是对人的知觉，它是影响人际关系的建立和活动效果的重要因素，具体包括对他人的知觉、人际知觉和自我知觉。在这里，我们将民航服务人员对他人的知觉研究重点放在对旅客的社会知觉。

一、民航服务人员对旅客的社会知觉

民航服务人员对旅客的社会知觉主要指对旅客的外表、言语、动机、性格等的知觉。对旅客的正确知觉，是建立正常的客我交往的依据，是有效地开展人际关系交往的首要条件。民航服务人员在人际交往中对旅客的社会知觉包括以下几个主要方面。

（一）对表情的知觉

1. 对面部表情的知觉

面部表情是指通过眼部肌肉、颜面肌肉和口部肌肉的变化来表现各种情绪状态。比如，眼睛不但可以传情还可以交流思想。面部表情是一种十分重要的非语言交往手段。在人的情感表达中，面部表情比语言表达更重要、更直接，人们通过面部表情可以了解到一个人的内心活动、意图和状态等。眼睛是心灵的窗户，能够最直接、最完整、最深刻、最丰富地表现人的精神状态和内心活动。眼睛通常是情感的第一个自发表达者，透过眼睛可以看出一个人是欢乐还是忧伤，是烦恼还是悠闲，是厌恶还是喜欢。目光可以委婉、含蓄、丰富地表达爱抚或推却、允诺或拒绝、央求或强制、询问或回答、谴责或赞许、讥讽或同情、企盼或焦虑、厌恶或亲昵等复杂的思想和愿望。在民航服务交往中，民航服务人员可以通过表情来观察旅客的情绪，特别是精神状态。当旅客突发疾病时，面部表情可以反映其身体状态；在客舱巡查时，民航服务人员要学会巧妙地运用目光传递真诚待客的感情。例如，要给对方以亲切感，则应用热情而诚恳的目光；要给对方以稳重感，则应用平静而诚挚的目光等。同时，面部表情要根据接待对象和说话内容的不同而变化。

■ 知识链接

旅客突发癫痫 乘务组紧急救治平安落地

2019 年 5 月 25 日，乌鲁木齐飞往西安的东航 MU2397 航班于早晨 8:25 起飞后一切正常，乘务员赵丹像往常一样为旅客提供餐饮服务。

8:33，赵丹经过客舱后部时，坐在 51B 的外籍旅客因语言不通，拉住赵丹并示意她看 51A 座的旅客。赵丹发现坐在 51A 的男性旅客面色苍白、身体抽搐、双手痉挛，口中食物

外溢,已经失去意识。赵丹的第一反应是旅客疑似癫痫病发作。情急之下,赵丹担心旅客会因抽搐而咬到舌头,赶紧寻找柔软的棉布想塞在旅客的口中,但是时间紧急,赵丹只得拿起随身携带的小毛巾简单擦拭旅客的口部后,将小毛巾垫进旅客的嘴里,并拿走他的餐具,此时旁边的旅客也主动起身为乘务员腾出空间。赵丹转头告知同组组员给乘务长打电话,并请求身旁男性旅客让其协助自己将发病旅客放平在座椅上。由于担心口中食物会堵塞病人的呼吸道,赵丹将旅客的头部转向一边并时刻观察,随后按下呼唤铃紧急通知其他组员。赵丹一边向同行旅客询问是否有病史,一边为其测量脉搏,同组乘务员拿来毛毯垫在旅客头下。

乘务长豆毛吉接到通知后,立即安排广播寻找医生,并指挥乘务员拿来应急医疗箱和氧气瓶,客舱中没有医生赶来,乘务员为旅客测量血压和心率,并及时做好记录。乘务长豆毛吉和乘务员赵丹及一名热心旅客一起帮发病旅客按压穴位、放松手脚,同时让旅客高流量吸氧,经过一系列专业的急救措施,8:49病人开始有知觉且呼叫有反应,赵丹安慰旅客不要紧张,告诉他乘务员一直在帮助他。之后,乘务员每10分钟对旅客测量一次生命体征,9:05再次测量生命体征时,血压和心率转为正常。旅客意识逐渐清晰,可以自主回答乘务员的问话,称落地后不需要急救部门进行处理,自己可以慢慢恢复。

整个航程将近3小时,赵丹在旅客慢慢恢复后一直对其进行持续观察,并和旅客进行简单交谈,消除旅客的紧张情绪。飞机到达西安后,旅客十分感激乘务组,表示如果不是赵丹在第一时间的准确判断以及处理得当,后果不堪设想,并对东航乘务员遇到紧急情况时的专业态度和临危不乱的处置方式表示高度赞许。

旅客下机时与乘务组一一道别,赵丹将旅客送出机外,挥手再见。虽然乘务员都是受过专业训练的,但仍然希望所有的乘机旅客都能够健康出行,东航乘务员愿意为每位旅客的生命安全保驾护航。

(资料来源:根据 https://www.sohu.com/a/317383534_795564 整理。)

2 对言语表情的知觉

言语除了它所表达的字面含义,如果再配合以恰当的声调,就可以更加丰富、生动、完整、准确地表达人的情感状态。判断人的说话情绪和意图时,不仅要听他说些什么,还要听他怎样说,即从他说话声音的高低、强弱、起伏、节奏、音域、转折、速度、腔调和口误中领会其"言外之意"。在民航服务交往过程中,旅客的言语是民航服务人员知觉旅客的重要途径。一方面,民航服务人员可以通过旅客的语气、语调和语速去知觉旅客的服务要求。另一方面,言语同时也是民航服务人员了解旅客情绪和性格特征的有效途径,唉声叹气、语调低沉、节奏缓慢说明旅客心情忧郁、情绪不佳;语调高昂、语速轻快说明旅客情绪愉快;言语生硬表示旅客感到愤怒。

3 对身段动作表情的知觉

人的体态和动作是表达、交流感情的重要标志,是心理语言的外露。心理活动通过语言来传达,由身段、动作等体态语言来表露。其中,手势语是通过手和手指活动来传递信息,能直观地表现人们的心理状态,它包括握手、招手、摇手、挥手和手指动作等,可以表达友好、祝贺、欢迎、惜别、不同意、为难等多种语义。而姿态语是指通过坐、立等姿势的变化表达语言信息的"体语",姿态语可表达自信、乐观、豁达、庄重、矜持、积极向上、感兴趣、尊敬等或与其相反的语义。民航服务人员要善于观察旅客的身段动作表情，推断旅客的需要，恰当地提供服务。

（二）对性格的知觉

性格是指表现在人对现实的态度和相应的行为方式中的比较稳定的、具有核心意义的个性心理特征，它是一种与社会相关最密切的人格特征。性格表现了人们对现实和周围世界的态度，并表现在其行为举止中。性格主要体现在对自己、对别人、对事物的态度和所采取的言行上。例如，摩擦型性格的旅客表现为性格外露，人际关系紧张，处理问题欠妥，容易造成摩擦，民航服务人员要避其锋芒，以柔克刚；平常型性格的旅客的态度平平常常，没有特殊的表现；平稳型性格的旅客对环境有较好的适应性，但往往是被动地适应，善结人缘，人际关系好，民航服务人员只需与他们和平友好相处即可；领导型性格的旅客对社会的适应性好，而且能主动适应社会环境，民航服务人员可注意对细节服务的把控；逃避型性格的人表现为性格内向，不善交际，与世无争，民航服务人员可采用主动热情的服务去打动此类客人。

（三）对角色的知觉

角色为一定社会身份所要求的一般行为方式及其内在的态度和价值观基础，是由人的社会地位和身份所决定的，而非自定的，角色是符合社会期望（社会规范、责任、义务等）的。人在社会上所处的地位、从事的职业、承担的责任以及与此有关的一套行为模式都是角色。根据从事职业进行划分，角色有飞行员、乘务员、商人、教师等。民航服务人员对旅客的角色知觉主要来源于两个方面。一方面，可根据一个人的行为模式推断他所从事的职业或相应的社会角色，比如旅客谈吐文雅、学识渊博、细致耐心，则可以推断他的职业属教师或科研人员一类，而如果看到一位女性旅客对带着的小孩精心呵护、关怀备至，则可以判断她是小孩的母亲。另一方面，可根据一个人的社会地位和职业特点来推断他的行为和心理特征，比如民航服务人员遇到对服务工作要求比较严谨和仔细的旅客，则可以推断他们是教师或工程师；而对服务环境、食物等的卫生条件要求较高的旅客，则可以推断他们是医生。

（四）对心理素质的认知

心理素质是以自然素质为基础，在后天环境、教育、实践活动等因素的影响下逐步发生、发展起来的，是一个人在社会生活中所表现出来的心理稳定的程度。特别是对待困难、挫折或遇到突发事件时的态度、情绪、意志力等心理行为的表现，反映了一个人心理素质水平的高低。人们通常认为乘坐飞机比火车危险。有的旅客乘机时表现得很紧张、忧虑、情绪反应较为激烈，这样的旅客其心理素质水平往往较低，有的旅客显得很从容、冷静、情绪稳定，这样的旅客一般心理素质水平较高。

二、人际知觉

人际知觉是指对人与人之间相互关系的认知,包括对人的外部特征、个性特点了解,对人行为的判断和理解。从主体角度上来分,可以包括自己和他人的关系,他人与他人的关系。人际知觉的主要特点是有明显的情感因素参与知觉过程,即人们不仅相互感知,而且彼此间会形成一定的态度,在这种态度的基础上又会产生各种各样的情感。比如对某些人喜爱,对某些人同情,而对另一些人反感,等等。人际知觉过程中产生的情感取决于多种因素,如人们彼此间的接近程度、交往频繁程度及彼此间的相似程度等,都会对人际知觉过程中的情感产生很大影响。一般来说,人们彼此越接近,交往越频繁,相似之处越多,就越容易产生友谊、同情和好感。

民航服务中对人际关系的知觉,主要体现于旅客与服务人员之间的关系。他们之间的人际知觉同样带有情绪色彩。民航服务人员与旅客之间接触交往的机会越多,相互产生的知觉就越真实。因此,各环节的民航服务人员都要尽可能多地与旅客进行语言交流、情感交流和服务手段的交流,同时,在服务过程中,民航服务人员应克服自我因素,尽量多地与旅客增加交往频率。此外,如果旅客与民航服务人员有大致相似的背景,如同乡、同种族、同语言、同爱好等时,服务工作会更顺利。

三、自我知觉

自我知觉是个体对自己的认识,以自我为认识的对象,是指一个人通过对自己行为的观察而对自己的情感、情绪和内在特质等心理状态的认识。自我知觉理论认为,人们通过自己的行为和行为发生的情境了解自己的态度、情感和内部状态。也就是说,我们对自己内部状态的了解,也像他人了解我们一样,都是通过我们的外显行为而了解的。自我知觉的内容包括对自我外部特征的知觉,如容貌、肤色、体形;还有对自我个体特点的知觉,如喜怒哀乐、意志力、价值观、气质、性格、能力等。

自我知觉是在交往过程中随着对他人的知觉而形成的。通过对他人知觉的结果和自我加以对照、比较,才使他人产生对自己的表象。马克思曾指出:"人降生是没有带镜子来的,他是把别人当镜子来照自己的。"对自我的知觉与对他人的知觉二者是紧密联系的,对他人的知觉越深刻、越全面,对自我的认识也会随之而发展。自我知觉对自身的行为有重要的调节作用。正确的自我知觉会使一个人在群体中的行为得体;相反,一个缺乏自知之明的人常常使他的行为遭受各种不应有的挫折。

另外,一个人观察他人与观察自己是不同的。其区别在于:

首先,人们观察自己时所掌握的信息要比观察他人时更多,比如一个人虽然工作成绩并不显著,却尽了最大的努力,他自己心中是有数的,但别人可能不了解。

其次,观察自己和观察他人有熟悉和陌生的区别。俗话说,"路是自己走过来的",一个人对自己行为的知觉当然会比他人更熟悉,因为自己对自己的知识、经验和过去的经历要比对他人知道得更多。

最后,观察者与被观察者的区别在于知觉他人时自己是观察者,他人是被观察者,而在自我知觉时,自己既是观察者又是被观察者。

尽管自我知觉与对他人的知觉存在上述区别，但这并不是说自我知觉一定比对他人的知觉更正确。人只有在形成了正确的自我知觉后，才知道需要怎样做以及能够做到什么程度并对自己的行为不断地进行自我调节，这对每个人来说都是非常重要的，否则就会造成行为上的盲目。例如，如果由于期望过高而采取不适当的行为，或者不能正确判断自己的行为而不能进行自我调节，这不仅会造成与社会环境的不协调，而且还会给自身带来不良的心理后果。

在民航服务交往过程中，旅客如果缺乏正确的自我知觉，或许会提出不适当的要求，一旦达不到自己的目的，就有可能产生消极心理或过激行为。民航服务人员如果缺乏正确的自我知觉，就不能正确知觉服务过程中主客双方的关系，以致把自己摆在不适当的位置，从而难以规范自身的行为。

四、民航服务中社会知觉的偏差

影响民航服务人员的社会知觉的因素有很多，从客观上来看，知觉对象的特征及对象所处的情境是社会知觉的重要信息；从主观上来看，知觉者本身的知识经验、动机需要、个性特征、心理状态是重要的心理条件。知觉者本身的主观性会产生某些心理偏差，这些心理偏差带有普遍规律性，往往难以避免。下面仅就几个主要社会知觉的心理偏差加以介绍。

（一）首因效应（第一印象）

首因效应由美国心理学家洛钦斯首先提出，也叫首次效应、优先效应或第一印象效应，指交往双方形成的第一印象对今后交往关系的影响，也即"先入为主"带来的效果。虽然这些第一印象并非总是正确的，却是较鲜明、较牢固的，并且决定着以后双方交往的进程。如果一个人在初次见面时给别人留下良好的印象，那么人们就愿意和他接近，彼此也能较快地相互了解，并会影响人们对他以后一系列行为和表现的解释。反之，对于一个初次见面就引起对方反感的人，即使由于各种原因难以避免与之接触，人们也会对之很冷淡，在极端的情况下，甚至会在心理上和实际行为中与之产生对抗状态。

■ 知识关联

洛钦斯实验

美国社会心理学家洛钦斯于1957年以实验证明了首因效应的存在。他用两段杜撰的故事作为实验材料，故事描写的是一个叫詹姆的学生的生活片段。一段故事中把詹姆描写成一个热情且外向的人，另一段故事则把他写成一个冷淡且内向的人。两段故事如下。

詹姆走出家门去买文具，他和他的两个朋友一起走在充满阳光的马路上，他们一边走一边晒太阳。詹姆走进一家文具店，店里挤满了人，他一边等待着店员对他的注意，一边和一个熟人聊天。他买好文具向外走的途中遇到了朋友，就停下来和朋友打招呼，后来告别了朋友就走向学校。在路上他又遇到了一个前天晚上刚认识的女孩，他们说了几句话后就告别了。

放学后,詹姆独自离开教室走出了校门,他走在回家的路上,路上阳光非常耀眼,詹姆走在马路阴凉的一边,他看见路上迎面而来的是前天晚上遇到过的那个漂亮的女孩。詹姆穿过马路进了一家饮食店,店里挤满了学生,他注意到那儿有几张熟悉的面孔,詹姆安静地等待着,直到引起柜台服务员的注意才买了饮料,他坐在一张靠墙边的椅子上喝着饮料,喝完之后他就回家去了。

洛钦斯把这两段故事进行了排列组合:

第一种是将描述詹姆性格热情外向的材料放在前面,描写他性格内向的材料放在后面;第二种是将描述詹姆性格冷淡内向的材料放在前面,描写他性格外向的材料放在后面;第三种是只出示那段描写热情外向的詹姆的故事;第四种是只出示那段描写冷淡内向的詹姆的故事。

洛钦斯将组合不同的材料,分别让水平相当的中学生阅读,并让他们对詹姆的性格进行评价。结果表明,第一组被试者中有78%的人认为詹姆是个比较热情而外向的人;第二组被试者中只有18%的人认为詹姆是个外向的人;第三组被试者中有95%的人认为詹姆是外向的人;第四组只有3%的人认为詹姆是外向的人。

研究证明了第一印象对认知的影响。在首因效应中,对情感因素的认知常常起着十分重要的作用。人们一般都喜欢那些流露出友好、大方、随和情感的人,因为在生活中,我们都需要他人尊重和注意,这个特点在儿童身上表现得尤为明显,小孩子都喜欢第一次见他就笑呵呵的人,如果再给予相应的赞扬,那么小孩就会更加高兴。

(资料来源:根据相关资料整理。)

在服务交往中,旅客与民航服务人员初次接触时,旅客通过民航服务人员的谈吐、举止、仪表等方面形成第一印象。服务工作经验表明,旅客对民航服务人员的第一印象极为重要,它不仅影响旅客的心理活动,而且还影响服务交往,有时甚至影响服务工作能否顺利进行。一旦旅客对民航服务人员产生不良的第一印象,要改变它是十分困难的,往往要付出几十倍的力气,才能动摇其第一印象。无论是航空公司还是民航服务人员都必须重视旅客的这一心理因素。民航服务人员要意识到自己给旅客留下的第一印象不是一个单纯的个人形象,而是整个航空公司的形象。为了给旅客留下鲜明、良好的第一印象,有些航空公司不惜代价,在民航服务人员的仪表、言行上花了很大的工夫。比如,在服装、发型、化妆等方面,要求民航服务人员或体现活力、或体现优雅、或体现时尚;在言行上,要求民航服务人员对旅客要有甜美的声音、和蔼亲切的微笑和热情、温和的态度。这样才能使旅客一见到民航服务人员就能产生良好的第一印象。

此外,在服务过程中,民航服务人员同样会产生对旅客的首因效应,也就是民航服务人员通过旅客的仪表、面部表情、行为动作等方面而获得的第一印象。长期的服务实践证明,当民航服务人员对某一旅客产生良好的第一印象时(如该旅客仪表整洁、举止文明、彬彬有礼),民航服务人员会主动热情地为旅客服务。相反,如果遇到的旅客衣冠不整、满嘴污言、举止粗野,民航服务人员也会产生厌恶心理和抵触情绪,不想主动服务。我们常常可以听到有些民航服务人员在议论某一旅客时说"这个人,一看上去就不顺眼,说话语气像给我下命令似的,我就不理睬他",等等,这是由于民航服务人员对旅客的首因效应引起的结果,它无疑给服务工作带来一定的困难。

■ 知识关联

SOLER 模式

社会心理学家艾根于1977年提出的SOLER模式是人际交往中建立良好的第一印象的技巧之一。

S 为 sit，表示坐（或站）的时候要面对别人；

O 为 open，表示姿势要自然；

L 为 lean，表示身体微微前倾；

E 为 eyes，表示目光接触；

R 为 relax，表示放松。

SOLER模式，即"我很尊重你；对你很有兴趣；我内心是接纳你的；请随便"，从而给人留下轻松、良好的第一印象。

（资料来源：根据相关资料整理。）

（二）晕轮效应（印象扩散效应）

晕轮效应又称成见效应、光圈效应、日晕效应，指在人际知觉中所形成的以点概面或以偏概全的主观印象，即在交往认知中，对方的某个特别突出的特点、品质会掩盖人们对对方的其他品质和特点的正确了解。这种错觉现象，心理学中称之为晕轮效应。美国心理学家凯利、阿希等人在印象形成实验中证实了这一效应的存在。晕轮效应除了与人们掌握对方的信息多少有关，主要还与个人主观推断的泛化、扩张和定势的结果有关。晕轮效应往往容易形成成见或偏见，产生不良的后果。故在人才选拔、任用和考评过程中，人们应谨防这种倾向发生。

■ 知识关联

晕轮效应实验

美国心理学家凯利对麻省理工学院的两个班级的学生分别做了一个实验。上课之前，实验者向学生宣布，临时请一位研究生来代课。接着告知学生有关这位研究生的一些情况。其中，向一个班的学生介绍这位研究生具有热情、勤奋、务实、果断等多项优秀品质，向另一班的学生介绍的信息除了将"热情"换成了"冷漠"之外，其余各项都相同，而两个班的学生并不知道。两种介绍产生的结果的差别是：下课之后，前一个班的学生与研究生一见如故，亲密攀谈；另一个班的学生对他却敬而远之，冷淡回避。由此可见，仅介绍中一词之别，就会影响整体的印象。学生们戴着这种有色眼镜去观察这位研究生，其就被罩上了不同色彩的晕轮。

（资料来源：根据相关资料整理。）

晕轮效应和首因效应一样普遍，它们的主要区别在于：首因效应是从时间上来说的，由于前面的印象深刻,后面的印象往往成为前面印象的补充;而晕轮效应则是从内容上来说的,由于对对象的部分特征印象深刻,这导致部分印象泛化为全部印象。

  这一效应在民航服务交往中,表现为旅客对民航服务人员和航空公司某些方面有较清晰、鲜明的印象后,掩盖了对民航服务人员和航空公司的其他方面的知觉。旅客的晕轮效应并不一定全面、正确,但是旅客的这一知觉在服务交往前或多或少就已存在,即使不一定正确,在旅客的知觉过程中也起着十分重要的作用,甚至会影响旅客的行为。比如,当旅客步入机场餐厅,看见民航服务人员制服上污迹斑斑,餐桌上杯盘狼藉时,马上就会产生"这餐厅环境不卫生,饭菜肯定不好吃,服务质量也好不到哪里去"的想法,进而离开转向别的用餐地点。

（三）刻板效应

  刻板效应,又称刻板印象,是指对事物形成的一般看法和个人评价,认为某种事物应该具有其特定的属性,而忽视事物的个体差异,也即按性别、种族、年龄或职业等分类而形成的固定印象。刻板印象虽然可以在一定范围内进行判断,不用探索信息,迅速洞悉概况,节省时间与精力,但是往往可能会形成偏见,忽略个体差异性。人们往往把某个具体的人或事看作某类人或事的典型代表,把对某类人或事的评价视为对某个人或事的评价,因而影响正确的判断,若不及时纠正,进一步发展或可扭曲为歧视。例如,人们会认为法国人浪漫,日本人重礼节,上海人精打细算,东北人豪爽;女性软弱;商人精明等。刻板印象能够简化人们的认知,尤其是在缺乏直接进行社会认知途径的情况下,它能提供一定的信息,具有一定的意义,但仅靠刻板印象进行认知,就会造成认知的偏差。

■ 知识关联

刻板印象实验

  社会心理学家包达列夫,做过这样的实验,将一个人的照片分别给两组被试者看,照片中人物的特征是眼睛深凹,下巴外翘,并向两组被试者分别介绍情况,给甲组介绍情况时说"此人是个罪犯",给乙组介绍情况时说"此人是位著名学者",然后请两组被试者分别对此人的照片特征进行评价。

  评价的结果,甲组被试者认为,此人眼睛深凹表明他凶狠、狡猾,下巴外翘反映他具有顽固不化的性格;乙组被试者认为,此人眼睛深凹表明他具有深邃的思想,下巴外翘反映他具有探索真理的顽强精神。

  为什么两组被试者对同一照片的面部特征所做出的评价竟有如此大的差异?原因很简单,人们对社会中各种类型的人有着一定的定型认知。将他当作罪犯来看时,自然就将其眼睛、下巴的特征归为凶狠、狡猾和顽固不化;而将他当作学者来看时,便把相同的特征归为思想的深邃和意志的坚忍。刻板效应实际就是一种心理定势。

  (资料来源:根据相关资料整理。)

  刻板印象是人际交往中的普遍现象,在民航服务中,它表现为旅客对服务人员和航空公司的刻板印象。由于民航旅客生活在社会各阶层中,社会上各种信息对旅客的知觉有一定的影响。如有些旅客受到社会上不正确舆论的影响,认为只要航班不正常了,不管什么原因就要跟航空公司闹,航空公司就一定会赔偿等。这是旅客在没有亲身体会或直接经验的基础上,形成的社会刻板印象。

旅客一旦形成刻板印象,就会用这种刻板印象去衡量民航服务人员和航空公司,有时甚至会因此而影响其他旅客的行为。对此,民航服务人员应有足够的重视,在心理上要有所准备,不能因为旅客某些错误的刻板印象,而影响自己的情绪,影响工作质量。

(四)定势效应

定势效应是指有准备的心理状态能影响后继活动的趋向、程度及方式。随着定势理论的发展,我们不仅可以用定势这个概念来解释人们在感觉、知觉、记忆、思维等方面的倾向,也可用这一概念来解释人们在社会态度方面的倾向。仪表、相貌的定势效应主要表现为刻板效应和晕轮效应。它是在过去经验的影响下,人产生的一种不自觉的心理准备状态。我国古代"疑邻偷斧"的典故,反映的就是典型的定势效应。

■知识关联

定势效应

美国科普作家阿西莫夫曾经讲过一个关于自己的故事。阿西莫夫从小就聪明,年轻时多次参加"智商测试",得分总在160左右,属于"天赋极高者",他一直为此而洋洋得意。有一次,他遇到一位汽车修理工,是他的老熟人。修理工对阿西莫夫说:"嗨,博士!我来考考你的智力,出一道思考题,看你能不能回答正确。"

阿西莫夫点头同意。修理工便开始说思考题:"有一位既聋又哑的人,想买几根钉子,来到五金商店,对售货员做了这样一个手势:左手两个指头立在柜台上,右手用拳头做出敲击状的样子。售货员见状,先给他拿来一把锤子;聋哑人摇摇头,指了指立着的那两根指头。于是售货员就明白了,聋哑人想买的是钉子。聋哑人买好钉子,刚走出商店,接着进来一位盲人。这位盲人想买一把剪刀,请问:盲人将会怎样做?"阿西莫夫顺口答道:"盲人肯定会这样。"说着,伸出食指和中指,做出剪刀的形状。汽车修理工一听笑了:"哈哈,你答错了吧!盲人想买剪刀,只需要开口说'我买剪刀'就行了,他为啥要做手势呀?"

阿西莫夫此时不得不承认自己确实是个"笨蛋",而那位汽车修理工却得理不饶人,用教训的口吻说:"在考你之前,我就料定你肯定会答错,因为你所受的教育太多了,不可能很聪明。"实际上,修理工所说的受教育多与不可能很聪明之间的关系,并不是因为学的知识多了人反而变笨了,而是因为人的知识和经验多了,则会在头脑中形成较多的思维定势。这种思维定势会束缚人的思维,使思维按照固有的路径展开。

(资料来源:根据相关资料整理。)

定势效应在民航服务过程中,一方面表现为旅客对民航服务人员知觉时,根据以往的经验或过去掌握的个别现象或特点,已形成一定的心理准备或印象,从而产生定势效应。旅客的定势效应可大致分成两种:第一种有利于服务交往,如有些旅客因上次乘飞机的愉快经历,再次乘飞机时就会产生一种心理定势,认为民航服务好,并采取友好、尊重的态度对待民航服务人员;第二种不利于服务交往,如有些旅客上次乘飞机时感到民航服务不尽如人意,再次乘飞机时就有一种心理准备,可能采取敏感、消极的态度,一旦有任何不能满足其需求的情况发生,就立即认定民航服务从来都差极。对于旅客的一些远离客观事实或不利于服务工作的心理定势,民航服务人员要有思想准备,积极应对,避免给工作带来障碍。

另一方面,定势效应表现为民航服务人员为旅客服务时心理上的一种准备。它是民航服务人员在以往的服务经历中形成的某些经验或看法,并以此进行推论形成的心理准备,是较为普遍的心理现象。民航服务人员每天接触大量的旅客,久而久之旅客在服务人员心中逐渐成为个无个性、无差异的单一形象,而民航服务人员又不知不觉地用无个性的形象去对待千差万别的旅客,以至于无论旅客怎么变化,其都用千篇一律的方式去对待旅客。

项目小结

在民航服务的实际工作中,现在的旅客对服务品质的要求越来越高,简单、机械的服务已经不能打动旅客。而民航服务人员观察和了解旅客感知觉的能力,可以直接决定服务质量。民航服务人员只有通过细致地观察每位上机旅客,才能为他接下来的服务提供帮助。民航服务人员要坚持用创造性的思维去更好地发现问题、解决问题、完善工作,避免知觉偏差并通过细致的观察、敏锐的触觉和感性的思维不断地锻炼自己的能力,让旅客处在和谐、宁静、充满了人情味的氛围里,这样才能让每个旅客都满意。

项目训练

一、简答题

1. 感觉与知觉的区别和联系是什么?
2. 影响旅客知觉的客观因素有哪些?
3. 知觉有哪些特性?
4. 民航服务人员对旅客的感知觉主要来自哪些方面?
5. 民航服务中社会知觉的偏差有哪些?

二、选择题

1. 人根据自己的知识经验,对刺激进行加工处理,使自己的知觉仍保持完备性的特性叫作知觉的( )。
   A. 整体性　　　　B. 选择性　　　　C. 理解性　　　　D. 恒常性
2. 以下属于刻板效应的观念是( )?
   A. 南方人性格温柔　B. 教师都有学识　C. 农村人素质差　D. 东北人都能喝酒
3. 民航旅客对服务环境的感知觉来源于( )。
   A. 色彩　　　　　B. 温度　　　　　C. 音量　　　　　D. 设施
4. 根据知觉对象的空间特性、时间特性和运动特性,又可把知觉分为( )。
   A. 空间知觉　　　B. 时间知觉　　　C. 运动知觉　　　D. 触摸知觉
5. 旅客对民航服务人员的感知觉来源于( )。

A. 外表   B. 表情   C. 言语   D. 行为

6.（　　）是指交往双方形成的第一印象对今后交往关系的影响，也即"先入为主"带来的效果。

A. 首因效应   B. 晕轮效应   C. 刻板印象   D. 定势效应

三、案例分析题

长荣航空 Hello Kitty 主题飞机

如果你要从台北出发，我们建议你选择台湾长荣航空的 Hello Kitty 主题飞机，能够享受其全方位、无死角的呆萌"攻势"。

首先，在长荣航空的官网上提前预订机票。订票页面中全是彩色的星星——因为新推出了"星空机"款，星空所指的双子星也会和 Hello Kitty 一起出现在机身上。其次，旅行当天前往台北桃园机场登机，机场除了有许多带有 Hello Kitty 形象的标识牌，还设立了专门的登机区域。

连登机牌上都有 Hello Kitty，拍登机牌留念时都觉得自己萌萌的。

进入机舱，每个座位上的抱枕和背后的枕巾都有 Hello Kitty 图案，不同的飞机款式，机舱内的主体颜色就不同……乘务员也穿着主题围裙。逃生卡、呕吐袋、电子屏上，甚至卫生间的纸巾和洗手液包装，都印着 Hello Kitty。飞机餐是重头戏，餐盘、刀叉、杯子、纸巾不在话下，连水果和蔬菜都被切成星星状，Hello Kitty 的蝴蝶结元素也被运用了进去。

另外，别丢掉登机牌，旅客可以通过它来购买 Hello Kitty 纸牌、三维飞机拼图、颈枕等周边产品，这也是合作项目之一，可以提前在官网上预订。

对于长荣航空而言，这已不是什么太新鲜的事情。第一架 Hello Kitty 主题飞机产生于 2005 年，此后主题飞机除了机舱外部被涂上了 Hello Kitty 等卡通形象彩绘，机舱内也开始逐渐有了更多的周边产品。主题飞机的款式越来越多，并且拥有梦幻、可爱的名字，如星空机、牵手机、魔法机、环球机、云彩机、欢乐机、苹果机等。

（资料来源：根据相关资料整理。）

请问：

1. 长荣航空推出的 Hello Kitty 主题飞机分别影响了民航旅客的哪些感知觉？会给民航旅客的选择带来哪些影响？

2. 你还知道哪些彩绘飞机？请举例说明。

四、实践题

心灵探索之——你的五样

项目二中我们学习了自我知觉，为了进一步深刻了解自我，你可以进行下面这个尝试，请你尽可能天马行空地想象，然后把你内心最珍贵的五样东西写出来。

可以是实在的物体，也可以是人和动物；可以是精神的追求，也可以是爱好和习惯；可以是抽象的事物，也可以是具体的物品。好好记住这个顺序，如果在生活中无所适从的时候，不妨用头脑中的打印机，把这张纸无形地打印出来。也许奇迹就会发生，你的答案也就产生了。

排出的这种顺序,和我们的实际生活有什么关系呢?它让我们明白:在心灵深处,对我们来说,什么是最重要的?关键时刻,该把什么放在第一位?该把谁的利益放在第一位?为了什么而拼搏?该选择什么?该放弃什么?难以抉择时,请想想你的五样。

项目三　民航旅客的需要

项目目标

知识目标

掌握马斯洛需要层次理论；
了解民航旅客的各种需要；
熟悉各种特殊旅客的特点，把握服务要点。

能力目标

根据不同旅客的需要，明确民航服务人员的工作要点；
针对各类特殊旅客的不同需要，能够提供个性化的服务。

知识框架

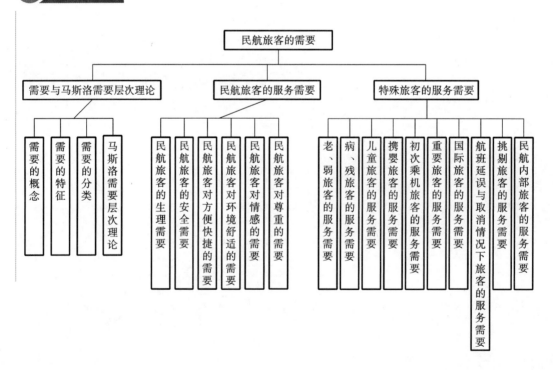

 **项目引入**

让爱远行：昆明长水国际机场安检站"爱心通道"纪事

在繁忙的昆明长水国际机场，有一支敢于吃苦、能打硬仗的安检队伍。他们担负着对进入昆明机场隔离区的老、弱、病、残、孕等特殊群体旅客的相关证件进行查验并提供特别的爱心服务的职责。此外，他们还担负着对昆明机场工作人员、联检单位工作人员、航空公司机组成员的相关证件进行查验的职责。他们就是昆明机场安检站"爱心通道"的员工。

由于"爱心通道"的员工每天要面对许多需要特殊服务的旅客，于是他们制定了"三点""四快"的服务要求，即亲情多一点、眼光柔和一点、说话亲切一点；疏通快、应变快、请示快、处理快。他们以旅客为重，克服一切困难，力求做到亲情服务，真正让广大旅客普遍感受到"安检更温馨，服务更亲切，心情更舒畅"。

多年来，"爱心通道"的员工们一直在如何更好地提高服务质量，如何为旅客提供更优质的服务方面下功夫。为了更好地服务旅客，他们提出了"七心"品质的精细服务理念，工作中强调：多说一句、多看一眼、多想一想、多动一动，让每个员工做到"心中有客""眼中有活"，真正把"亲情服务""微笑服务""细致服务"等超值服务运用到服务旅客上。

"爱心通道"提出的"七心"服务是：①"贴心"服务陪伴老人——对无人陪伴的老人进行贴心的引导服务，由专人负责将其送到登机口交给地服人员。②"放心"服务留给家长——遇到无人陪伴的儿童，能积极主动地配合地服人员进行爱心检查，使无人陪伴儿童能感受到家的温暖，让其父母感到放心。③"细心"服务对待病人——及时发现旅客所需所想，对生病的特殊旅客进行细心照料，让旅客感受到服务的细致。④"爱心"服务献给残疾人——把握对残疾旅客进行关爱检查的尺度，不歧视残疾旅客，在确保安全的前提下，尽可能对残疾旅客关爱有加。⑤"关心"服务留给孕妇——关心照顾孕妇旅客，询问怀孕天数，看旅客是否适宜乘机，做一些善意的问候和提醒。⑥"耐心"服务解答疑难——主动帮助首次乘机的旅客，耐心回答旅客问题，为旅客讲解有关乘机小常识。⑦"尽心"服务满足需求——航班延误时尽心为旅客提供服务，主动为旅客联系相关部门工作人员，帮旅客办理签转退票手续，尽量满足旅客的需求。

"爱心通道"对旅客的基本承诺是"安全让您的生活更幸福，服务让您的生活更美好"。"爱心通道"的全体员工以出色的业绩和优质的服务赢得了各级领导和过往旅客的赞誉。

（资料来源：根据相关资料整理。）

分析：

在民航服务中，我们将面对各式各样的旅客，旅客的需要各不相同。以上案例中涉及一些特殊的民航旅客，他们除了民航旅客的一般需要，还有其各自不同的特殊需要。如何针对其不同的需要开展个性化的民航服务，是我们需要掌握的重要内容。

任务一　需要与马斯洛需要层次理论

现今,服务已成为航空公司的核心竞争力,这种服务被更加广义地界定为,是否从旅客需求出发,用心为旅客做了什么,是否真正让旅客满意。"以旅客需求为导向"是各大航空公司推出的服务理念,让旅客感到很温暖,也让旅客对航空服务产生了更高的期待。我们只有准确把握民航旅客的需要,落实到服务各个细小环节,主动调研,了解旅客需求变化,才可以让民航旅客满意。

一、需要的概念

需要是有机体在生存和发展的过程中,感受到的生理和心理上对客观事物的某种要求。它往往以有机体内部的缺乏或不平衡状态表现出其生存和发展对于客观条件的依赖性。需要是有机体生存和发展的重要条件,它反映了有机体对内部环境或外部生活条件的稳定要求。只有满足了这些需求,有机体才可能得以健康成长。在心理学中,需要是指人体组织系统中的一种缺乏、不平衡的状态。

人类个体需要的产生,受着许多因素的影响,主要的因素是个体产生需要时的生理状态、情境和认知水平。生理状态是指个体产生需要时的内部状况和生理因素,主要是有机体生理上缺乏某种东西而产生的一种生理上的不平衡状态。如血液中血糖含量减少,有机体就会产生一种紧张感、饥饿感,于是产生一种进食的需要。需要产生的情境是指诱发或增强需要产生的外界刺激。在情境中,诱发需要产生的最强有力的因素是目标对象,即满足个体需要的对象。由于它的吸引促使有机体进行活动并使个体的需要有可能得到满足。例如,色香味俱全的食物能使人们产生进食的需要;现代化机场的功能和设施情况能引发旅客购物、旅行的要求,以满足他们的好奇心和兴趣的需要。人的需要产生的情境除了自然情境,还有社会情境。

认知因素是产生需要的重要条件,认知活动即对个体的主客观条件进行分析、判断、推理,是个体确立活动目标的基础和产生需要的前提条件。例如,买机票是选国航还是南航,需要旅客认真地进行调查研究,分析了解不同公司的票价、常旅客计划、航班时刻,最后才能决定,这一切都需要认知活动的参与才能进行抉择。在认知因素中,最能促进人们产生需要或促使人们进行活动的因素是期待和想象。期待促使人们为满足某种愿望而努力地进行活动。个人想象自己置身于某种情境,就会加强人们在某一方面的欲望。

二、需要的特征

不同的人有不同的需要,但不管哪一种需要,都离不开人的一般需要的基本特征。人的一般需要的基本特征主要有如下几点。

(一)对象性

需要总是指向某种具体的事物,是对一定对象的需求。如果离开了具体的事物,需要也就成了一种虚无缥缈的东西而无从谈起。人的需要不是空洞的,而是有目的、有对象的,且随着满足需要的对象的扩大而发展。人的需要的对象既包括物质的东西,如衣、食、住、行,也包括精神的东西,如信仰、文化、艺术、体育;既包括个人生活和活动,如个人日常的物质和精神方面的活动,也包括参与社会生活和活动以及这些活动的结果,如人们通过相互协作获得的物质成果,通过人际交往和感情沟通获得的精神愉悦;既包括想要追求某一事物或开始某一活动的意念,也包括想要避开某一事物或停止某一活动的意念,这些意念的产生都是根据个人需要及其变化决定的。各种需要之间的区别,就在于需要对象的不同。但无论是物质需要还是精神需要,都必须有一定的外部物质条件才能满足。例如,居住需要房子,出门要有交通工具,娱乐要有场所……

(二)阶段性

人的需要是随着年龄、时期的不同而发展变化的。也就是说个体在发展的不同时期,需要的特点也不同。例如,婴幼儿时期主要是生理需要,即需要吃、喝、睡;少年时期开始发展为对知识、安全的需要;青年时期发展为对恋爱、婚姻的需要;中年时期又发展为对名誉、地位、尊重的需要等。

(三)独特性

人与人之间的需要既有共同性,又有独特性。由于生理因素、遗传因素、环境因素、条件因素的不同,每个人的需要都有自己的独特性。年龄不同的人、身体条件不同的人、社会地位不同的人、经济条件不同的人,都会在物质和精神方面有不同的需要。

(四)制约性

人不仅有先天的生理需要,而且在社会实践和接受人类文化教育的过程中,会发展出许多社会性需要。这些社会性需要受时代、历史的影响,又受阶层的影响。在经济落后、生活水平低下时期,人们需要的是温饱;在经济发展、生活水平提高的时期,人们需要的不仅是丰裕的物质生活,同时也开始需要高雅的精神生活。不同阶层的人需要也不一样。

(五)选择性

不同的对象有不同的选择,人们已经形成的需要,在很大程度上决定着他的行为及其对需要内容的选择。

(六) 紧张性

当某种需要产生后,便会形成紧张感、不适感或烦躁感等,从而在人脑中形成某种需求。

(七) 驱动性

需要产生时,人为了消除生理或心理上的紧张,就会想方设法地实现它,这时需要便成了驱动力,推动着人们的行动,以求得生理或心理上的平衡。需要越强烈,人的行为的驱动力就越大。

(八) 层次性

人的需要是有层次的,先是满足最基本的生活需要,而后是满足社会和精神需要,人们的需要总是不断地由低级向高级发展。一种需要被满足后,又会在这个基础上产生新的需要。

三、需要的分类

需要的分类是多种多样的,可以从不同的角度进行划分。我们主要从需要的发展过程和需要指向的对象进行划分。

(一) 自然性需要和社会性需要

从需要的发展过程来看,可以分为自然性需要和社会性需要。马克思曾指出,可以把人们的需要区分为自然性需要和社会性需要。

1. 自然性需要

自然性需要也称生物学需要,它包括饮食、运动、休息、睡眠、排泄、配偶等需要。这些需要主要由有机体内部某些生理不平衡状态所引起,对有机体维持生命、延续后代有重要意义。人和动物都有自然性需要,但需要的具体内容不同,满足需要的对象和手段也不一样。人生活在社会中,人的自然性需要不仅可以通过自然物体得到满足,而且可以通过社会产品得到满足。例如,人需要新鲜空气,人们不仅可以在大自然中获取,也可以通过使用空调设备或空气净化器等现代化的技术手段来满足。同时,人的自然性需要还受社会文化需要的调节。例如,人们的进食,不仅受有机体的饥饿状态所支配,还受到各种社会风俗习惯、礼仪、不同社交场合的调节,在大庭广众、宾朋满座的情况下,人们即使饥肠辘辘,也不会狼吞虎咽地进食。

2 社会性需要

社会性需要是人们特有的需要,是个体在成长过程中通过各种经验积累所获得的一种需要,是后天习得的、与人的社会生活相联系的需要。它受到个体所处的文化背景、社会风俗及社会经验的影响。因此表现出不同的社会特征、阶级特征、民族特征和个性特征。例如,中国人男女之间的交往受传统儒家思想的影响,带有民族色彩,不像西方那样开放。社会性需要在人类的生活中具有重要的意义。如劳动的需要、交往的需要、归属的需要、美的需要等都是人类生活中所必需的,这些需要虽说不像生物学需要那样,得不到满足就会导致死亡,但是,也会引起痛苦、沮丧和焦虑等情绪,甚至会引发疾病。同时,这种需要比较内在,往往隐藏于一个人的内心世界,不易被别人所觉察。

(二)物质需要和精神需要

从需要指向的对象来看,可以分为物质需要和精神需要。

1 物质需要

物质需要主要指个体对衣、食、住、行的需要,这种需要是人们生存的基础。个体的这种需要指向社会的物质产品,并且以占有这些产品来获得满足。如对工作和劳动条件的需要,对日常生活必需品的需要,对住房和交通条件的需要等。

2 精神需要

精神需要主要指个体对一定的文化、艺术、科学知识、道德观念、政治信仰、宗教信仰、社会交往等活动的需求。例如,人们对事业理想的追求、对知识的渴求、对艺术的欣赏、对爱的追求等都表现为精神需要。这种需要也要通过一定的文化、艺术产品及一定的社会文化活动,如看话剧、看电视、听音乐会、参加社交活动、参加运动会等,以达到精神上的享受和满足。所以物质需要与精神需要之间有着密切的关系,不可孤立地划分。人们在追求物质需要的同时也表现出某种精神需要,如向往整洁、雅静的住房,得体的衣着,音质良好的音响系统等。精神需要的满足也离不开一定的物质产品,如满足阅读的需要不能没有报纸、杂志、书籍等物质条件,满足艺术欣赏的需要,不能没有乐器、表演者的服饰及表演场地等物质条件。

四、马斯洛需要层次理论

美国心理学家亚伯拉罕·马斯洛从人类动机的角度提出了需要层次理论,该理论强调人的动机是由人的需要决定的。而且人在每一个时期,都会有一种需要占主导地位,而其他需要处于从属地位。他将人类的需要像阶梯一样从低到高按层次分为五种,分别是生理需要、安全需要、归属与爱的需要、尊重的需要和自我实现的需要。

(一)马斯洛需要层次理论的五个层次

马斯洛需要层次理论首先将需要分成生理需要、安全需要、归属与爱的需要、尊重的需要和自我实现的需要五类(见图3-1)，依次由较低层次到较高层次排列。而后在此基础上又补充了认知需要、审美需要和自我超越的需要，但通常不作为马斯洛需要层次理论中必要的层次，以下主要介绍其中的五个必要层次。

图 3-1　马斯洛需要层次理论

在马斯洛看来，一个饥肠辘辘的人，人生的目标就是找到食物果腹；一个缺乏安全感的人，他对生命的追求是安全；社交和尊重的需要也一样，得不到满足就会有缺失；"自我实现"是"少有人走的路"，只有那些低级需要真正得到满足的人才会走上自我实现之路。

1　生理需要

生理需要指人类维持自身生存的最基本要求，包括饥、渴、衣、住、性、健康方面的需要。生理需要是推动人行动的强大动力。如果这些需要(除性以外)中的任何一项都得不到满足，人类个人的生理机能就无法正常运转。换言之，人类的生命就会因此受到威胁。从这个意义上说，生理需要是推动人们行动的首要动力。马斯洛认为，只有这些最基本的需要满足到维持生存所必需的程度后，其他的需要才能成为新的激励因素，而到了此时，这些已相对满足的需要也就不再成为激励因素了。

2　安全需要

安全需要指人对人身安全、健康保障、资源所有性、财产所有性、道德保障、工作职位保障、家庭安全的需要。马斯洛认为，整个有机体是一个追求安全的机制，人的感受器官、效应器官、智能和其他能量主要是寻求安全的工具，甚至可以把科学和人生观都看成是满足安全需要的一部分。但当这种需要一旦相对满足后，也就不再成为激励因素了。

3　归属与爱的需要

归属与爱的需要指人要求与他人建立情感联系，以及隶属于某一群体并在群体中享有地位的需要。

这一层次的需要包括两个方面。一是归属的需要，即人都有一种归属于一个群体的感情,希望成为群体中的一员,并相互关心和照顾。这种需要属于较高层次的需要。二是爱的需要,即人人都需要与伙伴、同事建立融洽的关系或保持友谊和忠诚;人人都希望得到爱情,希望爱别人,也渴望接受别人的爱。

缺乏归属与爱的需要的特征:因为没有感受到身边人的关怀,而认为自己活在这个世界上没有价值。例如,一个没有受到父母关怀的青少年,认为自己在家庭中没有价值,所以在学校交朋友时无视道德观和理性。比如青少年为了让自己融入社交圈,而替别人做牛做马,甚至吸烟、恶作剧等。

4 尊重的需要

尊重的需要属于较高层次的需要,如自我尊重、信心、成就、对他人尊重、被他人尊重等。尊重需要既包括对成就或自我价值的个人感觉,也包括他人对自己的认可与尊重。

人人都希望自己有稳定的社会地位,要求个人的能力和成就得到社会的承认。尊重的需要又可分为内部尊重和外部尊重。内部尊重是指一个人希望在各种不同情境中有实力、能胜任、充满信心、能独立自主。总之,内部尊重就是人的自尊。外部尊重是指一个人希望有地位、有威信,受到别人的尊重、信赖和高度评价。马斯洛认为,尊重的需要得到满足,能使人对自己充满信心,对社会满腔热情,体验到自己活着的价值。

5 自我实现的需要

自我实现包括道德、创造力、自觉性、问题解决能力、公正度、接受现实能力等。

自我实现的需要是最高层次的需要,是指实现个人理想、抱负,发挥个人的能力到最大程度,达到自我实现境界,接受自己也接受他人,解决问题能力增强,自觉性提高,善于独立处事,要求不受打扰地独处,完成与自己的能力相称的一切事情的需要。也就是说,人必须干称职的工作,这样才会使他们感到最大的快乐。马斯洛提出,为满足自我实现需要所采取的途径是因人而异的。自我实现的需要是在努力实现自己的潜力,使自己逐渐成为自己所期望的人,成为更好的自己。

(二)需要层次之间的关系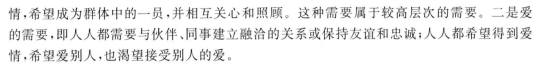

五种需要像阶梯一样从低到高,按层次逐级递升。需要层次理论有两个基本出发点,一是人人都有需要,某层需要获得满足后,另一层需要才出现;二是在多种需要未获得满足前,首先应满足迫切需要;该需要获得满足后,后面的需要才能显示出激励作用。一般来说,某一层次的需要相对满足了,就会向高一层次发展,追求更高一层次的需要就成为驱使行为的动力。相应的,获得基本满足的需要就不再是激励力量了。

五种需要可以分为两级,其中生理需要、安全需要和归属与爱的需要都属于低一级的需要,这些需要通过外部条件就可以满足;而尊重的需要和自我实现的需要是高级需要,它们是通过内部因素才能满足的,而且一个人的尊重和自我实现的需要是无止境的。同一时期,一个人可能有几种需要,但每一时期总有一种需要占支配地位,对行为起决定作用。任何一种需要都不会因为更高层次需要的发展而消失。各层次的需要相互依赖和重叠,高层次的需要发展后,低层次的需要仍然存在,只是对行为影响的程度大大减小。

一个人可以拥有自我实现的愿望,但要达到自我实现的境界,成为一个自我实现的人,却不是每个人都能办到的,这种人只是少数而已。人的最高需要即自我实现就是以最有效和最完整的方式表现自己的潜力,唯此才能使人得到高峰体验。马斯洛需要层次理论对我们来说最大的意义就在于,它告诉我们,人在满足了基本的需要之后,就要去实现更高的需要和目标。

任务二　民航旅客的服务需要

民航旅客的需要是人的一般需要在消费活动过程中的一种反映。马斯洛的需要层次理论对研究人类的行为需要和动机具有重要和普遍的意义,它可以帮助我们了解和认识民航旅客的需要,为满足民航旅客的需要提供重要的理论依据。作为民航服务人员,我们必须了解旅客的各种需要。

民航旅客的需要既有一定程度的共性,但也存在着一些差异性。因此,民航服务要顾全整体,满足个别,最大限度地提高旅客的满意度。

一、民航旅客的生理需要

对应马斯洛需要层次理论,在民航服务中,我们首要满足的是旅客的生理需要。例如,机场是否宽敞明亮,客舱是否具有适合的温度,整体候机和乘机环境如何,是否有可口的饭菜,座椅舒适度如何,乘务员的形象是否专业,飞机上是否有一定的活动空间……

在我国,乘坐飞机的旅客大都是有着一定的社会地位或经济条件较好者,他们对衣着有着一定的要求,比较注意个人着装和外在风度,讲究整洁、大方,有的旅客还追求品牌与时尚。很多旅客对飞机上提供的餐食是否卫生,餐食的种类是否丰富、口味等方面都很在意,期望值较高,他们甚至会担心饮料的种类是否齐全。个别旅客反对以降低饮食质量,甚至取消机上餐食来降低成本,从而降低票价的做法。特别是对于那些长途旅客来说,令其满意的餐食成为旅行中不可缺少的重要部分。

旅客还普遍希望机舱环境幽雅整洁,民航服务人员服务热情。绝大多数旅客都希望自己的座位临窗,这样可以透过窗户饱览与地面所视不同的景象。航空公司在注重改善飞机的内部硬件设施的同时,还应提高航空公司餐食的质量,可以花心思研究旅客的饮食需求与偏好,最大限度地满足旅客的需求。例如,川航的飞机餐不仅有炒饭、盖饭,甚至还有串串香、冒菜、烤玉米、担担面……只有你想不到的,没有川航做不出来的。川航一直坚持把客舱当作家、把旅客当亲人的服务理念,持续优化飞机餐质量管控系统,突破机上餐食味觉呈现,将"家乡味、川航味、人情味"融入飞机餐食,巩固特色产品品牌,这才有力确保了川航在空中餐食领域的行业领先水平。

■知识关联

厦航洲际航线推出"星级"餐谱

由厦航与厦门康莱德酒店共同研发推出的"星级美食"云端美馔,于 2019 年 10 月 1 日起正式在厦门、福州始发的厦航洲际航班与旅客见面,为旅客带来极致的云端美食体验。

康莱德酒店是希尔顿酒店集团旗下的奢华品牌之一,分布于全球五大洲,目前共有35家酒店及度假村,是崇尚"睿智奢华"的新生代旅行者的首选酒店。

本次餐谱是由厦航空厨联合厦门康莱德酒店中餐行政总厨叶文健、特色餐厅主厨Tim Ziegler,基于新鲜、品质、细节与创意等原则精心设计,共研发"中式""西式"两个套餐,合计七道菜品,食材之考究,烹调之新颖,令人唇齿留香、耳目一新。以两道主菜为例,中式主菜"鸡汁金汤烩龙虾拼烤羊排",精选大西洋波士顿龙虾,将香茅草、南姜、洋葱、大蒜等十余种香料混合腌制七骨小羊排入味,大火200 ℃烤制刚刚成熟,外焦里嫩,香气浓郁;西式主菜"香煎牛柳配波特酒汁、圣女果、芦笋和松露薯饼",是一道使用优选食材的经典菜肴。绿芦笋和软烂的西红柿是松露薯饼的完美搭档,搭配的波特酒酱汁则能给菜肴带来更加丰富的口感,鲜美多汁,回味无穷。

厦航始终致力于为旅客提供"精、尊、细、美"的空中服务,此次的餐谱设计是厦航打造"空中米其林",为旅客提供极致云端美食体验的重要一步,邀请旅客共赏"星级云端美食"。

(资料来源:根据http://www.ccaonline.cn/yunshu/yshot/545714.html整理。)

二、民航旅客的安全需要

在民航旅客五个需要层次中,安全需要是旅客的主导需要,只有满足了旅客的安全需要,保证了旅客的生命财产安全,才能真正落实"安全第一"的指导方针。"安全第一"既是民航工作的指导方针,也是整个行业赖以生存和发展的重要基础。人们普遍认为火车比飞机安全,飞机危险系数比较高。虽然这是一种不科学的误解,但多数人乘坐飞机时仍会感到担心,身心总是处于紧张和焦虑的状态。旅客最大的愿望就是能够安全、准时地到达目的地。

航空业作为一个特殊的行业,由三个部分组成:航空器及其部件的生产厂家、管理当局和航空公司。厂家提供安全的航空器;管理当局创造安全、有序的运行环境;而航空公司则是在前两者给定的条件下,遵照现行规章运行航空器,实现旅客和货物的位移。航空业每个部分的安全都与民航旅客的生命息息相关。因此,满足旅客的安全需要要通过整个航空业的共同努力才能实现。

为此,航空公司要提高安全意识,加大管理力度,不仅要提高飞行员、地面技术人员的业务能力与素质,严把飞行关,也要加强对机上乘务人员安全知识的培训,使他们掌握相关的飞行业务知识,及时解答旅客的困惑,缓解旅客的紧张感,满足旅客的安全需要。

三、民航旅客对方便快捷的需要

很多旅客选择乘坐飞机,是因为它方便、快捷、高效。因此,旅客最不情愿的事情就是飞机延迟起飞,最希望的是飞机能够安全、迅速到达目的地。飞机如果不能保证准时、高效、快捷,它的优势将大打折扣。许多航空公司为提高服务质量,树立良好形象,花大力气、下大功夫在诸多环节加强管理、改善服务,力求满足旅客的这一需求,达到旅客的期望,获取良好的声誉。2018年3月,中国民用航空局下发了《推进国内千万级机场"无纸化"便捷出行项目方案》的通知,以期进一步优化业务流程,提升旅客航空出行体验。例如,在便捷智慧出行方面,北海福成机场在推出使用自助值机之后,继续推广航信通"无纸化"通关,让旅客在购票后,仅凭一个手机和有效身份证件就可以登机,大大缩短了值机的排队等候时间。"五一"期间,北海福成机场特别开通了一个"自助值机、无纸化通关"专用托运柜台,方便已值机但需要托运行李的旅客,为旅客出行减负。

■ 行业资讯

关注"天缘e行"方便快捷出行

随着电子登机牌、电子乘机证明等多种智能方式的推行,"无纸化"出行已经是未来乘机的发展趋势。由新疆机场(集团)有限责任公司开发的一款名为"新疆机场天缘e行"的微信小程序,更加便捷地帮助旅客了解航班动态,顺利乘机。

该小程序通过微信搜索添加,添加后可根据自己所在位置定位喀什(莎车)机场,查询机场实时航班动态、网上办理值机、电子登机牌、查找航班等。真正实现一部手机,简单出行,省去值机排队时间,在家中提前选座值机,"天缘e行"小程序和"航旅纵横"app均可操作办理,喀什(莎车)机场支持手机办理所有在飞航班的电子登机牌。

这一举措不仅提升了旅客出行体验满意度,还展现了喀什(莎车)机场与时俱进、方便旅客出行、用心服务的形象。

(资料来源:根据 http://www.ccaonline.cn/news/hqtx/540592.html 整理。)

四、民航旅客对环境舒适的需要

旅客出门在外,除了需要安全和快捷,还希望整个旅程环境舒适,包括机场环境和客舱环境。民航旅客与乘坐其他交通工具的旅客相比较,他们对民航服务普遍寄予了较高的期望,希望得到更加人性化的关怀和服务。有的航空公司正是抓住了旅客的这一心理需要,及时调整服务策略与手段。

例如,某航空公司在航站楼优化中转值机专柜,提供专人值机、专人服务;优化保障环节,实现一票到底并提供行李直挂;切实为中转旅客提供全方位的服务保障等,给予旅客舒适、温馨、快捷的中转体验。

海南航空致力于为旅客的出行提供舒适、温馨的服务,重点打造"海翼堂""海翼轩""金鹏阁"系列高端贵宾室。首创独具特色的"HaiTea"服务,将五星航空与当地文化融入一盏香茗。此后,系列高端贵宾室陆续落地海口、太原、乌鲁木齐等城市。乘坐海南航空公务舱出行的旅客及金鹏俱乐部贵宾会员均可使用此系列贵宾室。"海翼堂"由著名设计师梁景华倾力打造,设计灵感取自海南的自然与和谐,摒弃过度奢华的装饰,以现代手法雅致地勾勒出东方哲学理念的宁静和自然美感,让旅客享受到海南航空享誉全球的五星级服务。

■ 行业资讯

三亚凤凰国际机场 V3 头等舱休息室正式启用

2020年1月20日,三亚凤凰国际机场(以下简称三亚机场)国内航站楼V3头等舱休息室正式启用。该候机室位于T1航站楼207登机口对面,建筑面积为350平方米,可同时容纳160余位旅客候机休息。

据悉,三亚机场V3头等舱休息室建筑空间分为室内休息区和露天户外平台两个部分。室内休息区整体结合西方艺术和东方之美,以海南航空全新品牌形象"梦之羽"为依托打造室内装修效果,休息室顶部悬挂的飞机造型吊灯,科技感十足,六种不同风格的座椅可满足休息、就餐和商务工作的个性化需求;室外休息区的露天平台,为旅客提供遮阳伞和藤编沙发、吧台椅,同时设置吸烟区,这也是三亚机场国内航站楼唯一具有吸烟区域的休息室。

同时,为使旅客春运回家的归途更加温馨愉悦,三亚机场V3头等舱休息室还推出春节系列活动,并提供春节特色餐食,将独具特色的"中国年味"带到广大旅客身边。

三亚机场相关负责人表示,三亚机场将从美好的视觉享受,到现代雅趣的休息区,再到特色的餐饮,凭借崭新的硬件、软件设施,继续秉承真情服务理念,以更加优质的服务带给旅客温馨舒适、宾至如归的感受。

(资料来源:根据 http://news.carnoc.com/list/519/519729.html 整理。)

五、民航旅客对情感的需要

与一般人的社交需求一样,民航旅客也有情感需求,有社会交往的欲望。民航旅客从异国他乡来到一个陌生的地方,特别希望寻求他人的安慰和支持,保持与周围旅客和民航服务人员的友好关系。尤其单身旅客或初次乘机的旅客更是如此。民航服务人员需要与旅客建立良好的关系,还要帮助旅客之间创造出和睦的气氛,让旅客有归属感。在这方面,民航服务工作将会更复杂、更细致、更有难度,因为不同的旅客因年龄、性格、经历、民族、宗教、信仰等不同而有自己独特的社会需求。

除了公务和商务出差、旅游,人们出行的另一个主要的原因就是探亲访友。特别是在中国的传统节日——春节,人们不顾旅途遥远,不辞辛苦赶回家,为的就是与亲人团聚。佳节之际离家在外,每一位旅客的内心都更加渴望得到安慰和关怀。航空公司推出的"无人陪伴儿童"的业务很受人们的欢迎。这种特色服务、温情服务已经越来越得到人们的认可。

■ 知识链接

深圳宝安国际机场旗舰体验式母婴室

近年来,"公共场所建母婴室"话题备受关注,正视亿万母亲和孩子的现实需求,在公共场所配备母婴室,帮助哺乳妈妈解决"喂奶躲在角落,换尿布当众解决"的尴尬问题,不仅是对母亲和孩童的关爱,更是衡量一个地方文明进步的重要标杆。公共场所母婴室配置问题是社会关注的焦点,也是深圳宝安国际机场(以下简称深圳机场)旅客关注点之一。

相比传统公共场所母婴室,深圳机场旗舰体验式母婴室具有设计更人性化、功能更丰富、设备更齐全、更智能等特点。

1. 打造人性化功能分区

母婴室内设有儿童阅读玩乐区、冲奶区、喂食区、婴儿睡眠区、哺乳区、多功能亲子洗手间及随行家长的公共休息区等。

2. 构建合理动静分离模式

母婴室围绕着以旅客体验为中心,动静分开,干净与污浊分开;充分满足"二孩家庭"多方面的需求;智能化设备及灯光系统,凸显智慧机场及智慧母婴室;打造国际儿童友好城市;家庭自助服务为主,设备全面智能化五大特点创新设计装修,实现设计人性化,动静分离合理化。

3. 引入智能化设施设备

母婴室引入纸尿裤售卖智能柜、自动式垃圾桶、自动感应灯光系统等智能化设备,并配有消毒器、冲奶器、温奶器、婴儿保护座、婴儿床、洗衣烘干一体机等设施设备,增添科技时尚感,满足智慧机场战略愿景。

4. 引领安全,做到设计防护性

母婴室内设有防撞护栏,隔断玻璃采用1.2厘米的加胶双层防爆玻璃,并对桌台处进行打磨光滑处理,母婴室内的消防设施及空气质量检验结果合格。

5. 自营管理旨在提供优质服务

以家庭自助服务为主,同时配备4名形象好又懂得基本护理的年轻服务人员,并不定时组织育婴类知识推广活动,实现管理创新。

6. 扩大服务对象范围

母婴群体涵盖孕、婴、幼、孩群体,由单一的母婴喂奶区升级为家庭式孩童候机体验区,超越旅客需求。

深圳机场作为深圳市对外开放的航空枢纽窗口,致力于创建"最具体验式"及数字化智慧机场,从关爱出行母婴旅客的实际需求出发,打造最具鹏城特色的母婴体验示范区,为母婴旅客出行提供优质服务。

(资料来源:根据 http://news.carnoc.com/list/487/487597.html 整理。)

六、民航旅客对尊重的需要

尊重的需要在马斯洛需要层次理论中位于较高层次,属于人较高的心理需要之一。乘坐飞机的旅客无论是社会地位还是经济收入都是比较好的,因此,在乘机过程中他们对尊重的需要通常表现得较明显,主要表现为希望服务人员尊重他,希望自身的价值得到认可,希望自己的主体地位得到体现,希望获得服务人员的理解和尊重、关心和帮助。民航服务人员应理解并尊重旅客的这种需要,为旅客提供周到、细致的服务和人性关怀。

对旅客的尊重是旅客知情权和选择权的结合,当出现非正常航班的时候,民航服务人员更要保障旅客有足够的知情权和充分的选择权,对于旅客的选择,民航服务人员要给予最大限度的支持和保障。员工的服务沟通要把"以我为尊"调整为"以客为主",适时尊重旅客的服务要求,尽量避免简单、刻板地按照服务标准和流程提供服务沟通的情况。

■ 知识关联

厦航"天际侍酒师"特色服务

根据行业调研和旅客研究发现,机上酒水服务是航班服务,尤其是洲际航班和高端服务的重要组成部分,对提升旅客的乘机感受非常重要。在厦航国际化发展进程中,旅客对机上服务品质也有更高的要求。为了给厦航洲际旅客带来更加国际化、专业化和个性化的服务体验,打造具有厦航特色的机上服务品牌,2018年厦航结合前期"天际酒廊"和"飞鹭训练基地"建设,重点推出"天际侍酒师"特色服务项目。

"天际侍酒师"特色服务力求让旅客享受空中酒廊带来的极致愉悦。从酒单的设计到服务团队的组建,甚至对服务细节的深究细研,厦航都精益求精,精选独一无二的机上佳酿,打造专业的侍酒师团队,提供高水准的侍酒服务。

1. 天际酒单精挑细选

为旅客提供珍稀的机上酒品,需要航空公司付出极大的耐心、投资以及长期的规划。厦航"天际酒廊"酒单由中国著名侍酒师林志帆先生和著名葡萄酒专家、专栏作家艾哲庸先生等,从全球19个优质产区的108款葡萄酒中精选出26款红、白葡萄酒,在酒单结构设计上精益求精,尽显厦航"精、尊、细、美"的服务内涵:尊在头等、精在商务、美在经济、细在服务。"天际酒廊"从酒款选择到服务设计,都延续了雅致、温馨的定位,无论旅客在哪个舱位,厦航都力求提供超值、美妙的乘机体验。"天际酒廊"酒单还荣获"2018中国年度酒单大奖"之"最受消费者欢迎航空公司酒单",厦航也是亚太地区唯一获奖的航空公司。

2. 侍酒人员百里挑一

厦航"天际侍酒师"队伍的组建也是优中选优,每一期的"天际侍酒师"均需通过严格的培训和多轮的考核才可获得公司认证。想要成为一名"天际侍酒师",要通过B787转机型培训、国际品酒师或侍酒师认证、组织内部推荐、部门侍酒师理论和实操培训,以及多次的机上带飞和实操考核等。厦航对每一个侍酒师的服务环节都悉心指导和严格要求,目前已有超过1000名乘务员考取了不同等级的国际侍酒师或品酒师资格证,仅有两批次约96名侍酒师获得了"天际侍酒师"认证。

3. 服务用品优中选优

(1)侍酒围裙。厦航结合侍酒围裙的功能性,精心设计的契合厦航国际蓝系列制服的专业侍酒师专属围裙,给人的第一印象就是——这是一支有标识度,具个性化、专业化的空中侍酒师队伍。侍酒师围裙分为男女两款,女款围裙正面看起来像一个红酒瓶,肩带以及腰围处的曲线非常柔美地展示了侍酒师的魅力,最独特的是将围裙倒过来则是红酒杯的形状,在典雅中糅合了一丝俏皮;男款围裙采用利落的裁剪,整个设计看起来挺阔有型,尽显男士的风度翩翩。

(2)Riedel酒杯。配合"天际侍酒师"项目的上线,厦航头等舱启用全新升级的Riedel酒杯。来自奥地利的Riedel是世界上专业、顶尖的酒杯品牌,被誉为酒杯里的"劳斯莱斯"。

(3)侍酒车布置。"天际侍酒师"在客舱服务时会使用经过精心布置的侍酒车,侍酒车上会摆放机上准备的各类酒款、展示酒架和特色酒具等服务用品,既方便了客舱服务,也将"天际酒廊"的酒款更好地展示给旅客。

4. 服务细节精雕细琢

航班执行中,"天际侍酒师"身着专属围裙,佩戴国际品酒师/侍酒师认证资质徽章,使用精心布置的侍酒车,凭借着丰富的酒水知识和娴熟的服务技巧,为旅客提供专业的酒水服务。侍酒师们对酒款推介、开瓶、醒酒、斟酒等整个服务流程进行精心设计的同时,还研发了8款热情洋溢的侍酒师现调鸡尾酒,尽显厦航"天际酒廊"获奖酒单的魅力,专业的餐酒搭配也充分展现侍酒师们专业的素质和厦航美食的特色,让旅客在品鉴云端佳酿的过程中体验到浓郁的葡萄酒文化和厦航"精、尊、细、美"的客舱服务。

"天际侍酒师"项目是厦航通过对大量旅客乘机需求进行调研和分析找出的洲际航班旅客关注的重点服务之一,同时结合厦航空中服务在乘务员技能、机上酒单和机上餐食等方面的优势和特色,重点打造的兼具旅客需求、公司特点和服务营销的特色服务项目。后续厦航将不断优化"天际侍酒师"服务,加快相关人才的培养及配套产品的研发升级,进一步推广该项服务的覆盖面,实现该项服务的营销价值。

(资料来源:根据 http://news.carnoc.com/list/487/487365.html 整理。)

任务三　特殊旅客的服务需要

特殊旅客是指在年龄、身体、身份地位等方面情况比较特殊,有别于其他的旅客。因为他们的身份特殊,进而也会提出较为特殊的服务需要。我们对特殊旅客进行了一定的归纳与分类,总结出以下几方面的服务需要。

一、老、弱旅客的服务需要

老年旅客是指年龄在70岁及以上,年迈体弱,体力、精力开始衰退,感觉方面比较迟钝,对周围事物反应缓慢,活动能力逐渐减退,动作迟缓,应变能力差的旅客。老年人由于年龄上的差异与青年人的想法不同,因而心生寂寞,孤独感逐步增加。尽管老年人嘴上不说,但他们内心还是需要别人的关心与帮助。他们关心航班的安全,关心飞机起飞、降落时带来的不适应感。民航服务人员在为老年旅客服务时,要更加细致,与老年旅客讲话的速度要略慢、声音要略大,经常主动关心、询问老人需要什么帮助,洞悉并及时满足他们的心理需要,尽量消除他们的孤独感。由于东西方文化的差异,西方的老年人在身体条件正常的情况下,一般不喜欢别人给予特殊关照,针对这样的旅客,民航服务人员应留心观察,待其真正需要帮助的时候,提供及时而又不使他们感到特殊的关照。

体弱的旅客既有很强的自尊心,又有很深的自卑感。由于身体的原因,此类旅客常自感不如他人而暗暗伤心,但表面上却表现出不愿请求别人帮助自己的样子。因此,样样事情都要尽自己最大的能力去做。民航服务人员应尽可能多地去关照他们,但又不能使他们有心理压力,对他们携带的行李物品,要主动帮忙提拿,关心他们的身体状况,消除他们对乘坐飞机的恐惧感。

■ 知识关联

陪旅客过年 我的工作很有意义——东航山西分公司乘务长王芳的春运故事

"组员到齐,我们正式开始准备。今天执行太原—三亚—太原行程,起飞时间7:10,到达三亚时间是10:35,航线特点……"这是东航山西分公司客舱部资深乘务长王芳每日飞行的日常。2020年,是王芳飞行的第28个年头,也是她第28次参加春运。

有一年春运时,机组执飞太原—广州往返的通宵航班,起飞时已经是凌晨,到达广州后经过短暂的过站准备,再飞回太原,当所有的服务流程结束后,已是凌晨4点。客舱一片寂静,旅客都在休息,这时,王芳在巡视中看到一名老年旅客眉头紧锁、表情痛苦。她顿觉情况有异,叫醒了周围的同行旅客。这是一个老年旅行团,凭借多年的飞行经验,王芳想到这样的旅行团肯定有随行医生,于是立刻联系导游,找到随行医生,得知老人有心脏病必须马上用药。在乘务组与专业医生的配合下,患者得到了及时治疗。王芳随即跟其他旅客协商,为老人找到一排空座,让她躺下休息,并安排乘务组全程关注。结束近3小时的航程,得到及时救治和充分休息的老人下机时已明显好转,并对乘务组连声道谢。时隔多年,王芳对此事记忆深刻,每当执行"红眼航班"(夜间班机,因旅客大都熬夜熬得双眼通红,故名红眼航班),她总要多嘱咐几句,让组员们时刻保持头脑清醒,仔细观察并提高警惕,遇到特情要不慌不忙,沉着冷静应对。

飞行安全,是民航业不变的主旋律。正如《中国机长》中的台词所言:"请相信我们,我们受过专业的训练,有信心有能力保证您的安全。"2020年春运期间,东航山西分公司客舱部不忘初心、坚守蓝天,把保障飞行安全放在首位,为守护广大旅客平安出行,提供安全、舒适的空中之旅全力以赴。

(资料来源:根据 https://www.thepaper.cn/newsDetail_forward_5610464 整理。)

二、病、残旅客的服务需要

所谓病、残旅客,是指有生理缺陷的旅客或在乘机过程中突然发病的旅客。他们在旅行中不能自行照料自己的旅途生活,行动不便或说话沟通有一定困难,迫切需要他人帮助。这类旅客一般自尊心很强,总是要显示他们与正常人无多大区别,不会主动提出让别人帮助他们。作为服务人员要了解其心理,充分尊重他们,适时提供帮助,使其感受到温暖。

■ 知识链接

旅客空中发病 东航乘务员倾情陪伴,悉心照顾

2019年4月15日,东航西北分公司MU9634从金昌飞往西安的航班还有半个多小时就要落地了,乘务组刚刚做完下降前的安全检查,一位男性旅客突然走到后服务间告诉乘务员,他感到全身发麻。乘务员立即安排这名旅客坐在最后一排,并通知乘务长。乘务长赶来了解情况,同时广播寻找医生。

乘务长询问罗先生现在的感觉如何,只见罗先生表情痛苦,嘴里不停地说:"完了,完了……"乘务长仔细观察罗先生,发现他的嘴唇颜色鲜红,她让罗先生转动双眼也很灵活,测量脉搏为73次/分,按压合谷穴也有反应。罗先生说话声音虽较弱但思维清晰,可以说明白自己的电话号码及病史。经过这一系列观察,乘务长判断罗先生意识清楚,可能只是今天飞机中度颠簸造成了心理恐惧与紧张,从而引起身体不适及晕机。

乘务长用轻松的语气告诉罗先生,飞机很快就要到了,让他放松心情。经询问病史得知,原来罗先生患有脑梗,此次就是从金昌前去西安做检查。知道罗先生紧张的原因后,乘务长一边继续跟他聊天,告诉罗先生目前他的脸色很好,让他放宽心,一边为罗先生打开通风口,让乘务员端来糖水给罗先生服下,还为罗先生按摩双手和双腿,缓解发麻状况。同时,乘务长吩咐组员准备好应急医疗箱,以备不时之需。在飞机下降过程中,始终都有专人陪伴在罗先生身边,轮流为罗先生按摩。随着飞机的平稳飞行,罗先生的症状、情绪都有好转,但罗先生对自己的身体状况还是不放心,提出需要联系地面救护车。乘务长向机组汇报了情况,请求为罗先生联系救护车。10分钟后乘务组再次为罗先生测量了脉搏,均在正常范围内。就在快要落地的时候罗先生出现了呕吐,呕吐后,虽然精神和脸色还不大好,但在滑行时已经可以打电话。在此期间,乘务组一直无微不至地陪伴和照顾着罗先生。

飞机于12:06落地,急救医生在第一时间赶上飞机,乘务长将罗先生的病因及机上的处理情况告诉医生,医生对乘务组的判断和救治非常赞同。罗先生正常走下飞机,不停地对乘务组的及时救治表示感谢。飞机上的多位旅客也在下机时对乘务组的专业精神表示赞扬。

(资料来源:根据http://news.carnoc.com/list/490/490567.html整理。)

■ 知识关联

国航特殊旅客出行提示

听觉障碍旅客是指听觉严重障碍的旅客。

基于安全的考虑,未满16周岁的听觉残疾的儿童旅客不可单独乘机,必须有成人旅客陪伴同行。为确保出行顺利,我们可为单独旅行的听觉残疾旅客免费提供必要的引导和协助服务。此服务可通过国航app、国航热线、任一直属售票部门及销售代理人进行预订。请您最迟于航班预计起飞时间前120分钟到达乘机登记柜台办理乘机登记手续。

视觉障碍旅客是指全盲、弱视或罹患眼部疾病,无完全行动能力的旅客。

基于安全方面的考虑,未满16周岁的双目失明旅客乘机时须有成年人陪伴同行。

为满足中国民用航空局对飞行运行安全的要求,我们对于符合条件的单独出行的视觉障碍旅客在不同的机型上的载运数量均有限制。为确保您出行顺利,我们可为单独旅行的视觉障碍旅客提供免费的必要的引导和协助服务。如需预订此项服务您可以通过国航热线、任一直属售票部门或经授权的销售代理人办理申请手续,以避免您到达机场后因载运超标而出现无法按期出行的情况。并请您最迟于航班预计起飞时间前120分钟到达乘机登记柜台办理乘机登记手续。

各机型残疾人旅客载运数量限制如表3-1所示。

表 3-1　各机型残疾人旅客载运数量限制

机型	机上轮椅旅客	携带导盲犬/助听犬进客舱的旅客	携带精神抚慰犬进客舱的旅客	无人陪伴盲人	无人陪伴的智力或精神残疾人
ARJ21	2　其中携带精神抚慰犬进客舱的旅客限 1 人且每人限携带 1 只犬				
B737-700/800/8 A319/A320 A321	4　其中携带精神抚慰犬进客舱的旅客限 1 人且每人限携带 1 只犬				
B747 B777-200 B777-300ER B787 A330/A350	6　其中携带精神抚慰犬进客舱的旅客限 1 人且每人限携带 1 只犬				

（资料来源：中国国际航空公司官网。）

三、儿童旅客的服务需要

随着社会发展和收入水平提高，在民航出行中，儿童旅客成为乘机比例逐渐提高的一个群体。儿童旅客通常具有这些特点：性格活泼、天真幼稚、好奇心强、善于模仿、判断能力较差、做事不计后果。鉴于儿童旅客的这些特点，空中乘务员在服务时，尤其要注意防止一些机上不安全事件的发生。比如不能将儿童旅客安排在应急出口处，还要防止其乱摸乱动飞机上的设施；如果出现乱跑、吵闹的情况，也要注意态度和语气，不要训斥儿童；航班起飞、降落时要注意防止儿童旅客四处跑动；给儿童旅客提供热饮时，要防止他们碰洒、烫伤等。无人陪伴的儿童也属于特殊的群体，航空公司可以根据协议，派专门的乘务员照看，以防出现意外。

■知识链接

深航程旭乘务组：立足平凡岗位，践行暖心服务

在深航哈尔滨分公司客舱服务部有这样一个服务小团队——"纯真至善"程旭乘务组。该班组组员性格内敛善良，善于观察旅客需求，她们的优势是能够立足平凡岗位，处处为旅客提供暖心服务。2019 年前三季度服务成绩在哈尔滨客舱部名列前茅，收到旅客表扬 2 单，锦旗表扬 1 单，乘务长程旭当选 9 月黑龙江基地服务明星，组员纪宏当选 7 月黑龙江基地服务明星。

在暑期飞行中，航班上大量旅客是儿童，由于南北温差及水土原因，很多小朋友出现感冒发热症状，家长没有准备，手足无措。乘务组利用退热贴、热水袋、冰块及乘务长自带的体温计及清凉油，为小朋友们缓解身体不适，安抚家长，得到旅客认可。在航班上，乘务组善于观察旅客需求,能提供主动细致的服务,并为儿童打造专属的"儿童套餐"。

（资料来源：根据 http://news.carnoc.com/list/511/511553.html 整理。）

■ 知识链接

东航无成人陪伴儿童服务

小旅客张林乘坐 MU5423 航班前往重庆,在重庆接站的是她的外公。早上 8 时许,在妈妈的陪伴下她来到了东航爱心柜台,完成各项交接后,在地服人员的带领下,开始了她的独行之旅。路上,东航工作人员的大手牵着她的小手,给予了无微不至的关怀,呵护着小张林的安全,并最终将她送到接站的外公手里。

期末考试结束后,孩子们迎来快乐的假期,有的孩子已经单独乘坐飞机,踏上了假期之旅。在东航位于上海虹桥、浦东国际机场的爱心服务专柜前,孩子们把资料袋挂到自己的脖子上,牵上东航工作人员的大手,在哥哥姐姐们的带领下,开开心心地坐上飞机。这也是东航在上海虹桥、浦东国际机场的爱心专柜最忙碌的时光。

在购票时预订无成人陪伴儿童服务,到机场完成值机手续后将小旅客交给工作人员,核对行李数量,再由工作人员送上飞机交予乘务员,由乘务员与目的地站地服人员交接,提取完行李后交予接机人,这便是整个无成人陪伴儿童的服务流程。东航推出此项服务已有多年历史,在此期间不断完善服务流程,为每一位单独出行的小旅客提供安全、便捷、高效的服务。当初的小旅客如今已经长大成人,有的还加入东航,服务更多的小旅客。

21 世纪,东航迎来了新世纪的小旅客,他们是在互联网中成长起来的一代,电子产品已经成为他们必不可少的随身物品。那些曾经服务过小旅客的老员工早已因工作调动走上了其他岗位,"90 后"已经成为这一服务项目的主力军,而此时东航在上海虹桥、浦东国际机场开辟了爱心服务专柜,专柜里包含了值机、托运、预约等一站式服务功能。面对"00 后""10 后"的小旅客,东航工作人员和他们拥有更多共同的语言,时常会谈论下当前热门网络游戏,小旅客也会如数家珍地告诉工作人员飞过哪些地方,这中间有不少"老面孔",多次乘坐东航航班单独出行。高科技也融入小旅客的日常出行,小旅客身上的电子设备具有定位功能,让家长知道孩子的行踪,通过手机与家长视频通话,或者在飞机上利用空中无线网络和家长保持联系更是家常便饭。

（资料来源：根据 http://news.carnoc.com/list/451/451785.html 整理。）

四、携婴旅客的服务需要

根据航空公司的相关规定,婴儿旅客是指年龄在新生 14 天至 1 周岁之间的婴儿,这类旅客乘坐飞机必须有家长陪同。在飞行的过程中,飞机在高空环境中容易给婴儿的身体带来不适,在行程中容易出现婴儿旅客哭闹不止、躁动不安的情况,民航服务人员应当更加细心地为携婴旅客及婴儿提供服务,为他们带来更加舒适的旅程。在服务过程中,民航服务人员对这类旅客有着特殊的关注和重视。如在旅程开始时,乘务长会为携婴儿登机的女性旅客指派专门的乘务员,帮助其提拿随身携带物品,引领其到座位,并帮助旅客调整通风口,介绍呼唤铃及卫生间婴儿换尿布的整理台等;为携婴儿乘机的旅客安排座位时,要注意不能安排在紧急出口的旁边,并且要提醒携婴旅客在起飞、下降、飞机颠簸的时候保护好婴儿;在飞机平飞以后,乘务员要做好专业的讲解,提醒携婴旅客航行中应该注意的事项,提高其在飞行过程中的安全意识,保障婴儿在飞行过程中的健康与安全。

■知识链接

海航广州地服真情服务携婴出行旅客

广州白云国际机场登机廊桥上,海航地服人员刘才缓缓地推着婴儿车,协助携婴出行的旅客登机。

2019年12月11日10时50分,HU7309航班已开始登机,一名女性旅客一只手抱着婴儿,另一只手推着婴儿车,车里装着一些婴儿用品,手上还提着包,身边没有其他亲人陪伴。在海航工作了21年的刘才,作为地面保障中心的资深一线工作人员,早已养成了时刻关注旅客状态的习惯。他迅速捕捉到了这位携婴旅客有些忙乱、局促的身影,于是立即上前提供帮助,一手接过婴儿车把手,然后为旅客开放优先通道,手脚麻利地将旅客送上了飞机。

旅客上机后,多次对刘才表示感谢。刘才却觉得,作为地服人员,这是他该做的,也是他常做的;作为两个孩子的父亲,他能理解旅客初为人母时的不易,对携婴出行的旅客更是多了一份发自内心的关爱。

刘才能关注到这位旅客,是偶然,也是必然,这与他日复一日对旅客的关心、关注不可分割。他的善行远不止于此,作为一名"老海航""老地服",背行动不便的旅客下客梯车、用担架抬着旅客登机,都是他日常工作中的"家常便饭",最惊险的时候他还参与过患病旅客的紧急抢救,并最终在整个团队的努力下助旅客脱离了生命危险。

刘才说,自己也不过是众多坚守一线海航人的一员,还有许许多多的"刘才"在机场加班加点为旅客服务,把旅客当作自己的亲人,老吾老以及人之老,幼吾幼以及人之幼,他们也是父母,是子女,更是待客如亲的海航地服人员。

(资料来源:根据 http://news.carnoc.com/list/515/515657.html 整理。)

五、初次乘机旅客的服务需要

初次乘机旅客的心理,一般来说主要体现在紧张和好奇这两个方面。飞机不同于火车、汽车,不在地面上跑,而在空中飞,有些旅客心理会产生紧张、害怕的感受,对飞机这种交通工具的安全性不放心。民航服务人员可以针对这种心理,向他们介绍飞机在所有交通工具中是比较安全的,请他们放心,还可以通过亲切的交谈,如询问他们出行的目的等来缓解他们的紧张心情,使他们感觉到乘坐飞机是安全舒适的。针对初次乘机者对民航的一些设备、环境等不够熟悉,会产生好奇心的心理特点,民航服务人员可以主动向他们介绍本次航班的飞机机型、飞行高度、途经河流、山脉、地标等，以满足他们的好奇心。

■ 知识链接

> 老人初次乘机　贴心乘务员融化奶奶的心

"女士们，先生们，欢迎您乘坐中国南方航空 CZ6942 航班由成都飞往乌鲁木齐……"殊不知，这看似平常的航班却是李奶奶特殊的一次旅途。

迎客阶段乘务员注意到了一位特别的奶奶，"我肯定晕机……晕机药吃了管用吗？飞机上的洗手间在哪里？"奶奶面带不安地对同行的杨先生说，乘务员立刻笑盈盈地迎了上去："您好奶奶，欢迎乘机，有什么可以帮助您呢？"简单的一句问候拉近了乘务员和奶奶的距离……奶奶胆怯地告诉乘务员想坐一个靠近窗户的位置，乘务员马上查看旅客座位，为奶奶安排了窗边宽敞的位置，随后给奶奶拿来了毛毯，亲切地为奶奶讲解安全带、呼唤铃、通风口的使用方法，并告诉奶奶洗手间的位置。通过乘务员的讲解，奶奶紧张的情绪逐渐消散，说："有你们在真好啊！"乘务员回答道："奶奶，我们时时刻刻保护着您！"奶奶爽朗地笑了。

飞机起飞后，乘务员立即去看奶奶，发现奶奶眉头紧锁，问了随行的杨先生得知，奶奶晕机了，乘务员赶紧给奶奶拿来温水、热毛巾、呕吐袋，调节了奶奶头顶的通风口，一直握着手安抚她。乘务员尝试聊天转移奶奶的注意力，奶奶倚靠在座位上休息，慢慢地，终于有所好转，乘务员悬着的心也总算放下了……

落地后，奶奶提出要拥抱合影，并说道："你们真是好姑娘啊！"奶奶紧紧抓住乘务员的手，依依不舍地和她们道别，杨先生眼含泪光，和她们道谢。

（资料来源：根据 http://news.carnoc.com/list/453/453585.html 整理。）

六、重要旅客的服务需要

民航的重要旅客服务是民航服务的重要组成部分，是航空公司和机场高度重视的服务内容。民航的重要旅客按照现行的服务标准分为两大类，一类是 VIP，另一类是 CIP。一般来说，航空公司和机场本身的 VIP 原则上只有党和国家领导人、两院院士、政府机构相关重要人士等，也就是通常说的"要客"，其他的"贵宾"统统都是 CIP。一般来讲，重要旅客有着一定的身份和地位。他们比较典型的心理特点是自尊心、自我意识强烈，希望得到一种应有的尊重；与普通旅客相比较，他们更注重环境的舒适和接受服务时心理上的感觉；同时，由于乘坐飞机的机会比较多，他们在乘机过程中可能会有意无意地对机上服务进行比较。

重要旅客要比普通旅客享受到更热情、更周到、更贴心、更便捷的服务。第一，要重视旅客。让旅客被重视的最简单的方法是记住其姓名，并亲切地称呼出来。第二，重视旅客的特别爱好。我们只有在运用大数据技术逐步建立和完善重要旅客档案后，才能以不打扰旅客为前提、随时随地为旅客提供个性化服务。第三，以适度服务取代殷勤服务。重要旅客来自不同职业、不同民族和不同文化环境，随着重要旅客的素质提升，越来越多的人不希望在出行过程中被过多打扰。因此，我们在为他们服务的时候也要因人而异，千万不可用硬性的流程或标准要求员工,禁止毫不顾忌地让旅客感受"殷勤"服务。第四,注意转型期社会公众心理变化,服务流程要更加注意重要旅客的隐私,尽量避免与其他旅客流程交叉,这样可以避免引发个别人内心的各种不满情绪。第五,要充分尊重旅客,特别是在非正常航班服务的时候。对旅客的尊重是旅客知情权和选择权的结合,当出现非正常航班的时候,对于重要旅客更要保障其足够的知情权和充分的选择权,对于旅客的选择,我们要给予最大限度的支持和保障。

七、国际旅客的服务需要

随着我国对外开放程度的提高和国际地位的不断提升,来我国参观、旅游、考察、工作的外国人逐年增加,民航服务中的外国旅客数量也在不断增多。由于旅客来自不同的国家或地区,其自身的语言、文化、习俗等与民航服务人员差别很大,这就需要民航服务人员具备不同文化之间沟通交流的能力。但很多外国旅客不懂中文,在沟通上存在语言障碍和文化差别。在旅行过程中,尤其出现例如航班延误之类的突发情况时,一旦缺乏沟通,服务不到位,就会引发他们的不良情绪,产生矛盾。服务过程中,民航服务人员首先需要准确把握国际旅客的服务需求,必须提高英语听力能力和口语能力;其次,要了解旅客的国籍和身份,把握不同文化背景下非言语交际方式的差异,了解不同文化背景下表达相同意义的不同表达方式;再次,服务时最好能使用旅客本国的语言进行交流,态度亲切、热情、周到,不卑不亢地尽心服务;最后,如果外国旅客由于语言、地域风俗等原因需要特殊服务,民航服务人员应尽量满足。

■知识链接

尊重宗教风俗 外籍旅客感受边检员人文关怀

2008年8月26日,上海浦东国际机场边检站民警在办理一名过境中国回到巴基斯坦旅客的相关手续时,该旅客连呼肚子饿。边检民警当即将航空公司预留的三明治转交给他,未料他却连连摆手示意不要。民警一时感到不解。经查验,民警发现三明治的夹心是猪肉,而该旅客恰是穆斯林。意识到这个问题,民警立即为其更换食品。

在吃完点心后,该旅客又从随身携带的行李中取出一块毛毯,并向民警询问方向位置准备祈祷。考虑到这是穆斯林正常的宗教仪式,边检民警向其指明了方位,并将其带离人员嘈杂的候检现场,带至安静的场所,为其祈祷提供方便。

当一切结束后,该旅客对边检民警提供的帮助感动不已,用不熟练的中国话连声说道:"中国好,中国的警察好。"

(资料来源:根据 http://news.carnoc.com/list/111/111669.html 整理。)

八、航班延误与取消情况下旅客的服务需要

一旦旅客听到航班延误或取消时,其心理需求与客观现实出现矛盾,旅客的心理立即失去平衡,接着就是情绪波动,波动的大小与延误的时间长短和航班是否取消有关,延误时

间越长,旅客情绪波动越大。在航班延误或取消的情况下,旅客的心态主要有四种表现:焦虑、抱怨、愤怒和怀疑。因此,民航服务人员首先要全神贯注地倾听对方的诉说,让旅客将自己的愤怒与不满进行发泄;其次要向旅客反馈你已经听懂了他的话,了解了他的诉求,承认既成的事实,做到换位思考,认同对方的感受;最后要态度诚恳、实事求是地向旅客解释和说明航班延误或航班取消的原因,对客观存在的原因要说清楚、讲明白,如果是航空公司造成的延误,要真诚地道歉和自我批评,以求得旅客的谅解,并按照2017年1月1日实施的《航班正常管理规定》给予赔偿。

■知识链接

航班延误补偿标准 国内42家航空公司已公布标准

2017年1月6日,中国民用航空局运输司发布《关于国内航空公司、机场实施〈航班正常管理规定〉相关工作情况的通告》(以下简称《通告》)。《通告》中对国内航空公司公布的运输总条件、机上延误应急预案中关于航班延误后的服务内容及补偿方案进行了汇总。《通告》显示,国航、东航、南航的航班延误补偿方案较为类似,但有的航空公司直言,无论何种原因导致航班延误或取消都不提供经济补偿。

国航的补偿条件及标准如下:由于机务维护、航班调配、机组等国航的原因,造成航班延误,国航将根据延误的实际情况,向旅客提供经济补偿。延误4小时(含)以上不超过8小时,每位旅客补偿人民币200元;延误8小时(含)以上,每位旅客补偿人民币400元。

南航、东航的补偿条件及标准与国航类似。不过,东航的补偿条件中多了"'商务'造成的航班延误或者取消"这一补充条件,对旅客进行补偿的可能是东航自身,也可能是东航的地面服务代理人。

海航的补偿条件及标准如下:由于机务维护、航班调配、机组等属海航原因造成的国内航班延误,海航将根据航班延误时间的实际情况,向旅客提供经济补偿。海航原因导致航班延误4(含)至8小时之内,补偿人民币200元或者等额积分;海航原因导致航班延误8小时(含)以上,补偿人民币400元或等额积分。多种原因导致航班持续延误,以其中海航原因所致延误时段计算延误时间,并按照前述标准提供经济补偿。

有的航空公司虽然制定了补偿标准,但不如国航、南航、东航"大方"。奥凯航空的补偿标准是:①延误时间超过4小时(含)小于6小时并且已经按公司服务标准提供餐食或住宿服务,补偿人民币100元;②延误时间超过6小时(含)小于8小时并且已经按公司服务标准提供餐食或住宿服务,补偿人民币200元;③延误时间超过8小时(含)并且已经按公司服务标准提供餐食或住宿服务,补偿人民币300元;④持婴儿票,公司免票及优惠票的旅客不予补偿。

华夏航空的补偿标准是:①延误时间大于4小时(含)小于8小时,给予每位旅客人民币100元补偿;②延误时间大于8小时(含),给予每位旅客人民币200元补偿。

不过,面对航班延误或取消,有的航空公司却"一毛不拔"。西部航空称,西部航空应和其他各保障单位相互配合,认真负责,共同保障航班正常,避免不必要的航班延误。无论何种原因航班延误或取消,西部航空不提供经济补偿。乌鲁木齐航空表示,无论何种原因导致航班延误或取消,乌鲁木齐航空不提供经济补偿。春秋航空提示,无论何种原因航班延误或取消,春秋航空不承诺提供任何其他补偿。

成都航空的补偿条件及标准较为"人性化",照顾了儿童和婴儿两类人群,具体内容如下:因成都航空导致航班延误、取消、次日补班,延误时间4(含)至8小时,补偿给旅客不超过200元/人;延误8(含)小时以上,补偿给旅客不超过400元/人;儿童按成人补偿金额的50%标准进行补偿,婴儿补偿标准统一为50元/人。

此外,各大航空公司还对信息通告、餐饮服务提供时间、下机条件及限制等做出规定。同时,《通告》还披露了各大航空公司的网址、投诉电话及电子邮件地址。

(资料来源:根据相关资料整理。)

九、挑剔旅客的服务需要

飞机上偶尔也有比较挑剔的旅客。他们往往对服务、设备、餐食和饮料等提出一些可能达不到的要求。究其原因,有些可能是由旅客本人性格所决定的,有些是由于旅客在上飞机之前遇到了不愉快的事情,未能得到解决而选择发泄。这时,这些旅客的心理是要求受到尊重、要求补偿、要求发泄。民航服务人员要有耐心、不急躁,以平静的心情倾听旅客的倾诉,不要急于解释和辩解,避免引起旅客在心理上更大的反感。用热心、耐心、周到的服务,让旅客的心情慢慢自然地平静下来。对此,在不违反飞行安全、公司规定和道德伦理的情况下,最大限度地满足旅客的需求,是身为一名乘务员的职责。如果实在不能满足,乘务员要耐心地向旅客解释原因,并道歉。如果该旅客仍提出无理要求,乘务员可向乘务长或机长报告,由乘务长或航空公司出面处理。

■ 知识链接

听到"我要投诉",乘务员该怎么办

最近很火的短片视频连载"乘务员忙什么"因幽默搞笑的拍摄风格深受广大群众喜爱。

视频中的故事在乘务员工作中时常发生,比如没有毛毯了,没有牛奶了,没有鸡肉饭了,没有牛肉饭了,延误了……旅客生气了,乘务员该怎么办?

飞机客舱服务中难免会出错,忘记毛毯,忘记一杯水,等等。出了错一定要做弥补工作,及时采取补救措施。每个旅客的性格不同,有的旅客生气了会说出来,有的旅客什么也不说落地后直接投诉,所以在下降前的安全检查时,一定要和各位旅客四目相对眼神交流,发现旅客有不满情绪,及时询问,抓住最后的机会为旅客解决问题。

乘务员和旅客初次见面的第一印象是评分,而有效沟通和后续跟进就是加分筹码。换位思考,就像去酒店吃饭,服务员态度不好,我们心里就会默默给她评个低分却不会表现出来,更不会当面投诉,但如果她后来对我们道歉,解释态度很好,又做了弥补工作,我们也会冰释前嫌,因为萍水相逢,何必耿耿于怀。

(资料来源:根据http://news.carnoc.com/list/378/378965.html整理。)

十、民航内部旅客的服务需要

民航内部旅客主要是指民航工作人员的家属,他们大多对航空公司、机场以及飞机有关的事情比较了解,大部分人愿意主动和民航乘务人员聊天,聊一些民航内部的事情。从心理角度来说,他们更能理解民航工作的不易,不过从个人角度来说,他们又希望与其他旅客不同,想要被照顾。所以,如果能满足其要求就会很高兴,如果不能满足要求,个别内部旅客会不高兴,容易挑剔民航乘务人员的毛病。在这种情况下,民航乘务人员服务要有理、有利、有节。有理,航空公司对各舱位有明确的规定,如果我们不能满足内部旅客升舱的要求时,要心平气和、实事求是地说明情况,以求得旅客的理解;有利,内部旅客中有一些是很有影响的人物,对于这些人的要求要灵活处理,他们对服务的认可程度会影响公司的利益;有节,内部旅客由于对民航内部和公司内部都有相对多的了解,有时提一些无理的要求,应适时制止,不要盲目地为了拉关系、博好感,为其提供违反公司规定和损害公司利益的服务。

项目小结

"以旅客需求为导向"是各大航空公司推出的服务理念,我们在掌握马斯洛需要层次理论的基础上,应准确把握民航旅客的需要,只有了解旅客的需要变化,才可以让民航旅客满意。我们既要了解民航旅客的各种需要,还要熟悉老弱、病残、儿童、携婴、初次乘机等特殊旅客的特点,能够针对各类特殊旅客的不同需要,为他们提供个性化的服务。

项目训练

一、简答题

1. 马斯洛需要层次理论包含哪几种需要?
2. 民航旅客的服务需要有哪些?
3. 哪些旅客属于特殊旅客?
4. 儿童旅客的服务需要有哪些?民航服务人员该如何满足?
5. 民航的重要旅客包括哪些?
6. 航班延误与取消的情况下旅客的特点是什么?在民航服务中该如何满足其需要?

二、选择题

1. 心理学中著名的需要层次理论是由(　　)提出的。
   A. 冯特　　　　B. 马斯洛　　　　C. 弗洛伊德　　　　D. 詹姆斯
2. 下列哪一种需要通常不是民航旅客在飞行途中的需要?(　　)
   A. 安全需要　　B. 尊重的需要　　C. 生理需要　　　　D. 自我实现的需要
3. 需要层次理论中认为人的需要总共有几个层次?(　　)
   A. 3　　　　　B. 4　　　　　　C. 5　　　　　　　D. 6
4. 飞机上为旅客提供毛毯主要是为了满足旅客的(　　)需要。
   A. 尊重　　　　B. 生理　　　　　C. 归属与爱　　　　D. 安全

5.民航服务人员希望通过工作实现自己的人生价值,这是属于( )。

A.生理需要　　　B.安全需要　　　C.归属与爱的需要　　　D.自我实现的需要

三、案例分析题

某天,一名女性旅客进入安检四号通道,在对其进行人身检查时,安检员发现其头发内插有一个"发簪"。安检员通过观察,发现这个"发簪"外露的部分很像水果刀的刀柄,根据多年的工作经验和常识推理,安检员认为这可能是旅客藏匿在头发中的一把刀具。在安检员的再三询问后,遂从其头发中拔出这个奇怪的"发簪",确认这的确是一把水果刀。安检员立即将刀具控制在手中,并密切关注这位旅客及随行人员的动向。当安检员将这把刀缉查出来后,这位女性旅客身旁的一名男性随行人员随口轻声说道:"看来这样还是不行。"安检员当即按规定将旅客和刀具一同移交公安机关做进一步审查处理。经查验,这把水果刀的刀刃长7.5厘米,刀身全长17厘米。

请问:

1.以上案例中反映了在民航服务中我们要关注旅客的哪种需要?

2.当这种事件发生时,民航服务人员要注意什么?该如何处理?

四、实践题

某航空公司在某一年的6月开展了"阳光客舱,伴你成长;共同关注,未来梦想"的特色航班服务。

请分析:

1.这一特色服务可能是针对哪些旅客提供的?

2.如果请你来设计,这一特色服务可以包含哪些内容?

项目四　个性心理特征与民航服务

 **项目目标**

- **知识目标**

　　了解气质、性格、能力的概念、特征与分类；

　　掌握民航服务工作中不同类型的差异与服务。

- **能力目标**

　　理解并掌握不同类型旅客的特点，注重不同类型旅客的特点在民航服务工作中的应用，学会有针对性地做好民航服务工作；

　　掌握民航服务人员气质、性格、能力的基本要求及其培养方法，注重培养民航服务人员自身良好的人格。

知识框架

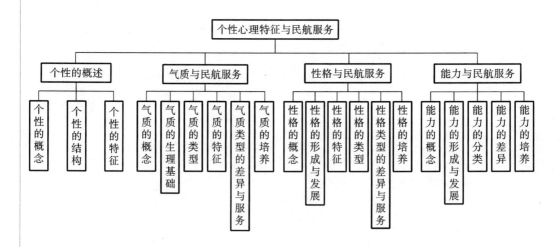

 **项目引入**

以人为本 旅客至上

人性化管理的提出由来已久,但将其系统地运用于旅客的管理中并不多见,因为要在短短数小时之内将旅客的脾气、秉性、爱好、需求了解清楚,绝不是一件容易的事。那么是否可以通过其他方式来弥补由于时间短而造成的服务上的缺憾呢?

事实上,将旅客以地域的形式来划分为其提供人性化服务进而进行人性化管理不失为一个好办法。譬如,北方地区的旅客一般性格较为豪爽、说话比较直接、好面子,因此在服务中你对他付出百倍的热情,他必以千倍来回报;而南方某些地区的旅客恰恰相反,做事认真、说话婉转、对服务要求较高。因此,在服务过程中应用不同的服务方式、语言方式来对待不同地域的旅客,以取得良好的服务效益。

再比如欧美地区的旅客,尤其是美国旅客大多性格开朗、活泼好动、非常健谈。机舱内往往是热闹非凡,他们对于服务不太挑剔。针对这样的旅客,首先要求我们每一位民航服务人员都活跃起来,暂且将东方人的含蓄抛开,融入旅客当中,他们就会竖起大拇指对你说:"Good service,ok!"

相反,英国旅客就相对保守一些,非常讲究细节、彬彬有礼、注意卫生,在飞机运行中,他们不是在休息就是在阅读。因此,民航服务人员在提供服务时应遵循"有需求,有服务,无需求,无干扰"的原则。印度旅客大多不苟言笑、表情严肃、不爱交流、民族感强烈、民族风俗忌讳较多,为其提供服务时一定要注意细节,不必过多打扰,应给他们一个相对安静和宽松的空间。

(资料来源:根据相关资料整理。)

分析:民航服务人员在为旅客服务时,应了解和掌握旅客个性的不同特征,进行有针对性的服务,才能使服务工作做到有的放矢,才能提高服务质量。

 任务一 个性的概述

一、个性的概念

个性亦称"人格"。"个性"一词最初来源于拉丁语"personal",开始是指演员所戴的面具,后来指演员——一个具有特殊性格的人。一般来说,个性是指一个人整体的心理面貌,是区别于他人的、在不同环境中显现出来的比较稳定的心理倾向性和非倾向性特征的总和。一个人的个性往往通过气质、性格、能力等方面表现出来。人的个性,一部分是天生的、极其稳定的,如气质;另一部分是人在社会生活中形成和发展而来的,也较稳定,但在某些特定的条件下可能会发生变化,如性格、能力等。

一个人的个性结构系统主要包括气质、性格与能力等成分。不同成分从不同侧面反映着个性的差异。其中,气质,是体现在高级神经活动类型上的差异;性格,是体现在社会道德评价方面的差异;能力,是体现人在综合素质与自我发展方面的差异。

二、个性的结构

从构成方式上讲,个性其实是一个系统,由以下三个子系统组成。

(一)个性倾向性

个性倾向性指人对社会环境的态度和行为的积极特征,它是推动人进行活动的动力系统,是个性结构中最活跃的因素。它决定着人对周围世界的认识以及态度的趋向和选择,决定人追求什么,包括需要、动机、兴趣、理想、信念、世界观等。

个性倾向性是人的个性结构中最活跃的因素,它是一个人进行活动的基本动力,决定着人对现实的态度,决定着人对认识活动的对象的趋向和选择。个性倾向性是个性系统的动力结构,它较少受生理、遗传等先天因素的影响,主要是在后天的培养和社会化过程中形成的。

(二)个性心理特征

个性心理特征是人的多种心理特点的一种独特结合。所谓个性心理特征,就是个体在其心理活动中经常地、稳定地表现出来的特征,主要包括能力、气质和性格三个方面。

(三)自我意识

自我意识指自己对所有属于自己身心状况的意识,包括自我认识、自我体验、自我调控等方面,如自尊心、自信心等。自我意识是个性系统的自动调节结构,也有学者把自我意识称为自我调控系统。

个性结构的这些成分或要素,又因人、时间、地点、环境的不同而互相排列组合,结果就产生了在个性特征上千差万别的人和一个人在不同的时间、地点环境中的个性特征的变化。

个性心理特征在个体心理发展过程中,出现得较早,一定程度上受到人的遗传因素的影响。个性心理特征和个性倾向性是相互影响、相互渗透的关系,个性心理特征受个性倾向性的调节,同时个性倾向性随着个性心理特征的改变而产生一定程度的变化,自我意识把人的个性心理特征和个性倾向性连成一个有机的整体。

三、个性的特征

一般而言,个性具有下列特征。

(一)个性的倾向性

个体在形成个性的过程中,时时处处都表现出每个个体对外界事物特有的动机、愿望和亲和力,从而发展为各自的态度体系和内心环境,形成个人对人、对事、对自己的独特的行为方式和个性倾向,其基本内容包括需要、动机、兴趣、理想、信念和世界观等。

在民航旅行中,旅客思想倾向的不同,是旅客之间的主要差异。例如,同样是在机场候机,有些旅客不喜欢被别人打扰,喜欢做自己想做的事情,如看书、听音乐等,而有的旅客则希望跟周围的人,如其他旅客或地面服务人员聊天,这是需要的不同;有的旅客选择乘坐头等舱是出于舒适的考虑,但有的旅客却认为乘坐头等舱是身份与地位的象征,这是动机的不同;当飞机在空中飞行时,有的旅客喜欢观看轻松有趣的节目,有的旅客却愿意观看新闻类的节目,这是兴趣的差异。因此,民航旅客的差异,主要是个性倾向性的差异。

(二)个性的复杂性

个性是由多种心理现象构成的,这些心理现象有些是显而易见的,别人能看清楚,自己也能觉察到的,如热情、健谈、直爽、脾气急躁等;有些非但别人看不清楚,就连自己也感到模模糊糊。

(三)个性的独特性

每个人的个性都具有自己的独特性,即使是同卵双胞胎长大成人后,也同样具有独特的个性。

(四)个性的积极性

个性是动力倾向系统的结构,不是被客观环境任意摆布的消极个体。个性具有积极性、能动性,并统率全部心理活动去改造客观世界和主观世界。

(五)个性的稳定性

从表现上看,人的个性一旦形成,就具有相对的稳定性。

(六)个性的完整性

如前所说,个性是个完整的统一体。一个人的各种个性倾向、心理过程和个性心理特征都是在标准比较一致的基础上有机地结合在一起的,绝不是偶然性地随机组合。人是作为整体来认识世界并改造世界的。

（七）个性的发展性

婴儿出生后并没有形成自己的个性，随着他的成长，心理不断丰富、发展、完善，逐渐形成其个性。从形式上讲，个性是心理发展的产物。

（八）个性的社会性

个性既是社会关系的客体，同时又是一定社会关系的主体。个性是一个处于一定社会关系中的活生生的人和这个人所具有的意识。个性的社会性是个性的最本质特征。

从个性的发展性与个性的社会性来看，个性的形成一方面有赖于个人的心理发展水平，另一方面有赖于个人所处的一定的社会关系。研究人的个性问题，必须以马克思主义关于人的本质的学说为基础和出发点。马克思曾经指出，人的本质并不是单个人所固有的抽象物，实际上，它是一切社会关系的总和。因此，只有在实践中，在人与人之间的交往中，考察社会因素对人的个性形成的决定作用，才能科学地理解个性。

■行业资讯

不断给客户惊喜——创新借鉴之荷兰皇家航空公司

荷兰皇家航空公司在利用数字媒体结合数字虚拟空间与现实空间以提高客户服务水平方面具有独到之处。以下是几个成功的案例。

1. 机场随机惊喜奉送

2010年10—11月，在阿姆斯特丹机场，荷兰皇家航空公司开展了一场通过网络媒体随机奉送"惊喜"给旅客的活动，凡在社交媒体网站上留言并登录荷兰皇家航空公司社交群的旅客，会由荷兰皇家航空公司专设的"惊喜团队"在机场随机送上出人意料的爱心惊喜。例如，一位球迷旅客行前称自己恐将错过喜欢的球队的一场重要比赛，"惊喜团队"在机场送给这位即将前往波士顿的旅客一本《波士顿城市指南》，其中特别标注了该地所有可以直播足球比赛的酒吧位置；另外一位准备常驻迪拜的旅客在机场得到了一份"思乡套餐"，包括一些荷兰特色小吃、荷兰菜烹饪课程。迄今为止，"惊喜团队"送出了各种各样的"惊喜礼品"，有的是贵宾休息室的邀请函，有的是给去观看F1大赛的车迷的杂志，还有一位旅客得到了一副耳塞——因为他在Twitter上提到自己有个经常打呼噜的同事。

2. 个性化行李挂签

荷兰皇家航空公司已经在本国及英国、法国、日本、美国、加拿大和墨西哥等国陆续开展邀请旅客自己设计制作荷兰皇家航空公司行李挂签的活动，目的在于扩大市场知名度并且获取旅客的电子邮件等信息。旅客可以将自己的旅游快照、公司标志等图案上传至荷兰皇家航空公司的社交网站，荷兰皇家航空公司随后会使用该图案为每个旅客制作好两个个性化行李挂签，当然，标签的另外一边是醒目的荷兰皇家航空公司标志。上传了自己的照片之后，加入荷兰皇家航空公司社交网络的旅客还可参加荷兰皇家航空公司机上快照评选，鼓励旅客将本人与荷兰皇家航空公司的形象合并在一起，获奖者将得到两张荷兰皇家航空公司机票，可以飞往任何荷兰皇家航空公司开通航线的地方。

三、个性化目的地城市指南

旅客可在荷兰皇家航空公司的网站上通过回答一系列问题，选择目的城市、感兴趣的活动和热点话题，然后生成一个定制的口袋大小的旅途指南，包括三章十二个感兴趣的推荐活动和一张地图。荷兰皇家航空公司将印制装帧好的这本口袋书于四周之内免费邮寄到旅客的家中。目前欧洲十个国家及美国、加拿大两国均开展了这一推广活动。其他国家和地区的旅客可以从网上生成一个 pdf 文件下载。这项活动一开展就大受欢迎，活动开始当天网站还因为访问量巨大而无法打开。

上述材料中的航空公司正是根据旅客不同的个性特征而采取了一些方法来提高服务水平，并吸引顾客不断关注航空公司，购买航空公司的产品。

（资料来源：根据 http://news.carnoc.com/list/200/200068.html 整理。）

任务二　气质与民航服务

一、气质的概念

气质是表现在心理活动的强度、速度、灵活性与指向性等方面的一种稳定的心理特征。人的气质差异是先天形成的，受神经系统活动过程的特性所制约。孩子刚一落生时，最先表现出来的差异就是气质差异，有的孩子爱哭好动，有的孩子平稳安静。它只给人们的言行涂上某种色彩，但不能决定人的社会价值，也不直接具有社会道德评价含义。气质不能决定一个人的成就，任何气质的人只要经过自己的努力就可能在不同实践领域中取得成就，也可能成为平庸无为的人。

心理学范畴的气质是人的个性心理特征之一，它是指在人的认识、情感、言语、行动中，心理活动发生时力量的强弱、变化的快慢和均衡程度等稳定的动力特征，主要表现在情绪体验的快慢、强弱、表现的隐显以及动作的灵敏或迟钝等方面。因此，它为人的全部心理活动表现染上了一层浓厚的色彩，与日常生活中人们所说的"脾气""性格""性情"等含义相近。

二、气质的生理基础

我国古代《黄帝内经》认为，阴阳五态之人是五种典型类型，但在一般人中，典型类型是少见的，因此，它将人的气质又进一步划分为阴阳二十五种类型。

古希腊哲学家恩培多克勒提出，人有四根，即身体的固体部分是土根、液体部分是水根、呼吸系统是空气根、血液是火根。他认为，人的心理差异是由于人身体上的"四根"相互配合的比例不同而产生的差异。

古希腊著名医生希波克拉底，发展了"四根说"，提出人体内有血液、黄胆汁、黑胆汁和黏液。他认为血液生于心脏、黄胆汁生于肝、黑胆汁生于胃、黏液生于脑。人体的四种液体混合的比例不同，分为四种气质，即血液占优势的属于多血质，黏液占优势的属于黏液质，黄胆汁占优势的属于胆汁质，黑胆汁占优势的属于抑郁质。虽然，希波克拉底划分四种气质的依据缺乏一定的科学性，但他提出的气质类型的名称一直沿用至今。

在近现代心理学中，研究气质学说的人有许多，也有各种不同的说法和观点。其中影响较大的有体型说、血型说等。如德国精神病学家克列奇默提出的体型说，他根据人的体型，把人分为肥胖型、瘦长型、斗士型和虚弱型四种。日本古川竹二提出气质是由血型所决定的，认为人的血型有 A 型、B 型、O 型、AB 型，这些血型形成人的四种气质类型。这些划分都缺乏一定的科学依据，因此未能被人们接受。

由于气质本身的复杂性，以及研究手段及研究者们所持观点的局限性，以上研究均未能从根本上揭露气质的本质和作用。直到 19 世纪末，巴甫洛夫在研究动物的条件反射现象时发现，不同动物的高级神经活动过程是不同的，随着高级神经活动过程的变化，其反应和行为也有所不同。由此提出了神经系统的基本特性的学说，为气质理论的研究奠定了科学的生理基础。

■知识关联

巴甫洛夫与条件反射

1849 年 9 月 26 日，巴甫洛夫（见图 4-1）出生于俄国，他是一位生理学家，专注于自己对消化系统的研究。19 世纪末的一天，在研究胃反射的时候，巴甫洛夫注意到了一个奇怪的现象：没有喂食的时候，狗也会分泌胃液和唾液。比如，在正式喂食前，如果狗看见喂养者或者听见喂养者的声音，就会分泌唾液。然而，听见喂食者的声音或看见喂食者的形象，这两种刺激很显然都与分泌唾液这种反射行为没有直接的联系，它们又是如何引起这一反射行为的呢？

图 4-1　巴甫洛夫

巴甫洛夫为了研究这一问题，设计了这样的实验：在喂食之前先出现中性刺激——铃声，铃声结束以后，过几秒钟再向喂食桶中倒食，观察狗的反应。起初，铃声只会引起一般的反射——狗竖起耳朵来，但不会出现唾液反射。但是，经过几轮实验之后，仅仅出现铃声狗就会分泌唾液。巴甫洛夫把这种反射行为称为"条件反射"，把铃声称为分泌唾液这一反射行为的"条件刺激"；食物到狗的嘴里后，唾液就开始溢出这种生理反应被称为"非条件反射"，引起这种反应的刺激物——食物被称为"非条件刺激"。

不仅动物的条件反射遵循这一规则，人类的条件反射也同样遵循这一规则，因此，我们才学会了区分不同的刺激，对不同刺激做出不同反应，知道"红灯停，绿灯行"。巴甫洛夫在研究条件反射的过程中，发现不同的狗条件反射形成和演变的特点各有不同。例如，有的狗在外界强烈刺激下，能产生兴奋反应，有的狗则不能产生兴奋反应，甚至产生抑制；有的狗能连续耐受抑制，时间长达 5—10 分钟，有的狗则不能，只能抑制 15—30 秒。他发现这些差异都与狗的神经系统有关，通过进一步研究，根据动物神经活动的差异，他提出了个体条件反射的个别特点，即神经系统活动的特性，并进一步指出神经系统的特性是气质的生理基础。

（资料来源：根据相关资料整理。）

三、气质的类型

古希腊著名医生希波克拉底提出的四种气质类型的名称一直延续至今，分别为胆汁质、多血质、黏液质及抑郁质。

（一）胆汁质

情绪易激动，反应迅速，行动敏捷，暴躁而有力；性急，有一种强烈而迅速燃烧的热情，不能自制；在克服困难上有坚忍不拔的劲头，但不善于考虑能否做到，工作有明显的周期性，能以极大的热情投身于事业，也能努力克服通向目标的重重困难和障碍，但当精力消耗殆尽时，便失去信心，情绪顿时转为沮丧而一事无成。适合职业：演员、外事接待员、节目主持人、推销员、导游等。

（二）多血质

灵活性高，易于适应环境变化，善于交际，在工作和学习中精力充沛且效率高，机智灵敏，思维灵活；对什么都感兴趣，但情感、兴趣易于变化；有些投机取巧，易骄傲，受不了一成不变的生活；易于产生情感，但体验不深，善于结交朋友；语言表达具有感染力，姿态活泼，表情生动。适合职业：外交官、军事家、法律工作者、新闻工作者、体育工作者等。

（三）黏液质

反应比较缓慢，坚持辛勤的工作；动作缓慢而沉着，能克制冲动，严格恪守既定的工作制度和生活秩序；情绪不易激动，也不易流露感情；自制力强，不爱显露自己的才能；注意力稳定、持久，但难以转移；思维灵活性较差，但比较细致，喜欢沉思；在意志力方面具有耐性，对自己的行为有较大的自制力；性格稳重，沉默寡言，办事谨慎细致，从不鲁莽，但对新的工作较难适应，行为和情绪都表现出内倾性；固定性有余而灵活性不足。适合职业：播音员、话务员、出纳员、会计、法官等。

（四）抑郁质

高度的情绪易感性，主观上把很弱的刺激当作强作用来感受，常为微不足道的原因而动感情，且有持久力；往往富于想象，聪明且具有敏锐的观察力，善于观察他人观察不到的细微事物，敏感性高；行动表现上迟缓，有些孤僻；遇到困难时优柔寡断，面临危险时极度恐惧，常表现出胆小怕事、优柔寡断，受到挫折后常心神不宁。适合职业：雕刻师、刺绣师、化验师、排版员、打字员、校对员等。

■ **行动指南**

气质类型的辨别

有4个人去剧场看戏,他们都迟到了,被检票员拦在了门口,不允许他们进入。说只有等到这一幕结束,幕间休息的时段,才可以进去。

甲面对这样的情形,立即认识到检票员肯定是不会让他进去的,他猜想楼上可能会有小门,就跑到楼上看看能不能从其他的入口进入剧场。

乙听到检票员的话,就想:"第一场戏,应该也没什么好看的吧!我可以去小卖部喝杯茶,等幕间休息再进来好了!"

丙见此情形,非常气愤,与检票员吵了起来,他说,剧场的表肯定走快了,他进去也不会影响别人,并企图推开检票员进入剧场。

丁想:"我老是不走运,好不容易看一次戏,还遇到这种事,真是倒霉透了!"于是,他回家去了。

猜猜看,甲、乙、丙、丁分别是哪种气质类型?

(资料来源:根据相关资料整理。)

人的气质和高级神经活动有着直接而紧密的联系,高级神经活动的类型是形成气质类型的生理基础。巴甫洛夫通过分析神经过程的强度、神经过程的平衡性和神经过程的灵活性三个基本特性的不同组合表现,把高级神经活动归纳为四种类型,分别为活泼型、兴奋型、安静型和抑制型。神经过程的强度是指个体的大脑神经细胞经受强烈刺激和持久工作的能力;神经过程的平衡性是指个体的兴奋过程和抑制过程之间的强弱关系,如果两种神经过程强度相当,就是处于平衡,如果其中一种神经过程占优势,就处于不平衡;神经过程的灵活性是指兴奋过程和抑制过程的转换速度。四种神经活动类型与四种气质类型也存在相对应关系,其中兴奋型对应胆汁质,活泼型对应多血质,安静型对应黏液质,抑制型对应抑郁质(见表4-1)。

表 4-1　气质类型与高级神经活动类型及其特征

气质类型	高级神经活动类型	高级神经活动类型的特征
胆汁质	兴奋型	强而不平衡、灵活
多血质	活泼型	强而平衡、灵活
黏液质	安静型	弱而平衡、不灵活
抑郁质	抑郁型	弱而不平衡、不灵活

在现实生活中,具有某一种典型的气质类型的人群是极少的,大多数人都属于两种或三种混合型气质,也有少数人属于四种混合型气质。在判断人的气质时不能认为一种气质类型是好的,另一种气质类型是坏的。每一种气质都有积极和消极两个方面,例如,胆汁质的人可成为积极、热情的人,也可发展成为任性、粗暴、易发脾气的人;多血质的人情感丰富,工作能力强,容易适应新的环境,但注意力不够集中,兴趣容易转移,无恒心等;抑郁质的人工作中耐受能力差,容易感到疲劳,但感情比较细腻,做事谨慎小心,观察力强,善于察觉到别人不易察觉的细小事物。气质在人的实践活动中虽然不起决定作用,但是有一定的

影响。例如,要求做出迅速灵活反应的工作对于多血质和胆汁质的人较为合适,而黏液质和抑郁质的人则较难适应。反之,要求持久、细致的工作对于黏液质、抑郁质的人较为合适,而多血质、胆汁质的人又较难适应。

■知识关联

测测你的气质类型

四、气质的特征

(一)感受性

感受性是指人对外界刺激的感受能力,它是神经系统强度特征的表现,可以根据人们产生心理反应所需要的外界刺激的最小强度来进行判断。不同的人对刺激的强度的感受能力是不相同的。抑郁质的人感受性很高,而胆汁质、多血质、黏液质的人感受性较低。

(二)灵敏性

灵敏性是指一般的心理反应和心理过程进行的速度,主要是神经系统灵活性的表现,可以分为两类特性:一类为不随意的反应性,各种刺激可以引起心理的各方面的指向性,如不随意注意的指向性、不随意运动反应的指向性等;另一类为一般的心理反应和心理过程进行的速度,如说话的速度,记忆的速度,思维的敏捷程度,注意转移的灵活程度,一般动作的灵活、迅速程度等。多血质的人就有较强的灵敏性。

(三)耐受性

耐受性指人在经受外界事物的刺激作用时,在时间和强度上的耐受程度,它也是神经系统强度特性的反映。具体表现在长时间从事某项活动时注意力的集中性;对强烈刺激(如疼痛、噪声、过强或过弱的光线)的耐受性;对长时间的思维活动能保持优越效果的坚持性等方面。黏液质的人具有较高的耐受性。

(四)向性

向性是指心理活动、言语与行为动作反应是表现于外部还是内部的特性,即外倾性和内倾性的总称。外倾性是神经活动兴奋过程占优势,内倾性是神经活动抑制过程占优势。

外倾的人其心理活动、言语反应和动作反应倾向表现于外,内倾的人的表现则相反。胆汁质与多血质的人属于外倾性,黏液质与抑郁质的人属于内倾性。

(五) 可塑性

可塑性是指人根据外界事物变化的情况而改变自己适应性行为的可塑程度。它主要是神经系统灵活性的体现,表现在对外界环境或要求的变化。凡是迅速适应环境、行动果断的人都具有较大的可塑性;相反,则表现为刻板性或惰性。多血质的人可塑性较强。

(六) 情绪兴奋性

情绪兴奋性是指以不同的速度对微弱刺激产生情绪反应的特性,是神经系统特性在心理上表现的重要特性。它既表现神经系统的强度特性,也表现平衡性。有的人情绪兴奋性很强,而情绪抑制力弱,这就不但表现了神经系统的强度,而且明显地表现了兴奋和抑制不平衡的特点。情绪兴奋性还包括情绪向外表现的强烈程度。这一点可以有不同的组合,例如,一些人可以具有强烈的兴奋和强烈的外部表现;另一些人可以只有强烈的兴奋但无强烈的外部表现,体现为极度兴奋但又不外露的气质特征。胆汁质和多血质的人的情绪兴奋性明显高于黏液质和抑郁质的人。

五、气质类型的差异与服务

气质虽然不能决定一个人的社会价值和成就的高低,但是气质可以对人的活动效率、情感和行为产生影响。气质是一个人表现于言行举止间的动态特点,对一个人的行为有很强的预测性,也就是说,如果我们了解了一个人的气质类型,就能够基本预测此人在某一情境下的行为特点。比如,对于民航服务人员来说,胆汁质的民航服务人员工作热情高,但处理问题时容易粗心、冲动,黏液质的民航服务人员大多数考虑问题细心、周到,容易给人留下安心、踏实的印象。对于民航旅客来说,在航班延误时,胆汁质旅客最容易冲动,黏液质的旅客则较少与服务人员发生冲突。

(一) 民航服务人员气质类型的差异与服务

作为一名民航服务人员,我们应该掌握民航旅客的不同气质类型,进行针对性服务,提高服务质量。人的心理特征主要通过人的行为举止表现出来,这要求民航服务人员要有敏锐的观察、洞察能力,通过人的情绪、言语、肢体行为,捕捉民航旅客的气质类型特点。在此之前,民航服务人员要首先了解自己的气质类型,根据自己的气质特点,扬长避短,才可以在工作中更好地为民航旅客提供服务。

1 胆汁质

胆汁质的民航服务人员工作热情高,精力充沛,与人交流时非常有感染力,但在工作中持久性差,情绪易变,处理问题时容易粗心、冲动。因此,胆汁质的民航服务人员在工作中要适当地降低自己的兴奋水平,使自己能够更加持久地进行某一项单调的工作;当遇到脾气火暴的旅客时,要有意识地控制自己的情绪,提高自己的耐心,避免与旅客发生不必要的冲突。

2 多血质

多血质的民航服务人员活泼灵敏,具有幽默感,与人交流时很受欢迎,但由于多血质的人不喜欢枯燥、单调的工作,所以在工作中容易走神。这一气质类型的民航服务人员在与旅客交流时,要充分发挥自己亲和力好、反应敏捷、善于聊天等优势,工作中不要耍小聪明,经常提醒自己集中注意力,要注意控制自己的表情和身体动作,不要给人留下过于随意、不够庄重的印象。

3 黏液质

黏液质的民航服务人员大多数考虑问题细心、周到,条理性强,对于单调的工作和环境不太会感觉厌烦,是令人放心的工作人员。在和旅客打交道时,容易给人留下踏实、稳重的印象。黏液质的民航服务人员在工作时可以适当提醒自己"加快些节奏",比如在说话、走路时,可稍微加快速度,遇到紧急情况,要及时、果断地进行汇报和处置,避免出现因犹豫不决而使问题不能妥善解决的情况。

4 抑郁质

抑郁质的民航服务人员安静、细心,对周围人的需要和感受具有更高的敏感性,而且工作的持久性强。这类型气质的民航服务人员不喜欢嘈杂的环境,应付多个旅客或复杂情况时或许会有困难。因此,抑郁质的民航服务人员要有意识地提升自己对环境的适应性,在感觉到焦虑、紧张的时候,要不动声色地进行深呼吸,放松身体,或者运用转移注意力、自我暗示等方法进行情绪上的自我调整。在与旅客及同事交流时,要更主动、更积极。

■ 知识链接

> 控制住的不只是个人的情绪,而是整个"战场"

"啪",突如其来的一个声响,让南航北京高端值机区里所有的服务人员和旅客的目光全部转向了同一个方向,下一秒,大家就发现这声音是一位旅客将护照扔在了一位服务人员的脸上发出来的。原本因为雷雨而发生航班延误的服务现场立刻安静了下来。而这位服务人员向要过来解围的同事们挥了挥手,示意大家不要离开岗位。

空气中夹杂着一触即发的紧张,还有异常尴尬的安静。许多人暗自揣测着这位服务人员下一步会做何反应。有些旅客甚至在窃窃私语:"这个姑娘不是'90后'就是'00后'吧?哪受得了这种委屈啊,待会儿的场面一定会变得很激烈。"

在众人的凝视下,她俯下身去将护照仔细拾起,面对旅客的冲动和失礼,报以更多的专业和友善:"先生,请问有什么可以帮助您的吗?"

掌声在每个人的心里响起,大家纷纷被面前这位女孩的坚强与勇气所感染。现场渐渐地也自发恢复了良好的秩序,好像雷雨和延误都没发生过一般。而那位冲动的旅客也是满脸愧意地向她致歉："小姑娘,对不起,刚才叔叔太着急了,实在不该这么做,你的服务从头到尾都非常好,都怪我脾气不好。"

旅客走后,同事们赶紧围了上去,她眼中隐忍多时的泪水终于落下。而当大家心疼地劝解她不要伤心时,她却不改顽皮的本色,语出惊人:"我多了一位叔叔。"紧接着,大家又开开心心地工作了起来。

有些新来的员工,看见她被这样"欺负"却能保持如此冷静的态度,不禁心生佩服,私底下向她悄悄请教应如何掌控自己的情绪。而她对此的回复是:"作为一名员工,你要记住自己时刻代表的是南航;而面对冲动的旅客,你要记住,这一刻你控制住的不只是个人的情绪,而是整个'战场'。"

(资料来源:根据 http://news.carnoc.com/list/228/228698.html 整理。)

根据民航服务人员的气质类型来安排他们的岗位和工作,有助于提高工作效率和服务质量,使不同气质的服务人员能够发挥自己气质中积极的一面,具有符合工作要求的气质特点者,更易于适应工作。例如,在问询台工作的民航服务人员要求热情开朗、反应灵敏,多血质的人就比较容易适应,而黏液质和抑郁质的人相对要困难一些;飞机载重平衡的配载人员,要根据航班的旅客、行李、货物和邮件的重量和飞机的机型为每个航班制定载重平衡图,这类工作要求持久、细致和严谨,黏液质和抑郁质的人就比较容易适应,而多血质、胆汁质的人则相对要困难一些。

(二)民航旅客气质类型的差异与服务

民航服务人员既要了解自己的气质特点,在工作中扬长避短,有意识地进行自我控制和自我调整,还要根据旅客气质的不同类型,采取有针对性的服务策略,让各种气质类型的旅客都满意。这就要求民航服务人员平时在工作中要细心观察旅客的动作、言语的快慢与强度,以及旅客的外向性和内向性,来捕捉旅客的气质类型。

1 胆汁质

胆汁质旅客最大的特点是脾气急躁,容易冲动。表现为讲话速度快,感情外露,说话和动作激烈、有力量,等待时间较长会变得没有耐心。他们在排队买票或排队乘机,又或在餐厅、宾馆付账时,往往显得心急火燎、不耐烦。他们由于感情外露,容易激动、发火,一旦被激怒就非常冲动,难以控制。因此,在为胆汁质旅客服务的过程中,民航服务人员要特别注意自己的服务态度和情绪管理。万一发生矛盾,要避其锋芒,不可针锋相对。

2 多血质

多血质旅客的特点是活泼好动、善于交谈,在交往中表现得热情大方。因此,为多血质旅客服务时,应注意交谈的互动性,同时还应为旅客提供更多的消息。多血质旅客相对而言比较好交流,可以多和他们聊聊天,介绍一下航班、航程。但这类旅客持久力差,同时具有好动和好奇心强的特点。如果航程较长或者发生航班延误,他们很容易感到百无聊赖,表现出很难忍耐的样子,或许还会对飞机上的一些先进设备很感兴趣,民航服务人员要经常注意他们的动作,避免因其误操作而引发安全问题或其他问题。此外,在解决多血质旅客的矛盾时,应利用此类旅客注意力易转移的特点。例如,在提供饮料时,多血质旅客想要喝冰红茶,而机上并没有此种饮料时,可以通过转移注意力的方式,告诉他机上有热茶提供,并通过描述热茶的特性和优点,使该旅客选择喝热茶。

3 黏液质

黏液质旅客比较安静、稳重,没有太大的情绪变化,自我控制能力强。但由于感情不外露,民航服务人员往往不太清楚这类型的旅客到底在想什么,需要什么样的服务,得不到明确的反馈,也不知道旅客对服务是否满意。因此,在为黏液质旅客服务时,民航服务人员应严格按照服务的流程进行工作,在与黏液质旅客交流时,不宜大声或用激动的语调与他们讲话,要温和、委婉。由于他们做事总是不慌不忙、力求稳妥,所以不要轻易去催促或打扰他们。黏液质旅客多是善于忍耐的,即使对服务不满意,也不会当面提出,但很可能以后不会再选乘该公司的航班。因此,民航服务人员在服务中一定要注重细节。

4 抑郁质

抑郁质旅客的特点是敏感、孤僻,情感很少外露,不喜欢嘈杂的环境,也不喜欢麻烦别人。这种类型的旅客比较被动,自尊心和情绪都比较敏感。针对抑郁质旅客进行服务时,航空服务人员要更加细心、谨慎,不要轻易打扰他们,说话要清楚、简洁,要表现出亲和、尊重的态度,不要乱开玩笑,以免引起不必要的不愉快或者误会。

六、气质的培养

(一)民航服务人员气质的要求

1 感受性、灵敏性不宜过高

感受性,是指个体对外界刺激达到一定强度时才能引起的反应。灵敏性,是指个体心理反应的速度和动作的敏捷程度。民航服务人员在工作中会遇见各种各样不同层次、不同背景的旅客,在服务过程中随时会发生各种各样的情况,如果民航服务人员的感受性过高,势必会造成精力分散,注意力不集中,影响正常工作;但是如果民航服务人员的感受性太低,也会怠慢旅客,引起旅客的不满。因此,为了能够在热情饱满的最佳状态下进行服务工作,民航服务人员必须随时调节感受性和灵敏性,做好各种不同旅客的服务工作。

2 忍耐性和情绪兴奋性不能太低

忍耐性,是指个体遇到各种刺激和压力时的心理承受力。情绪兴奋性,是指个体在高兴和扫兴时,是否能够控制自己的情绪。在民航服务工作中,民航服务人员会遇到不同类型的旅客,以及处理各种紧急、特殊的情况,也会遇到百般挑剔、无理取闹的旅客。在新闻中,也时常能看到因航班延误而大闹机场,甚至对工作人员大声漫骂、大闹机场的旅客。如何承受这些压力、处理好这些矛盾、做好服务工作,对民航服务人员来说是一个极其重要的考验,也是体现民航服务人员素质高低的关键。

(二)民航服务人员的气质培养

气质对民航服务水平具有重要的影响作用,具有良好气质的服务人员可以在服务过程中营造出令人愉悦的氛围。民航服务人员良好气质的培养,是民航企业文化建设中不可忽视的一部分。

1 加强文化修养

文化修养的提升需要依托物质载体。在意识到知识储备匮乏时,只有借助参加文体活动,多读书特别是经典书籍,多浏览新闻,才能增加社会阅历,提高知识储备。要多阅读、多思考,不断丰富自己,提高文化素养。

2 加强心理素质培养

1)培养积极的人生态度

积极的人生态度是人进取的原动力。它可以使民航服务人员增强战胜困难、挫折的信心和勇气,使民航服务人员能够面带微笑地去工作、去生活,从而更深刻地体会生活之美、人生之美,塑造出乐观、开朗的人格品质。

2)培养乐观的心境

心境,是一种比较微弱而持久的、影响人的整个精神活动的情绪状态,是一种非定向的弥散性的情绪体验。在工作和生活中,民航服务人员要善于寻找生活的乐趣,用辩证思维去看待得失、祸福,经常保持一颗平常心。

3)培养良好的心态

培养积极的心态要求在生活中学会积极思考。积极思考是一种主观的选择。它使我们在面临恶劣情形时仍然能够寻求最好的、最有利的结果。

任务三 性格与民航服务

一、性格的概念

"性格"一词源于希腊语"charakter",原意为"雕刻的痕迹",后延伸为"特性""属性""标志"之意。恩格斯指出,一个任务的性格不仅表现在他做什么,而且表现在他怎样做。

性格是一个人对现实的稳定的态度,以及与这种态度相应的、习惯化了的行为方式中表现出来的人格特征。主要体现在两方面:一是"做什么",体现人对现实的稳定态度。性格是在实践活动中,在人与客观世界相互作用的过程中形成和发展起来的。客观事物对个体生活不断渗透,通过人们的认知、情感、意志等停留在个体的心理结构中,并逐渐地固定下来,成为一种稳定的态度系统。二是"怎样做",体现人习惯化的行为方式。思维、意志、情感等心理活动方式的特征在类似的情境中不断出现,有一定的稳定性,以致习惯化,这便形成人们独特的性格。性格一经形成便比较稳定，但是并非一成不变，而是可塑的。性格不同于气质，更多体现了人格的社会属性，个体之间的人格差异的核心是性格的差异。

性格和气质都是描述个体典型行为的个性心理特征，但性格比气质更能反映出一个人的心理面貌。两者的主要区别如下。

首先，存在的客观基础条件不同。气质与神经系统密切联系，发生在个体生命历程的早期，而性格则较多地受到社会生活环境的影响，是在后天的社会环境中形成的，具有很强的社会性。

其次，可塑性及稳定性时间长短不同。气质的稳定性体现在相当长的时间内，甚至在人的一生中都不会变，气质的可塑性较小、变化也慢，而性格的可塑性较大、变化也快，环境对性格的塑造很明显，性格虽具有稳定性，但可能因生活中的突发事件、重大挫折而发生变化。

最后，气质本身无好坏之分，而性格则具有社会评价系统，有善恶、好坏之分。

二、性格的形成与发展

德国诗人歌德曾说："才能自然形成，性格则涉人世之风波而塑成。"人的性格并非与生俱有，而是随着人生的历程而形成和发展的。弗洛伊德特别重视童年的意义，认为一个人的性格在七八岁时已基本定形。我国亦有"三岁看小，七岁看老"之说，但这种观点夸大了童年的作用。我国心理学工作者的研究表明，人的早期经历对性格形成的作用固然十分重要，但其最终形成则要到青年期乃至成人期，而且是从量变到质变、从不稳定到稳定发展形成的。性格一经形成，虽然相当稳定，但也不是恒定不变的，会因境遇或身体状况的重大改变而产生一定的变化。

人的性格形成与发展受到多种因素的影响。一个人从小开始，经受什么样的风雨洗礼、什么样的磨难历练和什么样的环境熏陶，就会形成什么样的性格。那么，究竟哪些因素在一个人的性格形成和发展过程中发挥作用呢？以下从生理因素、环境因素、自然因素、社会因素、家庭因素与教育因素这六个方面进行说明。

（一）生理因素与性格

有很多人认为，一个人具有什么样的性格是天生的，甚至是不可改变的。其实，人的性格与人的生理因素有一定的关系。具体表现在四个方面。

第一，一个人的相貌、身高、体重等生理特征，会因社会文化的评价与自我意识的作用，影响到自信心、自尊感等性格特征的形成。

第二，生理成熟的早晚也会影响性格的形成。一般地，早熟的学生爱社交，责任感强，较遵守学校的规章制度，容易给人留下良好的印象；晚熟的学生往往凭借自我态度和感情行事，责任感较差，不太遵守校规，很少考虑社会准则。

第三，某些神经系统的遗传特性也会影响特定性格的形成，这种影响表现为起加速作用或起延缓作用。这从气质与性格的相互作用中可以印证：活泼型的人比抑制型的人更容易形成热情大方的性格；在不利的客观条件下，抑制型的人比活泼型的人更容易形成胆怯和懦弱的性格特征，而在有利的客观条件下，活泼型的人比抑制型的人更容易成为勇敢者。

第四,性别差异对人类性格的影响也有明显的作用。一般认为,在性格上,男性比女性更具有独立性、自主性、攻击性、支配性,并有强烈的竞争意识,敢于冒险;女性则比男性更具依赖性,较易被说服,做事有分寸,具有较强的忍耐性。

(二)环境因素与性格

环境因素对人的性格的形成和发展起着潜移默化的作用。环境因素会因个体内在心理活动的差异而对性格的形成发挥着不同的功效,使人形成独特的性格特征。同样处于逆境,为什么消极者消沉、悲观、退缩,而积极者坚强、奋发、进取,这就在于二者内在心理活动的不同。由此看来,外部环境因素对性格形成的影响首先取决于个体对自己与外部环境因素之间关系的认知,其次取决于个体自我意识和动机等内在心理因素。因此,自我意识和动机等内在心理因素与外部环境因素的深度整合共同构成了人的性格特征。

(三)自然因素与性格

南北方的气候不同,以及高原、平原、海岸的地势不同,对人的性格形成均有很大的影响。北方人往往粗犷、豪迈、外向,南方人往往细腻、含蓄、内向;高山地带的人意志坚毅,海岸地带的人心胸开阔,平原地带的人较为克制。自然因素对人的性格的影响带有普遍性。人们在现实生活、社会交往中也会感觉得到这种影响。但是,这并不是绝对的。比如,不论是高原、平原和海岸,或是北方和南方,都有意志坚毅、善于克制、含蓄内向、粗犷豪爽的人。否定自然因素对人的性格的影响是不对的,而自然决定论也是不对的。任何事物都有普遍性和特殊性,自然因素对人的性格的影响也是这样。

(四)社会因素与性格

不同的国家和地区有不同的文化特征,比如不同的语言、不同的道德理想、不同的价值观念、不同的生活方式。这些都会给人的性格打上不同的烙印。比如,中国人较为含蓄、内向且沉静,三思而后行,善于节制;西方人直率、外向的偏多,他们较为好动,情绪波动强烈,容易冲动。这种情况与中国历来倡导礼仪、节制、忍让、和谐,西方主张竞争、冒险、强调个人愿望的满足有一定的关系。不同国家也有各自民族的性格特征。比如,俄罗斯人的坚忍与淡淡的忧郁情调,英国人的绅士风度、聪明、保守,法国人的浪漫、激情澎湃,美国人的求实、幽默,德国人的严谨、深沉,等等。每个民族的性格都与其文化传统、生活方式等社会因素有一定的关系。

(五)家庭因素与性格

影响人的性格的家庭因素有很多方面,比如父母的观念、思想、职业、性格、文化水平,父母对待子女的态度、方式,即对子女的哪些行为给予鼓励、哪些行为予以批评,希望子女成为怎样的人,等等。不同的养育态度会直接影响子女不同性格特征的形成。父母对子女采取严厉型态度,子女容易形成执拗、冷淡、粗暴、依赖、自卑等不良性格特征;采取放任型的态度,子女容易形成冷酷、攻击、情绪不安、消极、与世无争和玩世不恭的性格特征;采取溺爱型的态度,子女容易形成任性、幼稚、以自我为中心、撒娇、放肆、缺乏独立性、胆小怕事、对人没有礼貌等消极的性格特征;采取民主型的态度,子女容易形成独立、直率、积极、协作、社会适应性强等积极的性格特征。由此可见,家庭因素对子女性格的形成至关重要。

■知识关联

家庭教养凡是不同,孩子性格不同

每个家庭都有自己个性化的教养方式,对孩子性格的成长与发展产生着潜移默化的作用,但是个性之中又存在着很多共性。究竟哪些共性是好的,哪些是不好的呢?早在1978年,美国心理学家戴安娜·鲍姆林德提出了家庭教养方式的两个维度,即要求性和回应性。要求性是指家长是否对孩子的行为建立适当的标准,并坚持要求孩子去达到这些标准。回应性是指对孩子和蔼的程度及对孩子需求的敏感程度。根据这两个维度,可以把教养方式分为权威型、专制型、放纵型和忽视型四种(见图4-2)。

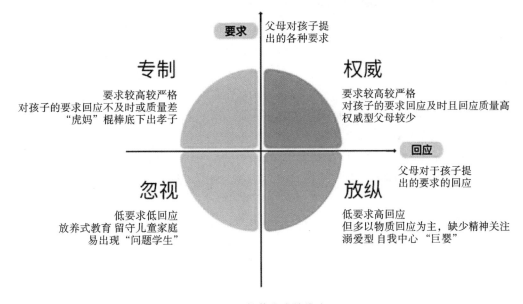

图4-2 教养方式的维度

1. 权威型

一般而言,权威型是对孩子最有利的一种教养方式。这种类型的家长在孩子心目中有权威,但这建立在对孩子的尊重和理解之上。他们会给孩子提出合理的要求,设立适当的目标,并对孩子的行为进行适当的限制。与此同时,他们会表现出对孩子的爱,并认真听取孩子的想法。这种教养方式的特点虽然严格,但是民主。在这种教养方式下长大的孩子,其具有很强的自信和较好的自我控制能力,并且会比较乐观、积极。

2. 专制型

专制型的特点是严格但不民主。专制型的家长要求孩子无条件地服从自己。虽然有时家长为孩子设立的目标和标准很高,甚至不近情理,但是孩子不可以反抗。采取这种教养方式时,家长和孩子是不平等的。在这种教养方式下长大的孩子,会比较多地表现出焦虑、退缩等负面情绪和行为,但他们在学校中可能会有较好的表现,比较听话、守纪律等。

3. 放纵型

放纵型的家长对孩子表现出很多的爱与期待,但是很少对孩子提要求和对其行为进行控制。在这种教养方式下长大的孩子,容易表现得很不成熟且自我控制能力差。一旦他们的要求不能被满足,其往往会表现出哭闹等行为。对于家长,他们表现出很强的依赖性,往往缺乏恒心和毅力。

4. 忽视型

忽视型的家长对孩子不太关心,他们不会对孩子提出要求和对其行为进行控制,同时也不会对其表现出爱和期待。对于孩子,他们一般只是提供食宿和衣物等物质,而不会在精神上给予支持。在这种教养方式下长大的孩子,很容易出现适应障碍,他们的适应能力和自我控制能力往往较差。

(资料来源:庞美云.客舱服务心理学[M].北京:人民交通出版社,2016.)

(六)教育因素与性格

学校教育对人的性格的形成,特别是对社会、事业和人的看法与态度的形成,对人的世界观、人生观、道德理想和奋斗目标的确立,具有重要的意义。学校对人的影响不同于家庭和一般社会环境,不是偶然的、零碎的,而是系统、有目的、有计划地进行的,包括学校领导和老师提出的要求与方向,必要的奖惩措施,课堂上传授的知识,同学之间的相互交往,老师对学生的态度,等等。学校德育的主要任务是培养学生良好的道德品质,使学生形成良好的品德,而品德包含在性格之中,是性格的有机组成部分,与性格的其他部分紧密相连。品德不可能离开其他性格成分而单独发挥作用,学校也不可能离开良好性格的培养而孤立地培养品德。因此,学校要培养学生良好的品德,就要培养学生良好的性格。

三、性格的特征

性格有着较复杂的结构,是一个概括性的概念,具有多方面的特征。这些特征集中在个体身上,就形成独具特色的整体。

(一)情绪特征

情绪特征主要表现于情绪情感活动的强度、稳定性、持久性。例如,冲动还是沉静,稳定还是波动,乐观还是悲观,抑郁还是开朗等。

(二)意志特征

意志特征主要表现于意志力强弱和自控水平。例如,坚强还是懦弱,明确还是盲目,独立还是依赖,镇定还是慌张,主动还是被动等。

（三）理智特征

理智特征主要表现于对客观事物认识的方法和态度。例如，感知事物是主动还是消极，分析问题是细致还是粗略，思维方面是阻滞还是顺畅，想象方面是空想还是现实等。

（四）社会特征

社会特征主要表现于对社会、集体、他人、个人活动的态度。例如，交际还是独处，同情还是冷酷，节约还是奢侈，谦虚还是傲慢等。

四、性格的类型

性格有很大的个别差异，每个人对事物的看法都自成体系，行为表现也有独到之处，这是由每个人的具体生活条件和教育条件的不同所致。人的性格是千差万别的，按照不同的原则和标准，可以将性格分为以下几个类型。

（一）从心理机能上划分

美国心理学家培因等人根据理智、情绪、意志三种心理机能在性格中何者占优势，把人的性格划分为理智型、情感型和意志型。

1. 理智型

理智型性格的人能够冷静地思考问题，一般不会受环境影响而失去自己的主见和判断，对于新环境也能较快适应，因此，他们大多时候心情是平静的，心态是平和的，有很强的自知之明，有自然、随和与接受的心态。但理智型的人不愿冒险，总是谨小慎微，虽然细致却缺乏魄力，较为苛求自己，不允许自己甚至别人犯错误。

2. 情感型

情感型性格的人感情丰富，喜怒哀乐溢于言表，情绪变化大，表现夸张，行为容易受情绪控制，容易受各种诱因的影响而做出冲动的举动，具有较明显的从众心理。

3. 意志型

意志型性格的人行动力强，做事讲究主体目标明确，能够自觉实现目标，克服过程中的困难，排除各种干扰，完成行为。如不满意，则会坚持己见，不达目的决不罢休。

（二）从心理活动的倾向性上划分

瑞士心理学家荣格根据人的心理活动倾向于内部还是外部，把性格分为内倾型（内向型）和外倾型（外向型）。

1 内倾型

内倾型性格的人的心理活动指向内部世界,多表现为对一般人显得冷漠,情绪活动比较稳定;具有敏锐的观察力,善于观察别人不易觉察到的细小事物。内倾型性格的人喜欢有秩序的生活、沉默寡言、富于幻想、办事谨慎、反应缓慢、顺应困难、性情孤僻、不好交际、处理问题不果断。日常生活中,我们往往用内向或者自闭来形容内倾型性格的人。

2 外倾型

外倾型性格的人开朗、活泼、热情奔放、做事果断、情绪丰富,工作能力较强,容易适应新的环境,善于创造各种变化,但注意力不稳定,兴趣容易转移,不喜欢绕弯路。日常生活中,我们往往用开朗、乐观、开放等词语来形容外倾型性格的人。

■ 知识关联

心理测试:你的性格是外向还是内向?

下面是一组帮助你了解自己性格内外向情况的自我测试题,请根据自己的实际情况,做出"是"或"否"的判断。

(1)别人是可以信任的。
(2)安静的环境和安闲的生活比热闹、繁华更让人满意。
(3)在大庭广众的注目下工作,对我来说并不是一件难事。
(4)集体活动没意思,还不如一个人在家休息。
(5)我不常分析自己的思想和心理活动。
(6)考试时若老师站在一边,我的思路就会大受影响。
(7)如果是做自己擅长的事,我愿意有别人在旁边观看。
(8)我是一个勤俭节约的人。
(9)我的喜怒哀乐别人能感觉到。
(10)我愿意与别人保持通信联系。
(11)我是一个不拘小节的人。
(12)我有记日记的习惯。
(13)我和与自己观点不同的人也能相处得来。
(14)除非是极熟悉的人,我不会轻易信任他人。
(15)我喜欢读书、钻研问题。
(16)我喜欢反思过去、反省自己。
(17)我喜欢常常变换生活环境和游戏方式。
(18)我不喜欢在群体中高谈阔论。
(19)我喜欢标新立异,敢于与众不同。
(20)我凡事三思而后行。

计分方法:分别统计奇数题号和偶数题号的回答中的肯定回答("是")的题数。

结果分析:奇数题号的题目如果回答"是",表现了个体性格中的外向成分。偶数题号的题目如果回答"是",表现了个体性格中的内向成分。考察自己奇数、偶数两组题目肯定回答的数量,并进行比较。奇数题回答"是"的题目明显偏多,说明你是外向型性格;如果偶数题回答"是"的题目明显偏多,说明你是内向型性格;如果两者差不多,说明你是中间型性格。

(资料来源:邱庆剑.人力资源管理工具箱[M].北京:机械工业出版社,2004.)

(三)从社会生活方式上划分

德国哲学家、教育家斯普兰格根据人类社会生活方式及由此而形成的价值观,把人的性格分为理论型、经济型、审美型、社会型、政治型和宗教型六种。

❶ 理论型

理论型的人求知欲强,以探求事物本质为最大价值,其兴趣主要在观察、分析、推理方面,好钻研、自制力强,对于情绪的控制能力较强。

❷ 经济型

经济型的人以谋求利益为最大价值,倾向于务实,从实际出发,注重财力、物力、人力和效率等因素。

❸ 审美型

审美型的人重视事物的形象和心灵的和谐,善于欣赏美好的事物,善于享受各种美好的情趣,把美好的价值看得高于一切,以美的价值和标准来衡量事物。

❹ 社会型

社会型的人将爱护他人、关心他人作为自己的一种职责,以善于与人交往、帮助别人为最大价值。这种类型的人一般为人善良、随和,宽宏大量,乐于交际。

❺ 政治型

政治型的人对于权力有极大的兴趣,大多十分自信,自我肯定,讲原则、守秩序,也有的人十分自负,比较专横。

❻ 宗教型

宗教型的人是指那些重视命运和超自然力量的人。他们一般有比较坚定的信仰,自愿克制自己比较低级的欲望,乐于沉思和自我否定。

(四)从个体竞争性上划分

奥地利心理学家阿德勒根据竞争性把人的性格分为优越型和自卑型。

① 优越型

优越型的人表现为争强好胜,遇到事情不退让,要争输赢。

② 自卑型

自卑型的人表现为事事退让,有很强的自卑感。

(五)从个体独立性上划分

美国心理学家勒温根据个体的独立性,把人的性格分为独立型和顺从型。

① 独立型

独立型的人表现为不易受外界因素的干扰,善于独立地发现问题和解决问题,应变能力强,易于充分发挥自己的力量,紧急情况下能够积极地处理问题,沉着冷静,有较强的个人能力和自信心。

② 顺从型

顺从型的人表现为独立性差,易受外来因素的干扰,往往不加批判地接受别人的意见,应变能力差,处于被支配的地位,往往不能很好地应对较复杂的环境。

五、性格类型的差异与服务

在民航服务中,因为对旅客的服务具有不可重复性、短暂性、生产和消费同时性,所以就要求服务人员在服务时,能够瞬时判断出服务对象的性格,一般会根据服务对象的行为、衣着、言语等来进行判断。只有通过细心的观察,长期的积累总结,反复摸索,才能在服务时迅速、准确地判断出服务对象的性格。旅客按性格大致分为活泼型旅客、急躁型旅客、稳重型旅客及忧郁型旅客四种。

(一)活泼型旅客

活泼型旅客(见图 4-3)初次见面就会给人营造一种随和、好相处的感觉,创造出一种生动活泼的氛围。他们幽默健谈、为人随和、处事果断、性格开朗、善于表达自己的观点,对待服务人员文明有礼。针对此类旅客,民航服务人员要主动表现出乐于相助且积极的服务方法,如推荐一项航空公司的特色服务,或主动介绍乘坐飞机的机型、特点、布局及各项设施的使用方法等,通常均能得到旅客的认同。活泼型旅客通常为健谈者,给民航服务人员创造了与旅客沟通的机会。除民航服务外,还可以和他们谈及目的地的旅游地理、观赏景点、民俗及交通等方面的内容,

图 4-3 活泼型旅客

这样不仅方便了旅客,还能使旅客对民航服务人员的热情好客留下深刻的印象。当然,服务的准确性、效率、环境及设施设备的清洁、民航服务人员的良好专业素质,也是活泼型旅客所需要的。由于活泼型旅客比较善于表达自己的观点,会将自己的服务感受转达给他们的亲朋好友,因此对航空公司的声誉有着极大的影响力。民航服务人员在向活泼型旅客提供服务时,要确保旅客离开之前,所有服务中出现的问题都已得到了妥善的解决,否则,将会给航空公司带来非常大的后患。

(二)急躁型旅客

急躁型旅客(见图4-4)动作敏捷,善于随机应变,对服务的任何项目均要求快捷、迅速,要求民航服务人员要有问必答;对民航服务人员提出要求时,他们喜欢用定性的语言,有时还会用手势加强语气;对服务不满意时,他们会表现得异常生气,甚至大声斥责,但又心直口快,处事大度,事过就忘。当这类旅客对服务提出投诉时,只要及时适当地解决,他们就会转怒为喜,连声称谢。

图4-4 急躁型旅客

因此,民航服务人员为急躁型旅客提供服务时,服务速度要快,办事效率要高,不拖拉,做到快速且不失水准。要想使急躁型旅客对服务满意,民航服务人员还可以额外为旅客做点事,如协助他们安放行李物品;旅客需要休息时,立即递上毯子;阅读时,及时打开阅读灯;当旅客得到这些额外的服务时,他们会较其他类型的旅客给予更多的回报,会立即表示出对服务的高度评价,并声称下次还乘坐等。因此,训练有素的民航服务人员可以使急躁型旅客成为航空公司的常客。

(三)稳重型旅客

稳重型旅客(见图4-5)通常老成持重,矜持冷静,少言寡语,不轻易动情,讲究风度;与民航服务人员交往喜欢保持相互尊重的态度,即使对服务极不满意,也能很好地自控,把握分寸、不失去理智。针对稳重型旅客,民航服务人员一定要举止端庄、温文尔雅,并经常使用礼貌语言。

图4-5 稳重型旅客

通常,稳重型旅客对服务的要求很高,他们内心有许多对于服务的主观标准。因此,民航服务人员更要在服务中严格遵循服务程序与标准。严谨的工作作风、专业的操作规范、恰当的语言表达等,都有助于达到旅客的期望。

(四)忧郁型旅客

忧郁型旅客(见图4-6)的特点是心境冷漠,不愿与人交流,面部表情木讷,有一种消极情绪，内心深处常自我责备，在与人不得已的接触中常流露出回避的态度。部分忧郁型旅客对服务的态度则可能表现得很挑剔，有时这种挑剔的行为会冲淡他们内心的不快，或干脆用来发泄不满。针对此类旅客，民航服务人员要自始至终抱有不厌其烦的态度，尽可能为其提供细心、周到的服务。即使旅客对极小的服务差错表现得极为挑剔，民航服务人员也应真诚地表示歉意，并立即改过。只有这样，才会使旅客觉得心情舒畅而减少挑剔。同时，表示歉意也是民航服务人员自我保护的最好方法。民航服务人员应尽可能地对忧郁型旅客表示友善，询问旅客问题时，要用轻而缓的语调，说话态度要温和诚恳，切勿命令指责。

图 4-6　忧郁型旅客

■知识链接

精彩飞行人生：有趣的颜色和形形色色的旅客

作为一名民航服务人员，与旅客打交道早已成为必修课。我们可以用色彩来分析旅客。

一、热情的红色

红色性格的旅客热情、奔放、开朗却有些急躁。亲切且如家人般嘘寒问暖的服务会令红色性格的旅客感到更为舒适。

二、细致的蓝色

蓝色性格的旅客比较注重细节，思维严谨，独立而不盲从，责任心强，他们认可的是专业而规范的服务。

三、权威的黄色

在我国古代，黄色象征皇帝的权威，不可侵犯。黄色性格的旅客通常会给人强势的感觉，他们与蓝色性格的旅客恰恰相反，相比事件的整个过程，他们更重视最后的结果。与这类性格的旅客相处沟通时，最不应该发生的事情就是一味地争执，最需要做的就是用心倾听。

四、和平的绿色

绿色性格的旅客天性和善，为人厚道，总是以平和的心态对待周围的人和事。民航服务人员千万不要忽视这部分旅客的需求，他们不会表示不满，一旦产生了不满的情绪，他们会选择静静地离开，不再回来。

色彩令世界变得如此美丽而精彩，形形色色的旅客让小小的客舱变得如此丰富而多彩。我们要用智慧的双眼、真诚的语言、宽容的心态去发现旅客背后更多真正的需求。

（资料来源：根据相关资料整理。）

六、性格的培养

（一）民航服务人员的性格要求

民航服务人员由于工作的需要，随时要与不同性格、不同层次的旅客打交道，所以必须具备自信、诚实、谦虚、宽容、幽默等良好的性格特征，同时还要具有自制力和责任心等。

1 自信

自信，即深信自己有能力完成自己所负担的各种任务。民航服务人员的自信，主要表现在对工作的积极性和主动性上。一个自信的民航服务人员不仅具有较高的工作热情，而且也会产生战胜困难的巨大勇气。缺乏自信是一个人性格软弱的表现，不仅会遇事畏畏缩缩、犹豫不决，而且会影响工作的开展和效率，还会因此造成严重的自卑而丧失进取的勇气。

2 诚实

民航服务人员诚实的人格应该体现在两个方面：一是对人讲真话，忠诚老实，不弄虚作假，不阳奉阴违；二是要诚实地对待自己，如实地反映自己的优缺点，恰当地评价自己。

3 谦虚

谦虚，是众所公认的一种美德，也是一种良好的性格特征。民航服务人员谦虚与否，对工作的开展有着重要的影响。陈毅同志在谈到谦虚的问题时，曾在一首诗中写道："九牛一毫莫自夸，骄傲自满必翻车。历览古今多少事，成由谦逊败由奢。"民航服务人员只有谦虚，才能做到尊重他人。

4 宽容

所谓宽容，就是能够容忍，有气量，不过分计较和追究，能够谅解他人。民航服务人员的宽容应该做到：第一，能够以大局为重，不计较个人得失，在非原则性的问题上能够忍让；第二，团结和自己意见不同甚至相反的人一起共事，保持良好的人际关系；第三，不嫉贤妒能，在工作中对待那些比自己有才干的人应该取人之长，补己之短，绝不能心胸狭窄。

宽容既是民航服务人员的职业需要，同时，也是民航服务人员自我保护的需要。从事民航服务工作，遭受"不公"是避免不了的事。民航服务人员必须包容这些"不公"，并将其化为顺理成章的理由，才能让自己真正接受，才不会给自己的身心造成伤害，才可以始终如一地坚持对这份工作的理解和热爱。宽容不仅可以化解民航服务人员与旅客之间的不快，还能化解民航服务人员在工作和生活中的负面情绪，使之保持阳光的心态，在任何时候都能快乐而积极地为旅客服务。

5 幽默

幽默，是一个人智慧、机敏、学识、风趣的综合表现，也是一种积极、乐观的人生态度。

它反映了一个人在待物接人过程中内在的精神的自由。幽默是一种善意的微笑。民航服务人员应该培养这种性格特征。这不仅是因为幽默体现着一个人的处世哲学和机智、聪敏,而且也因为幽默具有强大的感染力,能够创造出轻松愉快的环境氛围,能够成为人际交往的润滑剂。

6 自制力

自制,即一个人自觉地调节和控制自己的行动。自制力强的人,能够理智地对待周围发生的事件,有意识地控制自己的思想感情,约束自己的行为,成为驾驭现实的主人。

一个人在事业上的成功需要有坚强的自制力。一个人集中精力完成某项特殊任务时,在自制力的作用下,能排除干扰,抑制那些不必要的活动。自制力强的民航服务人员,能理智地控制自己的欲望,能根据轻重缓急去满足那些社会要求和个人身心发展所必需的欲望,对不正当的欲望坚决予以摒弃。自制力强的民航服务人员,处在危险和紧张状态时,不会轻易被激情和冲动所支配,不会意气用事,能够保持镇定,克制内心的恐惧和紧张,做到临危不惧,忙而不乱。

7 责任心

在服务过程中,民航服务人员的行为总是会对旅客产生直接或间接的影响,因此,民航服务人员的行为必须对旅客负责,必须充满爱心和责任心。如果民航服务人员不负责任,民航服务质量可想而知。责任心使民航服务人员能自觉、主动、积极地尽职尽责。当民航服务人员圆满地尽到自己的责任时,会产生满意、愉快的情感,反之则会深感不安和内疚。可以说,责任心是民航服务人员价值的充分、合理的体现。

(二)民航服务人员的性格培养

米开朗琪罗在雕塑大卫像之前,花了很多时间挑选大理石。因为他知道,虽然他可以改变石头的外形,但他无法改变石头本身的质地和纹理。也许我们每一个人都是自己性格的雕塑师。

性格对民航服务人员来讲十分重要,如何才能不断地塑造自身的良好性格呢?主要有以下几点建议。

1 不断地提高自己的认知水平

由于各种良好性格的形成都是以认识为基础的,无论积极性格的塑造,还是消极的矫正,都必须以提高认识、判断和评价水平为突破口,正确认识与评价现实生活中的真善美与假恶丑现象,形成正确的是非观、美丑观和荣辱观,做到既能正确认识与评价社会生活中的人、事、物,也能客观地认识与评价自己。在实践中,要不断学习塑造自身良好性格的方法与途径。只有真正提高了自己的性格认知水平,才有可能焕发塑造良好性格的内动力。

2 寻求自己崇拜的偶像,发挥榜样的影响和仿效作用

心中的偶像在人的性格发展过程中起"引路人"的作用,人的性格正是从模仿走向自觉

与成熟的。因此，要找准自己崇拜的偶像，并在模仿榜样的过程中使自己的性格得到完善。

3 创设融洽的集体环境，形成健康的集体氛围

一个好的集体，对提高自身性格的自觉性和积极性都是很有帮助的。坚强而富有朝气的集体能够产生一种巨大的精神力量，培育出健全的性格。这种力量是任何有经验、有能力的个人所无法具备的。良好的环境会使人尽情地表达自己的思维成果和感情，获得切身体验，完善自我性格。

4 培养健康的生活情趣，保持积极、乐观的心境

一个人偶尔心情不好，不会影响性格；若长期心情不好，对性格就有影响了。例如，长年累月地爱生气，为一点小事而激动的人，容易变得暴躁易怒、神经过敏、冲动沮丧，这是一种异常情绪型的性格。因此，要时刻提醒自己保持乐观的生活态度，培养幽默感，增加愉快的生活体验和记忆。

乐观型与悲观型的性格是对生活环境抱不同态度的结果。当遇到挫折与失败时，不要埋怨生不逢时，不要归罪别人，不要强调客观，而应当正视现实、面对现实，先承认它、接受它，然后再想方设法改变它。要从积极面去想问题，"塞翁失马，焉知非福"？想得开了，烦恼自会消失。正视现实、面对现实，凭进取心去适应环境；应付困难，改造环境，也改善自己的性格。

5 兴趣广泛，乐于交际，与人和谐相处

兴趣广泛、乐于交际的人，会学到许多知识，获得多种才能，从而有益于性格的形成和发展。但是，若与品德不良的人交往则会沾染不良的习气。因此，要正确识别、评价周围的人和事，待人、处事要持公正态度。与人相处，要互敬、互爱、互谅、互让，尊重别人，诚心地称赞别人，善意地指出别人的错误，热情地帮助别人，努力处理好人与人之间的关系。

任务四　能力与民航服务

一、能力的概念

能力是完成一项目标或者任务所体现出来的综合素质。人们在完成各种活动任务的过程中的表现出来的能力是不同的，从而形成直接影响活动效率，并使活动顺利完成的个性心理特征。

能力总是和人的实践联系在一起，离开了具体实践既不能表现人的能力，也不能发展人的能力。例如，一个具有钢琴演奏能力的人，只有在钢琴演奏活动中才能展现自己的能力。

能力是掌握和运用知识技能所需的心理特征，也是达成一个目的所具备的条件和水平。能力是人依靠自身的智力、知识和技能等去认知和改造世界所表现出来的身心能量。

对于民航服务人员来说,他们在从事这一工作之前,都进行了重点的、严格的训练,重点培养的是他们的社会交际能力和语言能力,以及服务技能、安全知识、礼仪形象等多方面的能力,从而为从事民航服务工作打下了良好的基础。

■知识关联

每个人都有一座潜能宝藏

哈佛课堂上这样讲:每个人都拥有一座潜能的宝藏。人的潜能是永远挖掘不尽的,就像一座永远也挖不尽的金矿,你可以从这座金矿取得所需的一切东西,如果能唤醒这种潜在的巨大力量,往往会出现奇迹。每个人都蕴藏着巨大的潜能,等待着我们去发现、去认识、去开发。这种力量一旦开发出来,将带给你无穷的信心能量。

美国学者詹姆斯根据自己研究的成果认为:"普通人只开发了他蕴藏能力的1/10,与应当取得的成就相比较,我们只不过是在沉睡。我们只利用了自己身心资源的很小的一部分,甚至可以说一直在荒废。"

(资料来源:杨英,潘静.哈佛最神奇的24堂心理课[M].北京:石油工业出版社,2009.)

二、能力的形成与发展

能力的形成与发展受多种因素的影响,既包括先天素质,也包括后天因素。后天因素主要指对先天素质产生影响或作用的环境、教育和实践活动,以及其他个性因素等。实际上,能力就是这些因素交织在一起相互作用的结果。

(一)先天素质的影响

先天素质是人们与生俱来的生理解剖特点,它包括感觉器官、运动器官,以及神经系统和脑的特点,是能力形成和发展的自然前提与物质基础。没有这个前提和基础,任何能力都无从产生,也不可能发展。

神经系统是素质的重要组成部分,它的特性(强度、灵活性、平衡性)对能力的形成是有影响的,如神经系统的强度水平影响人的注意力集中的程度和持续时间,并与学生的学习能力有关;神经系统的平衡性影响注意力的分配;神经系统的灵活性影响知觉的广度。

(二)环境、教育的影响

家庭环境、生活方式,家庭成员的职业、文化修养、兴趣爱好,以及家长对孩子教育的方法与态度,对儿童能力的形成与发展有极大的影响。在教育条件中,学校教育对学生能力发展则起主导作用。学校教育是有计划、有组织、有目的地对学生施加影响,不但可以使学生掌握知识和技能,而且在学习和训练的同时促进了学生能力的发展。

(三)实践活动的影响

实践活动是人与客观现实相互作用的过程,是人所特有的积极主动的运动形式。前面提到的先天素质和环境、教育是能力形成的重要因素,但这些因素只有在实践活动中才能影响能力的形成与发展,因此可以说,实践活动是能力形成与发展的必要条件。

(四)其他个性因素的影响

环境、教育是能力形成与发展的外部条件,而外因必须通过内因起作用。一个人要想发展能力,除了必须积极地投入实践,还要充分发挥自身的主观能动性——积极的个性心理特征,即理想、兴趣及勤奋和不怕困难的意志力等其他个性因素。

三、能力的分类

人的能力是多种多样的,按照不同的标准可以划分如下。

(一)按照能力倾向性划分

按照能力倾向性可分为一般能力和特殊能力。一般能力是指普通能力,即人们顺利完成各种活动所必需的能力,包括观察能力、注意能力、记忆能力、想象能力、创造能力、思维能力和语言表达能力等,这些能力一般与我们的认知活动相联系,也被称为智力。其中,抽象概括能力是智力的核心,创造能力是智力的高级表现。

特殊能力是指在某些专业和特殊职业活动中表现出来的一般能力的某些特殊方面的独特发展,包括数学能力、音乐能力、绘画能力、体育能力等。

一般能力和特殊能力相互联系,共同构成辩证统一的有机整体。一方面,特殊能力的发展以一般能力的发展为前提,某种一般能力在某种活动领域得到特别的发展,就可能成为特殊能力的组成部分。另一方面,在特殊能力得到发展的同时,也发展了一般能力。

(二)按照能力的功能划分

按照能力的功能可分为认知能力、操作能力和社交能力。

认知能力是指对信息进行接收、加工、储存、提取、应用的能力,也就是我们的一般能力。

操作能力是指通过我们的肢体来完成活动的能力,是顺利掌握某种技能的必备条件,如飞机驾驶、舞蹈表演方面表现出来的能力。操作能力和认知能力不能截然分开,不通过认知能力积累一定的知识和经验,操作能力就不会形成和发展;相反,操作能力不发展,人的认知能力也无法得到很好的发展。

社交能力是指在人们的社会交往活动中表现出来的能力,包括良好的沟通能力、语言表达能力、组织管理能力等，这种能力对组织团体、促进人际交往和信息沟通有重要作用。

(三) 按照能力创造性大小划分

按照能力创造性大小可分为模仿能力和创造能力。

模仿能力是指人们通过观察他人的行为举止来学习各种知识，并表现出相类似的行为活动的能力，如初学钢琴的学生，只能算技能上的再现和模仿，而没有自己的再加工。

创造能力是指一种流畅、独特、变通、创新及超越平常的思考与活动的能力，是人们产生新思想、打造新产品的能力，必须脱离传统思想的束缚才能实现。

这两种能力有着密切的联系，模仿能力是创造能力的前提和基础，人们通常是先模仿，然后进行创造。

(四) 按照能力受先天、后天因素影响来划分

按照能力受先天、后天因素影响可分为晶体能力和液体能力。

晶体能力是指通过社会文化经验而发展起来的，取决于后天的学习，它在人的一生中不断地发展，到25岁以后逐渐保持平缓发展。

液体能力是指学习和解决问题的能力，主要取决于个体的先天禀赋，很少受社会环境的影响，一般在20岁达到顶峰，30岁以后随着年龄的增长而降低。

四、能力的差异

能力的差异在心理学中有两层含义：其一，指个人之间的差异；其二，指群体之间的差异，如不同年龄、不同性别、不同社会文化、不同职业群体之间的差异。

(一) 智力的个别差异

人的智力方面的个别差异是十分显著的。心理学研究表明：人的智力的个别差异在一般人口中呈正态曲线分布。智力中等者(IQ为80—120)，占全部人口的80%左右；智力极优秀者(IQ在140以上)，占全部人口的1%左右；心智不足者(IQ在70以下)，占人口的3%左右。另外，人的智力的个别差异还表现在知觉、表象、记忆、想象、思维等方面。

(二) 特殊能力的个别差异

人的特殊能力的差异是十分明显的。有的人擅长音乐，有的人擅长体育，有的人擅长技术操作，有的人则表现出在社交、组织管理等方面的才能。

(三) 能力表现的年龄差异

人的能力的充分发挥有早有晚，有些人的能力表现得较早，年轻时就显露出卓越的才

能,这被称为"早慧",如王勃10岁能赋;李白5岁通六甲,7岁观百家;奥地利作曲家莫扎特5岁开始作曲,8岁试作交响乐,11岁创作歌剧。这种情况古今中外都是存在的。另一种情况叫作"大器晚成",指智力的充分发展在较晚的年龄才表现出来。这些人在年轻时并未显示出众的能力,但到中年以后才崭露头角,表现出惊人的才智。齐白石40岁才表现出绘画才能;达尔文年轻时被人认为智力低下,之后却成为进化论的创始人。

(四)能力表现的性别差异

女性在语言方面,男性在抽象思维方面,各有优势。在空间知觉能力上,男性优于女性;在注意能力上,男性更多集中于物,女性则更多集中于探究人生,注意内心世界;在理解记忆、抽象记忆能力上,男性优于女性,而女性更擅长机械记忆、形象记忆;在思维上,女性的直觉与形象性思维优于男性,思维分析性、新奇性和独立性则男性优于女性;在操作能力上,动手能力、操作速度与正确性男性占优,但细节快速反应和知觉能力则是女性占优。

五、能力的培养

作为一名民航服务人员,能力的高低决定了服务水平的高低和服务质量的好坏,所以要为旅客提供高质量的服务,就必须注意自己能力的培养。

(一)培养良好的观察能力

观察是指一种有目的的、有计划的知觉,是人们对现实事物感性认知的一种主观形式,是与思维、语言、注意力等心理活动紧密结合的、复杂的智力活动。

民航服务人员的观察能力,主要是指民航服务人员通过观察旅客外部表现去了解旅客心理的一种能力。敏锐而深刻的观察能力,是一个优秀的民航服务人员不可缺少的重要心理品质。

观察能力的培养可从以下几个方面入手。

1 明确观察的目的、任务

观察的目的、任务越具体,收效就越大。如民航服务人员明确巡视客舱的目的与意义之后,观察会更加仔细,就可以从旅客的服装、言行等,区分出不同的国籍、职业、个性,并根据这些不同的特点进行针对性的服务。

2 在观察中要细心

因旅客的心理现象十分复杂,有的喜怒溢于表面,有的则不形于色。他们的言谈举止、兴趣爱好、个性气质等各有差异,这就需要民航服务人员善于从旅客的一个眼神、一个细微的动作或只言片语中揣测他们的心理变化。

3 善于整理、总结经验

具有良好观察能力的民航服务人员要不断地总结工作中成功与失败的观察经验,通过整理总结，找出旅客之间的共同点与不同点，以便提供有针对性的服务，提高服务质量。

(二) 培养良好的注意力

注意力指心理活动对一定对象的指向和集中。注意力的指向指人们的心理活动有选择地指向一定的对象，而同时离开其余的对象。注意力的集中指人们的心理活动不仅指向某种事物，而且坚持在这一对象上使注意活动不断深入。

民航服务人员的注意力可从以下几个方面进行培养。

1. 明确服务工作的意义，提高对工作的兴趣

民航服务人员对民航服务工作的意义理解得越透彻，完成任务的愿望就越强烈，就越能将注意力稳定地集中在某项事物上。提高对工作的兴趣，既能鼓舞民航服务人员努力完成任务，也能提高注意力的稳定性。

2. 注意排除各种干扰

干扰既可能来自外界，也可能是内部自身。但不论如何，民航服务人员都需要在服务过程中保持自己注意力的稳定性，只有在工作中保持注意力的稳定性，才能避免出现差错。

3. 合理、灵活地分配注意力

民航服务人员要提高注意的范围，做到眼观六路、耳听八方，并根据需要合理、灵活地分配注意力，及时将注意力转移到新的对象上。

(三) 提高表达能力

在民航服务过程中，民航服务人员的表达能力几乎是每时每刻地使用着，表达能力的强弱直接关系到服务的成败与服务质量的好坏。

1. 准确应用非语言工具

民航服务人员需要掌握非语言工具，如手势、目光、表情等的使用。

2. 语言工具的使用

民航服务人员的语言应该文明礼貌、真挚和善，要能引起旅客发自内心的好感。要使用规范的或人们普遍认可的语言形式，语音、语调要正确，尽量少用专用语言；简明扼要地表达思想，语言描述要具体、准确，并注意时间性；可通过定义、举例、比较、对照等手段表达观点；说话要有条理性，按问题的时间、地点、人物、事件、因果关系等依次排列，注意前后联系和归类；注意使用恰当的语词，以便旅客能充分地理解民航服务人员所要表达的意思。

(四) 具备倾听能力

人在互相交往中，倾听的时间几乎占到 40%—50%。由此可见，倾听在交往中占据了

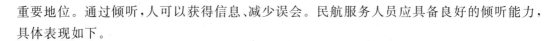

重要地位。通过倾听，人可以获得信息、减少误会。民航服务人员应具备良好的倾听能力，具体表现如下。

1 倾听的语言技巧

在与旅客沟通时，民航服务人员不仅要仔细听，还应适当地提问、复述，恰当地表达自己的理解，这样才能提高倾听的效果。

2 倾听的非语言技巧

在倾听时，民航服务人员利用恰当的身体活动和手势、积极的面部表情、适当的目光接触来提高沟通的效果是非常有必要的，旅客在叙述时也会感到轻松、心情愉悦，从而使沟通的效果更好。

项目小结

个性是指一个人整体的心理面貌，是区别于他人的、在不同环境中显现出来的比较稳定的心理倾向性和非倾向性特征的总和。个性主要包括气质、性格和能力三部分，这三部分是一个有机的整体。气质是指人生来便已具有的某种稳定的心理活动的动力特征，具有先天性。高级神经活动的类型是形成气质类型的生理基础，气质主要有多血质、胆汁质、黏液质和抑郁质四种基本类型，各具典型特征。性格是一个人对现实的稳定的态度，以及与这种态度相应的，习惯化了的行为方式中表现出来的人格特征。性格具有情绪特征、意志特征、理智特征和社会特征。能力是完成一项目标或者任务所体现出来的综合素质，是掌握和运用知识技能所需的心理特征，也是达成一个目标所要具备的条件和水平。在民航服务过程中，民航服务人员应多总结、多观察、多了解民航旅客的个性心理特征的差异，根据差异提供不同的服务，使服务更加人性化、更具有针对性。

项目训练

一、简答题

1. 影响个性的因素有哪些？
2. 气质的类型有哪些？
3. 为不同气质的旅客提供服务时应注意什么？
4. 性格和气质的区别是什么？
5. 影响性格的形成与发展的具体因素体现在哪些方面？
6. 能力的基本类型有哪些？

二、选择题

1. 个性是指一个人整体的心理面貌，是区别于他人的、在不同环境中显现出来的比较稳定的（　　）和非倾向性特征的总和。

    A. 心理倾向性　　　B. 心理非倾向性　　　C. 生理倾向性　　　D. 环境倾向性

2.（　　）系统的基本特性的学说,为气质奠定了科学的生理基础。
   A.心理　　　　B.生理　　　　C.神经　　　　D.心脏
3.四种神经活动类型与四种气质类型存在对应关系,例如,（　　）对应黏液质。
   A.兴奋型　　　B.活泼型　　　C.安静型　　　D.抑郁型
4.性格是一个人对现实的稳定的态度,以及与这种态度相应的,习惯化了的行为方式中表现出来的（　　）。
   A.人格特征　　B.心理特征　　C.生理特征　　D.思维特征
5.将性格从心理活动的倾向性上划分,可以分为外倾型和（　　）。
   A.理智型　　　B.情感型　　　C.内倾型　　　D.宗教型

三、案例分析题

某天,4名前往英国的旅客赶到机场时,离飞机的起飞时间只剩20分钟,已停止办理登机手续,他们无法登机,以下是他们的反应。

A和B冲在最前面,下面是他们与值机人员之间的对话。

A说:"航班刚停办10分钟,你就给我们办了吧,我们都着急走。"

B一边拍着柜台,一边指着值机员说:"上个月,我也乘过这条航线,那次只剩10分钟,我也能上飞机。现在还有20分钟,为什么不给我办?耽误了我的生意,你能负责吗?"

值机人员:"先生,本机场已使用自动离港系统,航班起飞前30分钟停止办理乘机手续。请您理解。"

A说:"不会特事特办吗?规定是人定的,人能制定规定,就能改规定!"

B说:"这个规定是什么时候开始的,买机票的时候怎么没人说啊?这是你们的责任,不应该让我们旅客来承担,叫你们领导来,给我们一个说法!你叫不叫?你不叫,我就把柜台砸了!"

A看到B和值机人员争执起来,他忽然想起前几天认识的一个朋友在机场工作,或许找他能有办法,于是掏出手机打起了电话。

C则黯然伤神道:"倒霉的星期一,上周一出门时忘了带工卡,折回去时又把钥匙锁在了屋里,这周一又误了飞机。唉,星期一就是我的倒霉日啊!"

D在整个过程中,始终一言不发,一直在静观其变。

请问:

1.请说出各旅客的气质类型及其特点。

2.如果在将来的服务工作中遇到了像B一样的旅客,请谈一下你应该怎么做。

四、实践题

情景剧:针对不同旅客的需求进行民航服务演练。

内容:分组演练,每组4—5人,选择以下其中一个场景进行实践演练。

1.面对四种不同气质类型旅客的服务——小组内选出1—2人作为民航服务人员,剩余人员作为旅客,模仿不同气质的旅客。

2.面对脾气暴躁、刁蛮的旅客的服务——小组内选出1—2人作为民航服务人员,剩余人员作为旅客,模仿不同需求的旅客。

项目五　情绪情感与民航服务

知识目标

　　了解情绪情感的定义、分类、功能，以及其在民航旅客服务中的影响；
　　掌握旅客情绪变化的原因及民航服务人员情绪情感的调节与控制方法。

能力目标

　　学会通过表情正确判断情绪的性质和类型，并运用情绪调控的方法，培养自身良好的心理素质；
　　懂得运用情绪的有关理论化解旅客的不良情绪，提高民航服务质量。

知识框架

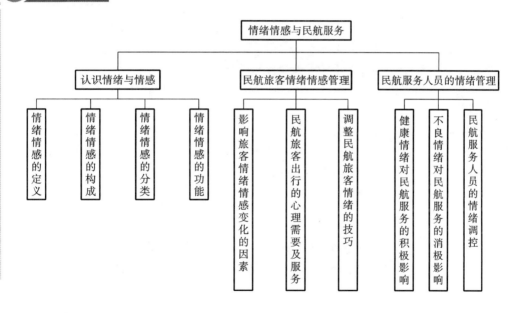

项目引入

国航西南乘务组真诚服务 化解旅客愤怒情绪

2011年1月25日,国航西南客舱服务部潘悦乘务组执行的航班,由于拉萨天气原因,延误5小时,后续的深圳航班也随之延误6小时,当时正值春运期间,人员紧张,该乘务组听从指挥,以大局为重,继续执行航班,执勤时间长达21小时,乘务组的全体成员顶着高强度的工作压力,以高度的责任心及真诚的服务,圆满完成了航班任务。

当天,正是春运第七天,也是大量旅客返程高峰期,长时间的延误,让急于回家的旅客心情急躁,情绪失控。凌晨2:00,仍然有大部分旅客不愿登机,此时的乘务组,在主任乘务长潘悦的带领指挥下,对先登机的旅客进行服务、解释和安抚,一杯杯热茶,一句句真诚的道歉,逐渐化解了旅客们抱怨的情绪。通过沟通,乘务员了解到一位女士的外婆去世,急着回家;一位先生的亲人由于重病,躺在医院已在弥留之际,急于赶回见上最后一面,他们的急切心情,乘务员们非常理解,区域乘务长徐利也一直陪伴在他们的身边照顾和劝慰。而此时,乘务组的工作时间已接近18小时,他们的眼睛通红、疲惫不堪、体力早已不支,可是,面对着焦急的旅客们,他们凭着坚强的毅力,仍然微笑着进行解释和服务。最后,飞机终于在凌晨5:30起飞,7:30顺利着陆在成都双流国际机场。

乘务组全体组员在航班不正常情况下,所表现出的高度的责任感,以及任劳任怨的工作态度,无不体现出他们高尚的职业品质;而真诚、贴心的服务,更将旅客们的怨气由最初的愤怒化解为感动,充分体现了国航的服务理念。

(资料来源:根据 http://news.carnoc.com/list/181/181886.html 整理。)

分析:

从上述案例可以看出,民航航班的正点率是旅客关注的焦点,也是影响旅客情绪的重要因素,民航服务人员应当及时了解和掌握影响旅客情绪情感的因素,采取合理的措施避免和应对旅客的过激行为,化解不良情绪,提高民航服务质量。

任务一 认识情绪与情感

"人非草木,孰能无情",人是情绪情感的主宰者,亦是承载者,积极的情绪情感能够推动人高效地完成各项任务,消极的情绪情感则会使人背离初衷,无法完成任务指标。因此,人的情绪情感在工作中的意义非同寻常,利用好情绪情感在民航旅客服务中的作用,显得尤为重要。

一、情绪情感的定义

情绪情感是人对客观世界的一种特殊的反映形式,即人对客观事物是否满足需要而产生的态度体验和相应的行为反应。情绪情感有别于认识过程和意志过程,它经常通过面部表情和精神状态表现出来。

"情绪"和"情感"两个词常可通用,通常所说的感情既包括情感,也包括情绪。在某些场合它们所表达的内容也有不同,但这种区别是相对的。

■知识关联

从神态看情绪

达尔文在其著作《人和动物的感情表达》中指出:人的眼睛和嘴巴张大,眉毛扬起是惊讶的表情;人害羞时会脸红;人在愤怒或挑衅时会昂首挺胸,皱起眉头,并把拳头握紧;人在沉思或极力想解开疑团时,会皱起眉头或眯起眼睛。

(一)情绪的定义

情绪是指对待客观事物时,伴随着人的感知觉、记忆、想象、思维及意志是否满足个体需要而产生的态度体验,是人脑对客观事物与主观愿望之间的反应状态,是以个体需要为媒介的一种心理活动。它的表现既短暂又强烈,是一种个体的主观态度、条件反应、理性认知的互动与融合后表现出来的特定行为。

情绪是人对一切事物主观认知和经验的总称,是人的思想与行为在生活中综合产生的心理和生理状态。情绪受外界刺激影响较大,凡是能满足人的需要,符合人的愿望的客观事物,就能产生肯定的情感,如高兴、满意、快乐、喜欢等;凡是不能满足人的需要或者背离人的愿望就会产生消极的情绪,如忧伤、讨厌、不满、恶心等。例如,旅客在安检时,由于人员拥挤,人们容易产生激动、易怒等情绪;在航班上未得到适当休息时,人们容易产生疲劳、烦躁等情绪。

■知识关联

情绪 ABC 理论

情绪 ABC 理论是由美国心理学家埃利斯创建的。该理论是认为激发事件 A(activating event 的第一个英文字母)只是引发情绪和行为后果 C(consequence 的第一个英文字母)的间接原因,而引起 C 的直接原因则是个体对激发事件 A 的认知和评价而产生的信念 B(belief 的第一个英文字母),即人的消极情绪和行为障碍结果(C),不是由于某一激发事件(A)直接引发的,而是由于经受这一事件的个体对它不正确的认知和评价所产生的错误信念(B)直接引起的。错误信念也称为非理性信念。

情绪 ABC 理论的创始者埃利斯认为,正是因为我们常有一些不合理的信念,所以才会产生情绪困扰。这些不合理的信念久而久之,还会引起情绪障碍。情绪 ABC 理论中:A 表示诱发性事件,B 表示个体针对此诱发性事件产生的一些信念,即对这件事的一些看法、解释,C 表示自己产生的情绪和行为的结果(见图 5-1)。

通常人们会认为诱发事件 A 直接导致了人的情绪和行为结果 C，发生了什么事就会引起什么情绪体验。然而，你有没有发现同样一件事，对不同的人，会引起不同的情绪体验。例如，同样是考试，结果两个人都没考过。一个人无所谓，而另一个人却伤心欲绝。

（资料来源：根据相关资料整理。）

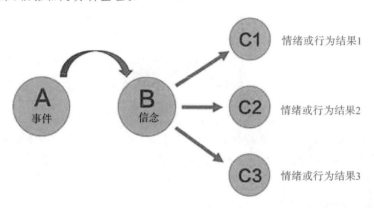

图 5-1　情绪 ABC 理论

（二）情感的定义

情感是个体对外界刺激事物能够满足个体需要而产生的一种比较持久的态度体验，它与态度自身特点的强度、稳定性、价值性具有协调一致性，是态度在生理上的一种较复杂而又稳定的生理评价和体验。

情感是人对诸如道德、艺术、审美等具有一定文化价值的事物所怀有的一种比较复杂而又稳定的主观体验，具体包括道德感、美感、理智感、价值感、爱和恨的体验等。普通心理学认为情感是一种生理的态度体验，主观色彩浓厚。而管理心理学认为员工对所从事工作的情感取决于领导者对员工绩效的奖励是否符合员工的需要，只有尽量使员工心理少受挫折，才能最大限度地发挥员工潜能，使其产生积极情感，凝心聚力。

（三）情绪与情感的区别与联系

一直以来，情绪和情感都被作为一个统一的心理过程来讨论，经常通用，然而在某些特殊的环境下，它所表达的含义不尽相同，但这种区别是相对的。

人们通常把强烈而短暂的具有爆发性的感情反应看作情绪，如愤怒、焦躁、恐惧、狂喜等（见图 5-2）；而把比较稳定而持久的具有冗长性的感情反应看作情感，如初心使命感、责任担当感、处事热情等。实际上，强烈的情绪反应中也有主观体验；而情感也在情绪反应中表现出来。我们通常所说的感情既包括情感，也包括情绪，它们不是孤立存在的，二者既有区别又有联系。

1　情绪与情感的区别

1）情绪是与人的物质或生理需要相联系的态度体验

情绪发生较早，人出生时就会有情绪反应，但没有情感；而情感出现较晚，是随着年龄

图 5-2　情绪表情

增长而逐渐发展起来的。情绪是人与生俱来的,而且多与基础性生理性需要相关,也就是说,在个体发展中,情绪反应出现在先,情感体验发生在后,情绪多与人的生理性需要相联系。例如,婴儿渴了、饿了就会哭,吃饱了就会笑。

情感是在幼儿时期,随着心智的成熟和社会认知的发展而产生的,多与求知、交往、陶冶情操、人生追求等社会性需要有关。例如,婴儿出生一个月后就出现了愉快、痛苦的情绪反应,他们最初的面部表情具有反射的性质,而随后发生的社会性情绪反应就带有体验的性质,即产生了情感。

2)情绪具有情境性和暂时性,情感则具有深刻性和稳定性

情绪常由身旁的事物引起,又常随着场合的改变和人、事的转换而变化。所以,有的人的情绪表现常会喜怒无常、阴晴不定、很难持久。情感可以说是在多次情绪体验的基础上形成的稳定的态度体验,如对一个人的爱与尊敬可能是一生不变的。因此,情感特征常被作为人的个性和道德品质评价的重要因素。

3)情绪具有冲动性和明显的外部表现,情感则比较内敛沉稳

人在情绪的左右下常常不能自控,高兴时手舞足蹈,郁闷时垂头丧气,愤怒时又暴跳如雷。情感更多地是内心的体验,深沉且久远,不轻易流露出来。中国大部分的心理学教科书与《心理学大辞典》中都认为情绪与人的自然性需要相联系,具有情境性、暂时性和明显的外部表现;情感与人的社会性需要相联系,具有稳定性、持久性、不一定有明显的外部表现。

2 情绪与情感的联系

情绪与情感都是人脑对客观现实的主观反映。情绪是情感的基础,情感在稳定情绪的基础上形成,是对情绪的深化,同时又通过情绪反应得以表达。爱国情感,在具体情境下是通过情绪得到体现的。面对祖国的繁荣富强,我们高兴并欢呼鼓舞,面对分裂国家主权的不法分子,我们愤怒并同仇敌忾,这些表现出来的都是情绪,而每当这些情绪产生时,又体现了深深的爱国情感。情感是在多次情绪体验的基础上形成的,情感的产生伴随着情绪反应,并通过情绪表现出来;相反,情绪的表现和变化又受已形成的情感的约束,情绪的变化程度也受情感的控制。情绪和情感虽然不尽相同,但不可分割。因此,人们时常将情绪和情感通用。当人们在工作的时候,总是体验到轻松、愉快,时间长了,就会爱上这一行;当人们对工作建立起深厚的感情之后,会因工作的出色完成而欢呼,也会因为工作中的疏漏而

忧伤。由此可以说明,情绪是情感的基础和外部表现,情感是情绪的深化和本质内容。

二、情绪情感的构成

情绪情感有三个层面,即认知层面的主观体验、生理层面的生理唤醒和表达层面的外部表现。当我们产生情绪情感时,这三个层面会共同活动,构成一个完整的情绪情感体验过程。

(一)主观体验

主观体验是个体对不同情绪情感的自我感受,是十分最重要的。情绪情感是一种主观感受,不同的人对刺激的认知和感受是不一样的。例如,同一场考试,有的人得到 80 分会产生高兴的情绪,而有的人得到 90 分反而产生了失落的情绪。在民航服务过程中,民航服务人员与旅客交往时,双方的一言一行也都会使对方产生一种主观体验。例如,民航服务人员对旅客发自内心的微笑,旅客会感到民航服务人员和蔼可亲,从而产生愉快的情绪;旅客报以同样的微笑时,民航服务人员也会产生愉悦的情绪体验。

(二)生理唤醒

生理唤醒是情绪情感产生的生理反应,例如,人们在激动的时候血压会升高;愤怒的时候会浑身发抖;紧张时会心跳加速;害羞时会满脸通红。脉搏加快、肌肉紧张、血流加快等生理现象,是一种内部生理反应,是伴随着不同的情绪情感而产生的。

(三)外部表现

情绪的外部表现主要指表情,包含面部表情、体态表情、言语表情等,情感同样有外部表现。

1 面部表情

面部表情主要指面部肌肉变化的组成,例如,兴奋时"眉开眼笑",生气时"横眉竖眼",恐惧时"目瞪口呆",悲伤时"两眼无光",等等(见图 5-3)。嘴部肌肉的变化也是表达情绪情感的重要线索。例如,悲哀时口角下垂,欢笑时嘴角向上、张口露齿,愤怒时咬牙切齿,紧张时张口结舌等。人都是通过嘴部肌肉的变化来表达情绪情感的。

图 5-3 面部表情

■ 知识关联

> **不同情绪状态下的面部表情**
>
> 高兴——眉开眼笑、眉飞色舞、喜上眉梢；
> 愤怒——怒目而视、面色发红、咬牙切齿；
> 恐惧——目瞪口呆、面色苍白、毛发竖立；
> 悲伤——两眼无光、泪眼蒙眬、痛哭流涕；
> 惊奇——双目凝视、目瞪口呆、眼嘴张大；
> 羞愧——眼睛向下、面红耳赤、头部低垂；
> 蔑视——目光斜视、嗤之以鼻、嘴角一撇。
> （资料来源：根据相关资料整理。）

② 体态表情

体态表情是指人们用全身姿态和四肢活动变化来表达情绪情感。例如，同意时"点头"，反对时"摇头"，恐惧时"紧缩双肩"，紧张时"坐立不安"，高兴时"手舞足蹈"，无可奈何时"双手一摊"，生气时"顿足"，焦虑时"搓手"，沮丧时"垂头"等（见图5-4）。体态表情即用身体姿势来表达个人的某种情绪。

图 5-4 体态表情

③ 言语表情

言语表情是人们通过说话时语音、语调、节奏、速度等的变化来表达情绪情感。例如，悲哀时语调低沉，节奏缓慢；高兴时语调高昂，节奏轻快；紧张时声音尖锐，话语急促；恼怒时态度凶狠，言语生硬。

三、情绪情感的分类

情绪情感的表现形式是多种多样的。自古以来，对情绪情感的分类是不一致的，著名思想家、文学家、政治家荀子的"六情说"把情感分为好、恶、喜、怒、哀、乐六大类；现代心理学把情绪分为快乐、悲哀、愤怒、恐惧四种基本类型；从现代心理学角度，依据情绪发生的强弱程度、反应速度和持续时间的长短，又可分为心境、激情和应激三种状态。

（一）根据情绪体验分类

1 快乐

快乐是盼望的目的达到后，继而产生的紧张解除时的情绪体验。快乐的程度取决于愿望满足的意外程度。快乐的程度从满意、愉快到大喜、狂喜。快乐是一种追求并达到目的时所产生的满足体验，它使人产生超越感、自由感和接纳感。

2 悲哀

悲哀是指失去自己心爱的对象或自己所追求的愿望破灭时所产生的情绪体验。悲哀的情绪体验程度取决于对象、愿望、理想的重要性与价值。悲哀的程度依次是遗憾、失望、难过、悲伤、哀痛。悲哀所带来的紧张释放会导致哭泣。

3 愤怒

愤怒是由于受到干扰而使人不能达到目标时所产生的体验。目的和愿望无法达到，一再受到阻碍，从而积累了紧张，最终产生愤怒。尤其所遇到的挫折是不合理的或是被人恶意制造的时候，愤怒最容易产生。当人们意识到某些不合理的或充满恶意的因素存在时，愤怒也会骤然产生。愤怒的程度依次是不满、生气、愠怒、愤、激愤、大怒、暴怒。愤怒的情绪变化如图5-5所示。

图5-5　愤怒的情绪变化

4 恐惧

恐惧是企图摆脱、逃避某种危险情境时所产生的情绪体验。恐惧往往是由于缺乏处理及摆脱可怕情境的力量和能力而造成的。恐惧的表情如图5-6所示。

■知识关联

伊扎德的复合情绪

复合情绪一词是在对情绪进行分类时提出的，具体指那些由基本情绪的不同组合而派生出来的情绪。

在20世纪70年代初，伊扎德用因素分析法提出人类有十一种基本情绪，它们分别为兴趣、惊奇、痛苦、厌恶、愉快、愤怒、恐惧、悲伤、害羞、轻蔑、自罪感。

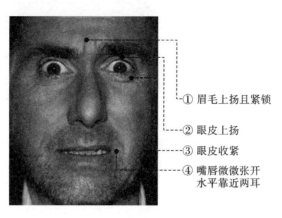

① 眉毛上扬且紧锁
② 眼皮上扬
③ 眼皮收紧
④ 嘴唇微微张开水平靠近两耳

图 5-6　恐惧的表情

而在其对复合情绪的定义中,那些由基本情绪组合产生的复合情绪的分类有三种:

(1)基本情绪的混合:如兴趣—愉快、恐惧—害羞(可能组合成紧张)、恐惧—内疚—痛苦—愤怒等;

(2)基本情绪与内驱力的混合:如疼痛—恐惧—愤怒等;

(3)基本情绪与认知的结合:如活力—兴趣—愤怒、多疑—恐惧—内疚等。

(资料来源:根据相关资料整理。)

(二)根据情绪状态分类

1　心境

心境是指强度较低但持续时间较长的情感,它是一种持久、微弱、平静的情绪状态,如绵绵柔情、郁郁寡欢、耿耿于怀等。当一个人处于某种心境中,往往会以同样的情绪状态看待周围的事物,"忧者见之而忧,喜者见之而喜"这句话所描写的就是心境。"人逢喜事精神爽",这种被某人某事所引起的精神爽快、心境舒畅的情感状态,虽表现得并不强烈、明显,但往往会持续一段时间。在这段时间里,人总是以愉快、喜悦的心情对待一切事物,使其染上欢乐而愉快的色彩。相反,不良的心境则使人感到凡事枯燥、索然无味,整个人也表现得抑郁忧愁,"对花落泪,对月伤情",整天愁眉苦脸,容易被小事激怒,甚至大发雷霆。

心境对人的生活有很大的影响。良好的心境有利于人的身体健康,使人有万事顺心如意之感,有助于充分调动人的积极性,提高工作效率,增强克服困难的勇气。相反,不良的心境则会让人心烦意乱,意志消沉,容易被激怒,遇到困难也难以克服,同时对人的健康产生极大的危害作用,造成人有气无力,精神萎靡不振,内分泌紊乱,莫名其妙地乱发脾气,甚至染上各种各样的疾病。

■知识关联

伊本·西那的公羊

伊本·西那,被称为"世界医学之父",他曾经做过一个实验:把两只公羊分别系在两个不同的地方,第一只公羊待在平静、安稳的草坪,第二只公羊待的地方旁边关着狼群。第二只公羊整天提心吊胆,不久就死了,而第一只公羊一直活得很好。

(资料来源:根据相关资料整理。)

② 激情

激情是一种强烈的、短暂的、爆发式的情绪状态。激情大致有四种表现:暴怒、狂喜、恐惧、极度悲伤与绝望。从生理学角度上看激情是客观世界对个体施加超强的刺激使大脑皮层对皮下中枢的抑制作用减弱甚至消除,从而使大脑皮层下的情绪中枢强烈兴奋的结果。也就是大家常说的控制不住自己的情绪。

处于激情状态下的个体,认识范围缩小,往往意识不到自己正在做或准备做什么,因此也就不能正确地评价自己的行为及其意义,结果做出一些事后会后悔莫及的事情。处于不良激情状态下的人,总是伴有明显的外部表现和内脏器官、腺体的变化。暴怒时,肌肉紧张,双目怒视,怒发冲冠,面红耳赤,咬牙切齿;绝望时,目瞪口呆,面色苍白,全身软弱无力;悲痛时,头晕目眩,一把鼻涕一把泪等。

不良激情状态一旦发生,其后果是很可怕的。相反,在正确的目的引导下,激情所激发的能量有确定的去向,可以提高人的认识和活动的效能,成为个体积极投入行动的巨大动力。

③ 应激

应激亦称"压力""紧张",是一种在出乎意料的紧急情况下,在人的生命或精神处于威胁的情境下,采取必要的决定性行动或无力应付受威胁的处境时产生的情绪状态。长期、持续的应激则会引起精神创伤,危及身体健康。

当外部压力施于个体,人体会产生应激反应,呈现出三个阶段:警觉、抵抗和衰竭。应激是一种复合情绪,是由多种情绪组成的,包括恐惧、愤怒、紧张、焦虑、忧伤甚至狂喜。当人处于警觉状态、恐慌占主导心境时,血糖会降低,从而导致脸上苍白。如果是愤怒占主导心境时,血糖会升高,从而导致面红耳赤。在抵抗阶段,人体会修复由应激引起的生理和心理的创伤。如果应激一直存在,那么人体将长时间处于警觉状态,当持续应激情绪较长时,个体会明显感到身心不适,最终精力下降而导致衰竭。例如,飞机故障时,民航服务人员将长时间处于应激状态,最终会导致应激的最后阶段衰竭,思维迟缓、观察事物的能力下降,甚至放弃寻找解决方案,这对于民航服务人员来讲是非常危险的。

■ 知识关联

<u>士兵的反常行为</u>

有一次,拿破仑正骑着马穿越一片树林,忽然听到一阵呼救声。他扬鞭策马,来到湖边,看见一个士兵在湖里拼命挣扎,并向深水处漂去。岸边的几个士兵乱成了一团,他们水性都不好,不知该怎么办。

拿破仑问旁边的那几个士兵:"他会游泳吗?"士兵回答道:"只能扑腾几下!"拿破仑立刻从侍卫手中拿过一支枪,朝落水的士兵大喊:"赶紧给我游回来,不然我就枪毙你!"说完,便朝那人的前方开了两枪。

落水的士兵听出是拿破仑的声音,又听说拿破仑要枪毙他,一下子使出浑身的力气,猛地转身,扑腾着游了回来。

无论是动物或人类,在遇到突如其来的危险情境时,身体都会自动发出一种类似"总动员"的反应现象。这种本能性的生理反应,可使个体立即进入应激状态,以维护其生命的安全。

(资料来源:根据相关资料整理。)

(三)根据情感的社会内容性质分类

情感是与人的社会性需要相联系的态度体验。人的社会性情感主要有道德感、理智感和美感。

1 道德感

道德感是每个人都应该具备的社会情操,是个人依据一定的社会道德标准和规范来评价自己和他人的言行时所产生的内心体验。文明礼貌、助人为乐、爱护公物、保护环境、遵纪守法等一切符合社会秩序、社会公约的行为情感都称为道德感。

不同的时代有不同的道德标准,社会主义国家崇尚爱国主义、集体主义、见义勇为和互帮互助等。当自己或他人的言行符合道德规范时,人们会对自己产生自豪、欣慰等情感,对他人产生敬佩、羡慕、尊重等情感;当自己或他人的言行不符合道德规范时,人们会对自己产生自责、内疚甚至丧失自尊心等情感,对他人产生厌恶、憎恨等情感。显然,这种情感体验具有明显的自觉性,能对自己的行为起调控和监督作用。

2 理智感

理智感是人依据一定的道德需要和规范来评价自己和他人的言行时所产生的一种情感。它是人们认知、理解事物和掌握事物发展规律的动力。人的世界观、价值观对理智感有重要的作用,"通情达理"一词是最好的验证。列宁说过:"没有'人的情感',就从来没有也不可能有人对于真理的追求。"人的求知欲、好奇心、进取心都属于理智感的范畴。在民航旅客服务中,理智感显得尤为重要。交流只有建立在情感的基础上,所讲的道理才能无遮无掩,才能更有效地提供个性化服务,产生思想共鸣。

3 美感

美感是根据一定的审美标准来评价事物时所产生的情感体验。它是人对自然和社会生活的一种美的体验。在客观世界中,凡是符合人们的审美标准的事物都能引起美的体验。一方面,美感可以由客观景物引起,如桂林山水甲天下、黄山巍峨耸立,可以使人体验到大自然的美;另一方面,人的容貌举止和道德修养也常能引发美感,甚至一个人身上善良、淳朴的性格,率直、坚强的品性,比身材和外貌更能体现人性之美。

人在感受美感时通常会产生一种愉快的体验,而且表现出对美的客体的强烈倾向性。所以,美感体验有时也能成为人的行为的推动力。在生活中,人的价值追求、审美情趣和审美标准的多样化,以及对美的见解的不同,会使个体的美感产生差异。

四、情绪情感的功能

(一)信号功能

情绪情感的各种表现都有一定的信号意义,这种信号意义是通过表情来实现的。通过这种非言语表达方式,人们彼此之间可以传递信息,达到沟通,互相交往的目的。例如,微笑表示赞赏,点头表示同意。在前言语阶段,婴儿是通过表情与成人进行交流的;成人通过口头言语传递信息时,表情可以补充和完善言语信息。在民航服务事业中,情绪情感的信号功能起着承上启下的作用。它既沟通了民航服务人员与旅客之间的情感,满足了旅客的需要,又助推了民航事业个性服务发展迈上一个新台阶。

(二)动机功能

情绪情感是动机系统的有机组成部分,它能激励人的行动,提高人的活动效率。适度的情绪状态兴奋水平,可以使人的身心处于活动的最佳状态,从而推动人们去完成学习、工作任务。如适度的紧张和焦虑能促使人积极地思考和解决问题。情绪的动机功能还体现在增强内驱力上。如人们在饥饿时,产生了补充食物的生理需要,这种生理上的内驱力使人产生恐慌和急迫感,从而使人产生了行动的动机。

(三)感染功能

人的情绪情感具有感染性。人们之间感情的沟通正是因为情绪情感的感染功能,才能以情动情。优秀文学艺术创作无不是以情感人,它能激起读者和观众的情感波涛。在教育与教学中,教师不仅要用自己的专业知识、良好的言行去影响学生,还应以自己的情感去感染学生,使学生产生强烈的内心体验,从而使教师的要求较容易转化为学生的需要,使学生乐于接受教育。

■知识关联

踢猫效应

一位父亲在公司受到了老板的批评,回到家就把沙发上跳来跳去的孩子臭骂了一顿。孩子心里窝火,便去踢身边打滚儿的猫。猫逃到街上,正好一辆卡车开过来,司机赶紧避让,却把路边的孩子撞伤了。

这就是心理学上著名的"踢猫效应",描绘的是一种典型的坏情绪传染所导致的恶性循环。

一般而言,人的情绪会受到环境及一些偶然因素的影响,一个人的情绪剧烈变化,驱使他向无法还击的弱者发泄,而受到强者情绪攻击的人,也会去寻找自己的出气筒,这样就会形成一条清晰的愤怒传递链,最终的承受者,就是猫这样弱小的群体。

那我们该如何避免"踢猫效应"呢?

首先,我们要避免去"踢"别人,要正确面对情绪,遇到挫折想想自己是否错了,应该怎样改,如果发现自己成了他人的"出气筒",要清楚地知道他今天只是"踢猫"而已,自己没必要因此愤怒,不要用别人的错误来惩罚自己。

其次,我们要学会情绪管理,在发火之前要明白处理心情比处理事情更加重要,并且在坏情绪产生之后要明白自己产生了什么样的情绪,是悲伤、愤怒还是焦虑,然后想一想自己为什么会产生这样的情绪,如何缓解并控制这样的情绪。己所不欲,勿施于人。要理解别人的困难、别人的错误,不要轻易地把坏情绪带给他人,让周围的人可以轻松地和自己相处。

再次,我们要避其锋芒,要学会察言观色,比如小时候我们看见老师脸色阴沉地走进教室,便立刻乖乖地不吵不闹,这个时候就有效地避免了成为老师"踢猫"的对象。

最后,我们在无可避免的情况下要沉着应对,顺势而为,化干戈为玉帛,争取缓解对方的坏情绪。

(资料来源:根据相关资料整理。)

(四)组织功能

情绪情感是一个独立的心理过程,有自己的发生机制和发展过程,对其他心理活动具有组织的作用。情绪和情感的组织功能表现为积极的情绪情感对活动的协调、促进作用,以及消极的情绪情感对活动的破坏、瓦解作用。例如,高兴、愉快、满意等积极的情绪情感促进认知活动,恐惧、愤怒、悲哀等消极的情绪情感干扰、破坏认知活动。情绪情感的组织功能还表现为,人们在积极、愉快的状态下,容易关注事物美好的方面,在行为上愿意接纳外界的事物;而在悲观、压抑、失望的消极状态下,人们总是放弃自己的愿望,甚至对他人产生攻击性的行为。

■ 知识关联

如何掌控自己的情绪

1. 试着改变事情的定义

有一句话说得好:我们没有办法阻止事情发生,但我们可以决定这件事带给我们的意义。你可以选择"问题",亦可选择"机会",结果总会如你所愿。

2. 改变人物画面

专家研究发现,人的头脑对数字、文字很难记忆,但对画面却是历久弥新,永难忘怀。你之所以过得不快乐,是因为脑海中有不愉快的画面?

3. 改变对己问话

不知道你是否有这种经验:当他人说你好,但你认为不好时,结果一定是不好的;当他人说你不好,但你认为好,结果永远是好的。

4.改变学习人物

情绪情感是容易被感染和传播的,要想快乐,请与快乐者为伍。

(资料来源:根据相关资料整理。)

(五)保健功能

情绪的保健功能指的是情绪情感对人的身心健康具有促进或损害的功能。情绪可通过神经系统、内分泌系统和免疫系统作用于身体各个器官。乐观、积极、稳定的情绪情感有利于健康,而抑郁、焦虑等消极情绪情感则会使人的免疫力下降,影响个体的身心状况。因此,要时刻保持好心情,微笑是保持身心健康的不二法则。

■ 行动指南

微笑的训练方法

人与人相识,第一印象往往是在前几秒钟形成的,而要改变它,却需付出很长时间的努力。良好的第一印象来源于人的仪表谈吐,但更重要的是取决于他的表情。

微笑则是表情中最能赋予人好感,增加友善,增强沟通,保持愉悦心情的表现方式。一个对人微笑的人,必能体现出他的热情、修养和魅力,从而得到其他人的信任和尊重。那么,大家在日常的生活、工作中是否面带微笑呢?以下是几种训练微笑的方法。

方法一:①把手举到脸前(见图5-7(a))。②双手按箭头方向做"拉"的动作,一边想象笑的形象,一边使嘴角充满笑意(见图5-7(b))。

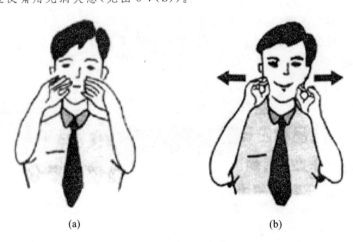

图5-7 微笑的训练方法一

方法二:①把手指放在嘴角并向脸的上方轻轻提起(见图5-8(a))。②一边上提,一边使嘴角充满笑意(见图5-8(b))。

方法三:①手张开举在眼前,手掌向上提,并且两手展开(见图5-9(a))。②随着手掌上提、展开,眼睛一下子睁大(见图5-9(b))。

(a)   (b)

图 5-8 　微笑的训练方法二

(a)   (b)

图 5-9 　微笑的训练方法三

（资料来源：根据相关资料整理。）

任务二　民航旅客情绪情感管理

一、影响旅客情绪情感变化的因素

人们在现实中所接触到的一切，无论是外部对象还是人体的内部刺激，都会引起情绪的变化。了解引起情绪变化的原因，有利于人们创造或消除某些条件，以产生良好情绪而避免不良情绪。

（一）旅客需要是否得到满足

需要是个体内心由于某种欠缺或者不平衡而希望达到满足的一种心理状态，比如冷了、饿了，或受到不公平待遇、歧视等都会引起旅客的负面情绪。可以说，旅客的需要是否得到满足，决定着情绪的方向和性质，满足的程度决定着情绪的强弱。需要通常以对某种客观事物的欲念、愿望、兴趣等形式表现出来。

满足旅客的需要是服务行业正在做的事。对待旅客诉求，要倾听他们的声音，满足他们的愿望。热情服务、洞悉一切、察言观色，是民航服务人员应该具备的素质。为满足不同旅客的不同需求，民航服务人员要做到对性格与自己不合的人心怀大度，对旅客时时心存宽容。尊重他人、礼貌待人，是一个人的政治思想修养好的表现，是一种文明的社交方式，是顺利开展工作、建立良好的社交关系的基石。民航服务人员只有与旅客建立良好的沟通渠道，才能提高工作效率。总之，在服务中，只要满足他人的基本需要，工作就会多一些和谐、多一份快乐。

此外，尊重老年、儿童和残疾旅客，为其提供满意的应对服务也显得尤为重要。因此，航空公司应竭尽全力满足旅客合理需要，提升旅客满意度。

（二）旅途环境的影响

旅客在候机过程中是影响机场服务质量的重要指标，随着越来越先进的IT技术的应用，机场服务效率得到了很大提升，旅客对个性化信息的需求变得更加强烈。在候机等待过程中，旅客会由于无法及时获得排队信息而产生焦躁、紧张等不满情绪。为了避免旅客在候机过程中产生不满情绪，候机楼的环境带给人的感觉会对人的心理活动和情绪产生很大的影响。环境与人是整体与个体的关系，个体不能改变环境，而环境可以影响个体的心情。个体进入一个特定环境后，一定会受环境以及环境内群体行为的刺激，因为人都向往美好的事情。一个脏乱的环境，会让人感到不适，但如果有一个干净整洁、光线充足的好环境，旅客心里就会感到惬意，这就是人的视觉效应。人的感官对于色彩会有不同的感觉。例如，当心情烦躁不安时，红色会使人紧张、疲惫；在人感到压抑、失落时，蓝色会使人悲观、抑郁。人的感官对于其他方面也会有不同的感觉。比如，在光线好、路面畅通的道路上，驾驶员的心情就会好一些；而在路面破败、交通拥挤，且周围鸣笛声十分多的时候，驾驶员就会十分烦躁，注意力不集中。

■ **知识链接**

人在旅途，请管理好你的情绪

2016年，一名旅客在荷兰飞往北京的航班上行为失常的报道受到广泛关注。据报道，该旅客先是把自己关在厕所里，自残轻伤。后来在靠近驾驶舱附近时，突然情绪失控，持利器开始攻击身边的人。机组人员和其他旅客齐心协力将这名肇事者制服，并铐在飞机座椅上。飞机没有因此迫降，照常飞行，副机师在此过程中受轻伤。尽管这位旅客行为冲动的原因尚不清楚，但是他的反常行为显然与以往"任性"的旅客并不相同。

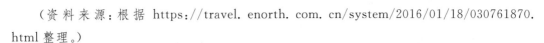

(资料来源:根据 https://travel.enorth.com.cn/system/2016/01/18/030761870.html 整理。)

在民航客运高峰时期,旅客容易出现各种负面情绪。人容易受身边的人的情绪影响,尤其是不良情绪更容易感染给身边的人。人在旅途,无论是在飞机上,还是在火车、汽车、游轮等其他交通工具上,无论是商务出行、旅游出行,还是因个人事务往来出行的人,在出行前都应该注意对情绪的管理,戒骄戒躁,还内心一份安宁,为社会增添一份和谐。

■知识链接

环境影响情绪

某日,一位从北京飞往杭州的航班上的头等舱旅客,在地面向工作人员询问时得知,头等舱只有几位旅客,但登机后发现头等舱里有很多旅客,并且有多名儿童。该旅客认为自己支付了高价值的机票,就是想得到良好的乘机环境,没想到会同那些只花普通舱票价的人坐在同一舱位。在向乘务长再三询问后,旅客得到的解释是因为经济舱超售。该旅客认为其权益受到了侵害,工作人员应提前向头等舱旅客说明情况并致歉。

(资料来源:根据 http://news.carnoc.com/list/119/119260.html 整理。)

(三)身体状况的影响

情绪对人的影响非常大,负面情绪会影响人的心理和身体健康,进而影响人的行为。俗话说,身体是革命的本钱,没有健康的身体作基础,何谈其他。我们的身体仿佛有记忆,藏着我们所有的过往,通常以疾病的形式提醒着我们注意健康。

社会压力导致人的情绪起伏大,人与人之间缺乏信任感等都是负面情绪的体现。情绪以一种信息形式在大脑神经系统间传导,当某种情绪过大,传导神经就会受到破坏,堵在那里,从而形成一个记忆。哈佛大学曾有一个调查:90%的病来自我们的内在,来源于我们的情绪,大部分癌症病人与父母关系不好,负面情绪过多,抱怨和消极情绪在生命中占大多数。《黄帝内经》里的五脏与五志之说,认为每种脏器代表一种能量,代表一种情绪。其实,情绪就是一种能量,如果我们长期处于某种消极情绪之中,它就会形成一种物质留在我们的身体里,阻碍我们吸收正常的身体养分,造成身体器官功能失衡,从而破坏身体内部系统,造成疾病。

■知识链接

情绪对健康的影响

情绪对健康的影响如表5-1所示。

表 5-1　情绪对健康的影响

情绪	受影响的器官	表现及症状	专家建议
大怒	肝	面红目赤，头痛、头晕，容易引起失眠，工作效率低，记忆力下降等	（1）找人倾诉、运动、呐喊、唱歌等，把坏情绪发泄出去； （2）吃饭时千万不要生气，发怒之后也别马上吃饭，否则更容易伤胃、伤肝； （3）生气最好别超过 3 分钟，气头上不要盲目做决定，适当增加脂肪和蛋白质摄入有益平息情绪
	脾胃	食欲不振，消化不良，腹泻	
太兴奋	心	心跳急剧加快，血压骤升，耗氧量倍增，很容易诱发猝死	（1）想办法安静下来，可以闭上眼睛做深呼吸； （2）患有心脑血管疾病的人要少看过于激烈的比赛和电影
忧虑	脾胃	食欲下降，消化不良，女性出现经期紊乱等症状	（1）适当发泄，能有效赶走忧虑情绪； （2）多吃香蕉、苹果、葡萄、燕麦等富含镁的食物，有助于稳定情绪，改善心情； （3）心情不好时，还可以做几个小动作，比如抬头挺胸、轻轻吸气呼气、将肩膀往上提，这些都能给人积极的心理暗示，让人摆脱坏情绪
悲伤	肺	呼吸频率改变，干咳，气短，音哑，人体交感神经系统分泌出大量压力激素，增加心脏病发作风险	（1）回忆快乐往事以及多与他人交流可以转移注意力，缓解悲伤情绪； （2）吃一些全麦食物、鱼、肉类、黑豆等富含色氨酸的食物有助于赶走悲伤； （3）悲伤时还可以多看看喜剧、听听相声、做些运动或者参加集体活动，让悲伤情绪有倾诉和抒发的渠道
恐惧	肾	惊恐过度会对肾造成损伤，可能会出现突然昏厥、大小便失禁的症状	（1）反复面对自己害怕的东西是一种行为疗法，能逐步降低恐惧感； （2）调整心态，勇于让自己接受批评和经受失败的考验，想象战胜恐惧的场面，给自己积极的心理暗示； （3）可以喝一杯咖啡，缓解恐惧感

　　从生理学上说，如果我们不断重复做某件事时，我们某些神经细胞之间就会建立起长期且固定的关系。比方说，如果我们每天都生气、感到挫折、每天都觉得悲惨和痛苦、每天都对这个世界充满了抱怨与愤恨，那么我们就每天都在重复地为那张神经网络接线和整合，编织着一个固定的情绪模式。当我们大脑产生某种情绪或感受时，我们的下丘脑会马上产生一种化学物质——胜肽。胜肽会随着血液跑到我们身体里的每一个细胞，被细胞周边的上千个感受器所接受。日积月累，我们体内的感受器对某种胜肽就有了特定的"胃口"，会产生"饥饿感"。如果我们很久不产生那种固定的情绪，我们的细胞就会让我们产生生理需求，想要有这种情绪。简而言之，一旦一个人连续受挫折，且此人如果不关注自己内心需求的这种特殊性，那么他的处境会持续下去；同样，一个人习惯了处于令自己欣喜的状

况,并且了解了自己的胜肽,大可以安逸地享受其中,接纳并消化掉负面情绪,以保持健康、积极的情绪。

二、民航旅客出行的心理需要及服务

选择乘飞机出行是为了节约时间,享受舒适和便利并尽情放松身心。民航服务人员要多花时间和精力去关心和了解旅客的情绪状态,特别是那些重要旅客和特殊旅客,因为他们在很大程度上能带动客舱旅客的情绪。因此,有经验的民航服务人员,就会以敏锐的眼光洞察周围的一切,同时使出浑身解数牢牢掌握和控制整个客舱的氛围,关注旅客的情绪。当旅客刚露出消极的情绪时,就必须以十倍的努力、百倍的热情全力以赴地将其消除在萌芽之中。

(一)国内旅客出行的心理需要及服务

国内一般旅客需要,主要体现在舒适的需要和尊重的需要上,只要满足基本的心理需要,便会感觉愉悦。服务要求速度要快,面带微笑,态度要和蔼,语气要委婉。重要知名人士的旅客出行需要,主要体现在社会的尊重需要和安全需要上,服务要求标准较高,语言干脆,简明扼要,态度谦虚有礼。

(二)特殊旅客、团体旅客出行的心理需要及服务

特殊旅客是指老人、残疾人旅客,他们的出行需要主要体现在较强的自尊心和自卑感上,希望得到他人的理解与尊重。民航服务人员进行服务时应注意言行举止的规范,具有亲和力,对旅客要小心提醒,耐心回答咨询,在旅客未提出需要前就满足旅客的需要,做到想旅客之所想。团体旅客心理需要相对较高,要求民航服务人员具有较强的随机应变能力,较高的服务旅客意识,针对团体旅客的心理特点应采取个性化的服务措施。

(三)国际旅客出行的心理需要及服务

国际旅客出行的心理需要,主要体现在安全需要、社交需要和尊重需要上。民航服务人员进行服务时最好使用国际旅客国家的语言进行交流,以示重视与尊重,不卑不亢的周到服务还能拉近彼此之间距离,尽量给予个性化服务,彰显本国服务热情、细致、周到的特点。

(四)初次乘机旅客出行的心理需要及服务

初次乘机的旅客好奇心比较强,精神比较紧张、亢奋。因此,他们出行的心理需要主要体现在安全需要和求知的需要上。民航服务人员进行服务时应语速适中,注意重要细节,检查要细心,多做提醒,以示关心。

三、调整民航旅客情绪的技巧

情绪既能给旅客带来积极作用,也能给旅客们带来很多不利影响。民航服务人员通过一定的心理策略和机制,能使旅客的情绪情感在生理活动、主观体验、表情行为等方面发生一定的变化。

(一)转移法

转移法是指有目的、有计划、及时地把注意力从一个对象转移到另一个对象上,通过事物之间内在联系,转移旅客注意力的方法。如果你在工作和生活中因为某个人或者某一件事情感到心情烦躁、郁闷,注意力也无法集中,这时你就不要勉强自己了,应该换一种方式缓解一下烦躁、郁闷的心情。运动是转移注意力较好的方法,这样做会分散一下紧张的注意力,让烦躁、郁闷的心情能够及时得到缓解和放松。

(二)补偿法

补偿法是因欠缺某种东西而迅速给予的精神或物质的补偿,以满足旅客某种需要,使心情好转的一种方法,是填补旅客内心的欠缺从而达到平衡的一种方法。

■ 知识链接

旅客罢机造成航班延误,引起恶性"多米诺骨牌"效应

2007年2月24日,记者乘坐的由贵阳飞往广州的中国南方航空公司的CZ3691航班原定起飞时间为21:50,快到登机时间时,机场告示牌才显示这次飞行将由深圳飞往贵阳的航班来执飞,可是这架飞机还未从深圳起飞,到达贵阳机场的时间未定。直至21:30左右,旅客才被明确告知预计起飞时间将延误至22:40。

事实上,此次航班的起飞时间已经改过一次,原计划的起飞时间为17:35。航空公司提前一天将"因飞机运力调配不过来而导致延误"的信息通知了留有电话的旅客,而对于没有留电话无法通知又提早到达机场的旅客,航空公司为他们安排了宾馆休息和餐食,并给在机场等候的旅客发放了饮料等。

先是时间更改,接着又出现延误,许多候机的旅客出现了不满情绪,开始一起找航空公司的地面服务人员理论,争执的焦点最后集中在赔偿问题上。

可航空公司认为,航班延误已提前通知旅客,已尽到告知责任。而现场延误一个多小时,则不在赔偿范围内。因为按照中国民用航空局公布的《航班延误经济补偿指导意见》,航空公司因自身原因造成航班延误四小时以上八小时以内或者八小时及超过八小时,旅客才可以得到经济补偿。

22:40分左右,飞机抵达贵阳。这时,与航空公司争执未果的旅客中有人高声提出:"大家都不要登机了!"有人跟着附和道:"即使登了机,也站在过道上,让飞机飞不了!"还有人索性直接高喊:"只要我们再拖一点时间,航空公司就招架不住了,不赔都不行!"

接着,有120人登了机,但仍有40多人在候机厅拒绝登机。即使上了飞机的旅客也采取站在过道的方式进行"抗议"。

争执至凌晨,机上等候的旅客开始不耐烦道:"不登机是他们的自由,但也不能因此耽误我们的时间啊!赶快起飞吧!"这种不满开始发泄到乘务人员身上,责骂声在机上此起彼伏。一时间,秩序十分混乱。乘务人员只好一遍遍地将机上旅客的要求传递给机下地面服务人员,传递回来的信息是地面服务人员正在与拒绝登机的旅客协商,至于是否赔偿、如何赔偿、飞机何时起飞等事宜,要等公司高层做出决定。

就这样,航班延误演变成了航空公司与旅客之间的博弈。在经历一场激烈的唇枪舌剑和漫长的等待后,在不上机要求赔偿的旅客和上了机要求赶快起飞的旅客的两面夹击下,航空公司只好妥协,现场给每位旅客赔偿了100元并承诺给有需要的旅客安排住宿。罢机旅客这才陆续登机。

众所周知,造成航班延误的原因有很多,如天气、流量控制、机械故障、旅客原因等。对于飞机延误,航空公司也无法预料,没有一家航空公司愿意航班延误,没有一家航空公司在延误后不努力想办法补救,没有一家航空公司不希望延误的时间越短越好,但要求绝大多数旅客完全理解航空飞行的这些特殊性也是很难的。

然而,本事件中部分旅客的罢机等行为实不可取。部分旅客罢机无形中"强迫"了另外一批旅客延迟登机,一部分利益的损害直接"转嫁"给了他人,罢机旅客从受害者变成了施害者,如此循环不断,造成了航班延误的"多米诺骨牌"效应。

(资料来源:根据 http://news.carnoc.com/list/81/81927.html 整理。)

(三)分析法

分析法是将与旅客情绪密切相关的各种因素进行剖析的方法,即通过分析旅客情绪不满发生的原因和事物客观存在的特殊原因,着重分析旅客情绪变化,如无法补偿时,民航服务人员要将事情讲清楚,以安抚为主,适当缓解旅客情绪。

任务三 民航服务人员的情绪管理

情绪管理是指通过研究个体和群体对自身情绪和他人情绪的认识、协调、引导、互动和控制,充分挖掘个体和群体的情绪智商、培养驾驭情绪的能力,从而确保个体和群体保持良好的情绪状态,并由此产生良好的管理效果。

情绪管理是一门学问,也是一种艺术,要掌控得恰到好处。善于控制、治理自身情绪的人,能够消除情绪的负效能,最大限度地开发情绪的正效能。

一、健康情绪对民航服务的积极影响

情绪对人的发展影响极大,它甚至在一定程度上决定着一个人的人生。民航服务人员

必须加强自身情绪的管理。

（一）健康情绪的特点

1 一致性

一致性是指情绪反应与刺激保持一致。每种情绪的发生、发展都与相应的刺激有关。该喜则喜，该怒则怒。这种一致性还表现在反应的程度与刺激的强度上，强刺激引起强烈的情绪反应。情绪反应与刺激不一致，过强或过弱的情绪反应，都是不健康的表现。

2 时间性

健康的情绪在产生时比较强烈，但随着时间的推移会逐渐弱化，若反复出现某种情绪或发生情绪"固着"，则是不健康的。例如，生活中不小心把东西丢了，当时可能会非常懊恼，事情过后，自己也就慢慢调节过来了。如果长期懊恼，这就是情绪不健康的表现。

3 稳定性

健康的情绪还要有一定的稳定性。如果情绪反应波动过大，变幻莫测，且无明显原因的忽喜忽悲，则是情绪不健康的表现。

4 调控性

调控性是指能够把消极情绪转化为积极情绪，保持良好心态，充满热情地工作、学习和生活，这也是健康情绪的重要体现。

■知识关联

健康情绪的标准

（1）开明、豁达，遇事不斤斤计较，不为一些鸡毛蒜皮的小事生气。

（2）情绪正常、稳定，很少大起大落或喜怒无常，能承受欢乐与忧愁的考验。

（3）能给人以爱和接受别人的爱，待人热情，乐于助人，有同情心。

（4）谈吐风趣、幽默、文雅。

（5）自信、乐观、有主见，能独立解决问题，能进行创造性的学习。

（6）明智、少偏见，能正确认识自己和他人的长处与短处。

（7）对前途充满信心，富有朝气，勇于上进，坚韧不拔。

（8）能面对现实、承认现实和接受现实，并能按社会的要求行动。

（9）对平凡的事物保持兴趣，能不断从生活环境中得到美与快乐的享受，既会学习也会娱乐。

（10）尊重他人，与人为善，和睦相处，能建立良好的人际关系。

（资料来源：根据相关资料整理。）

(二)健康情绪对民航服务的积极影响

1 健康的情绪可以促进民航服务人员的身心健康

积极的情绪对健康有益,消极的情绪会影响身心健康。我国自古就有"喜伤心、怒伤肝、思伤脾、忧伤肺、恐伤肾"之说,可见人的情绪与健康有着密切的关系。过度消极的情绪,长期不愉快、恐惧、失望,会抑制胃肠运动,从而影响消化机能。情绪消极、低落或过于紧张的人,往往容易患各种疾病。因此,人只有保持乐观的情绪,才有利于身心健康。健康、积极的情绪,是保持身心健康的条件。而民航服务人员的身心健康又是保证民航服务质量的前提条件。

2 健康的情绪可以促进民航服务人员的人际交往

积极的情绪表现为精神上的愉快和情绪上的饱满,"人逢喜事精神爽",民航服务人员只有保持乐观的心态、开朗的性格、热情的态度,才能正确认识和对待各种现实问题,从容地面对和化解人际交往的各种矛盾,从而更好地应对工作中的难题。

3 健康的情绪可以提高民航服务人员的服务质量

1)拉近与旅客的心理距离

在旅客将要开始旅程时,可能会有一些紧张和不安的情绪,而民航服务人员积极的情绪,如面带微笑、轻松愉悦,不仅能使自己处于一种良好的工作快态,而且还会感染旅客。拥有良好情绪所流露出来的真实而真诚的笑容,可以在不经意间消除旅客身体上和精神上的紧张和不安,使旅客感到信赖和安全,以此拉近彼此间的心理距离,建立起和谐、信赖的服务关系。良好服务关系的建立,是提高服务质量的首要条件。

■知识链接

满意的老人

在飞机客舱里,一位老人坐在靠走道的座住上,不时把目光投向两边的窗口,见乘务员从她身边走过总是欲言又止,一位乘人员看在眼里,记在心里。等空中服务告一段落后,乘务员主动询问老人有没有什么事情需要帮助。原来这位老人是平生第一次坐飞机,也是第一次处在这么高的位置,总想看看飞机外面到底是什么样子,然而自己的座位不靠窗口。她听说飞机是按号坐的,自己又不敢动,眼看着时间一分一秒地过去了,十分焦急。乘务员听说以后,在有限的条件下对老人的座位进行调整,让她靠近了窗口,并且利用服务的空隙,给她讲解哪里是长江,哪里是武汉长江大桥等。老人望着身下如絮的白云,头上蔚蓝的天空,再看那茫茫大地上巍峨的群山、如带的河流,不时露出笑容,一直等到飞机落地了还意犹未尽。临下飞机,老人对那位乘务员说:"姑娘,这次旅行能坐上你服务的飞机,真是有缘。"

乘务员通过仔细观察老人的表情,就能判断出老人内心的焦急,并适时地提供个性化的服务,与旅客的心理距离一下子拉近了好多,使得老人感受到旅途的乐趣。

(资料来源:根据相关资料整理。)

2)缓解旅客的旅途疲劳

民航服务人员积极的情绪可以通过表情特别是轻松愉悦的笑容传递给旅客,给旅客带来温暖和安全感,有利于消除旅客长途旅行的疲劳和孤独等消极情绪。

■ 行业资讯

国航地服人员热情服务暖人心

为了体现国航"四心"中"舒心"和"动心"的服务理念,使旅客感受到更加亲切、温馨的服务,国航地面服务部国内客运中心"两舱"标准室的青年员工们在"母亲节"及"助残日"等特殊的节日中为母子同行的旅客、残疾旅客献出了自己的一片爱心。

5月14日是"母亲节",国航地面部国内客运中心"两舱"标准室的员工准备了蕴含着"感谢母亲"含义的康乃馨,献给旅客中的母子。这份贴心与关怀使母亲们倍感惊喜,幸福洋溢在她们的笑脸上。5月21日是"世界助残日",青年员工们身披"青年志愿者"绶带,与特殊服务部门积极配合,为残疾旅客提供主动、周到的服务。当日,有一名由于中风导致下身瘫痪的轮椅旅客,青年志愿者们全程协助相关人员将该旅客送至飞机上,残疾旅客感动之情溢于言表。

国航地面服务部国内客运中心"两舱"标准室的青年员工们以体贴和热情让每一位旅客在旅途中感受到了家的温馨。

(资料来源:根据相关资料整理。)

3)化解旅客不良情绪

民航服务人员积极的情绪常常通过微笑传达给旅客。微笑,是一种特殊的情绪语言,是服务工作的润滑剂,也是民航服务人员与旅客建立感情的基础,更是服务行业职业道德的重要内容。它可以代替语言上的"欢迎",消除旅客的紧张,对民航旅客的情绪有安抚作用。因此民航服务人员积极的情绪可以改变旅客的态度,化解民航旅客的不良情绪,有利于民航服务工作的顺利开展。

■ 知识链接

以真诚、精细的服务打动人心

某日,长沙—西安的航班HU328因飞机故障预计从7:45延误至10:45。

在接到延误消息后,机场的工作人员立即分工行动,完成对旅客的解释及安抚工作。

11:00机务人员通知飞机无法修复将继续延误,机场的工作人员及时将此情况告知旅客。但是焦躁不安的旅客们情绪开始激动,部分旅客要求航空公司给予经济补偿并声称要进行投诉。

在这种情况下,机场的工作人员尽力安抚旅客,并向旅客做好解释工作,还帮其中一位身体不适的旅客请来机场医生。由于工作细致及时,服务周到热情,旅客们的情绪渐渐稳

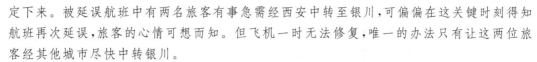

定下来。被延误航班中有两名旅客有事急需经西安中转至银川,可偏偏在这关键时刻得知航班再次延误,旅客的心情可想而知。但飞机一时无法修复,唯一的办法只有让这两位旅客经其他城市尽快中转银川。

机场的工作人员经过和其他航空公司紧急协调,让这两位旅客乘坐南航航班至北京,再中转海航航班抵达银川。为了不影响这两位旅客乘机,工作人员立即展开行动,带着这两位旅客来到值机柜台和机场售票处,为他们办理改签手续并及时将这两位旅客送至登机口。飞机起飞前,机场的工作人员再三叮嘱南航工作人员照顾好这两位旅客并将转机等事宜告知旅客。

由于服务到位,考虑周全,原本情绪激动的旅客不仅没有生气,反而连声道谢,临走时,这两位旅客非常感动地说:"虽然你们公司的航班让我耽搁了几个小时,但你们的服务态度和敬业精神让我十分满意,我坐了这么多年的飞机,也只在你们航空公司才感受到如此周到的服务。"事后,旅客还专程打来感谢电话,机场的工作人员也因此受到了相应的表扬。

(资料来源:根据相关资料整理。)

二、不良情绪对民航服务的消极影响

众所周知,空乘是一个令人羡慕的职业,可做了这一行后才知道民航服务人员普遍存在很大的压力,有时甚至无法轻松面对旅客,表现出冷漠、急躁、敷衍的工作态度。

作为民航服务人员,尤其是一线的工作人员空乘和地勤人员,整日在高空、高压、缺氧、噪声、辐射、干燥、密闭的客舱或机场环境内工作,本身就不利于身心的放松与健康。每天面对繁重且重复的工作,再加上飞机上气流颠簸带来的身体不适,以及恶劣天气返航、备降所承受的心理担忧,因飞行造成的颈肩、腰背不适和睡眠障碍等职业病,延误时面对生气发怒旅客的情绪调整,熬夜跨零点飞行或值机等导致的不规律生活作息,都时常让民航服务人员感觉身心疲惫。加上公共节假日不能陪伴家人,这些又会导致他们紧张和焦虑。起早贪黑平均每天执勤十几个小时,几乎用掉一整天的时间,飞行后回到家什么也不想做,平时还有各种形式的培训、检查、考试等,难免使人产生不良情绪,影响身心健康,影响工作效率。因此,民航服务人员要做好自身的情绪管理工作,调整好心态,用积极的态度面对工作。

(一)民航服务人员常见的几种不良情绪

由于承担着安全与服务的双重责任,民航服务业已成为职业压力较大的行业,民航服务人员以消极情绪为主的心理问题十分突出。

1 焦虑

焦虑是个体对当前或预感到的挫折产生的一种紧张、忧虑、不安且兼有恐惧的消极情绪状态。它包括自尊心和自信心的丧失,失败感和内疚感的增加等。焦虑是复合型情绪。

焦虑是由危险或威胁的预感所诱发的。个人在遭遇到利害冲突、灾害、疾病困扰或竞争挑战时,预感到无力避免、无法应付的危险或威胁就可能转化为焦虑。焦虑者常常表现出精神运动性不安,比如来回地走动,不由自主地发抖,还伴有出汗、口干、心悸、呼吸困难、尿急尿频、浑身无力等不适感。

焦虑是航空服务人员常见的情绪困扰,产生的原因多为工作、生活与人际交往方面所遭受的挫折,如发生误机、纠纷等事件。作为与旅客直接接触,提供面对面服务的民航服务人员,常处在风口浪尖上,心理压力巨大,极易引发焦虑情绪。而过度的或持久的焦虑会干扰民航服务人员的正常心理活动,导致心理疾病的发生,从而严重影响他们正常的生活和工作。

■知识关联

社交焦虑测试

如果这些情况发生在你的身上,或是有类似的表现,请你完成下面这个简易测试。请标出下面每句话与你相符的程度,评分标准如下:

3分=非常像我　2分=有些像我　1分=有一丁点儿像我　0分=一点儿也不像我

(1)我在新环境里要花上不少时间克服羞怯。
(2)有人看着我时,我干活很吃力。
(3)我非常容易困窘。
(4)我同陌生人谈话很困难。
(5)我在人群前讲话时感到紧张。
(6)一大群人会使我紧张。

把各条目的得分相加,如果总分超过9分,提示您可能存在社交焦虑障碍。

2 冷漠

冷漠是个体在遭受挫折后,对付焦虑的一种防御手段,也是一种消极的情绪状态。它包括缺乏积极的认知动机、活动意向减退、情感淡漠、情绪低落、意志衰退、思维停滞。冷漠是一种个体对挫折环境的自我逃避式的退缩心理反应,带有一定自我保护意识或自我防御性质。当个体在生活和工作中遭受挫折并感到无能为力时,往往会表现出不思进取、情绪低落、情感淡漠、沮丧失落、意志麻木等心态。

由于民航旅客身份的复杂性、民航安全要求的特殊性、民航运输的快捷性与不可控性的矛盾等,民航服务人员不仅要做好细致的旅客服务工作,还要处理各种突发事件。例如,航班延误时,民航服务人员常常处于矛盾的焦点。有的因制止旅客在飞机上拨打电话而受到抱怨;有的因制止旅客擅闯安检通道而被拳打脚踢;有的因航班延误遭到旅客围攻;还有的遭到旅客辱骂、刁难、人身攻击。因此,民航服务人员长期处于一种压抑、委屈甚至受创伤的心理状态,得不到及时而有效的疏导和调试。当他们的情感得不到满足时,冷漠便成为他们的保护色,他们对外界的任何刺激都无动于衷,无论面对的是悲欢离合还是爱恨情仇都漠然置之。他们与旅客的心理距离越来越远,对自己的评价也会降低。然而,表面上的冷漠掩盖着的却是他们内心深处的痛苦、孤寂、无助和强烈的压抑感。

冷漠者初期主要认为生活没有意义,心情冷淡,出现抑郁状态,随后发展到强烈的空虚感,内心体验日益贫乏,不愿进行抉择和竞争,缺乏责任感和成就感,最终严重影响到生活与工作。

3 抑郁

抑郁是一种持续的心情低落、悲伤、消沉、沮丧、不愉快等综合而成的情绪状态,表现为兴趣淡漠、被动消极、悲观绝望,很难全身心投入现实的生活与工作之中。

处于抑郁情绪状态无法解脱的人,在生理方面,往往会无缘无故地产生身体的不适,如头痛、胃痛、头昏、眼睛疲劳等,做事经常感到疲倦,伴有睡眠障碍。此外,食欲不振、体重下降也是常有的情况。在心理方面,则心情低落,常感沮丧、悲观,甚至绝望。感情淡漠,对事物兴趣大减,失去幽默感,自我满足感降低、内心冲突强烈、自责心重,愧疚感和失落感增强。

工作责任重、风险大、家庭发生变故、与同事或好友发生纠纷、升职压力、受到批评或处分、恋爱不顺利或失恋等重大生活事件,是民航服务人员可能产生抑郁情绪的重要因素。航空管制人员、航空器维修人员因为工作性质缺乏足够的人际交流,易形成孤僻、封闭的性格;安检、保卫人员处于维护正义又与防范不法分子的风口浪尖,可能会被负面情绪所影响。这样,就造成有些民航服务人员精神抑郁、苦闷,晚上彻夜难眠,白天工作时无法集中注意力。长此以往,民航服务工作以及民航服务人员自身的身心健康都将受到严重影响。

4 愤怒

愤怒是当客观事物与人的主观愿望相违背,或愿望无法实现时产生的一种激烈的情绪反应。愤怒发生时,可能导致人体心跳加快、心律失常、高血压等躯体性反应,同时使人的自制力减弱甚至丧失、思维受阻、行为冲动,常常可能会做出让人后悔不已的事情或造成不可挽回的损失。

5 恐惧

恐惧情绪是在面对某些特定事物、特殊环境或人际交往时产生的一种强烈而紧张的内心情感的体验。民航服务人员往往会因出现异常情况危及飞行安全时产生恐惧情绪。另外,因各种原因,旅客将愤怒情绪往民航服务人员身上发泄时,民航服务人员也会产生恐惧情绪。

此外,民航服务人员可能产生的消极情绪还有悲伤、沮丧、自卑等。

■ 知识关联

压力也算工伤

在荷兰,除肢体重复性劳损算工伤外,因工作压力过大而引起的抑郁、焦虑、烦躁、失眠等心理疾病也都可以算工伤。生病的员工可以在家休息,也可要求雇主进行内部工作调整及改善工作条件等。

如果员工完全无法工作,第一年的休养期,雇主要继续向员工支付全额工资,一年后,经医疗机构评估,如果员工身体仍然无法适应工作要求,则可进入社会福利系统,领取生病前工资额的70%。

当然,与宽松的休假制度和人性化的法律规定相对应的,是荷兰人紧张的工作状态和自觉的工作态度。工作日的每一分钟他们都百分之百地用在工作上,很少人浮于事。

(资料来源:根据相关资料整理。)

(二)不良情绪对民航服务的消极影响

在日常的服务工作中,民航服务人员面对不理解自己的民航旅客、工作压力、社会舆论的压力、同事间的竞争压力等,难免会产生不良情绪。不良情绪产生的消极影响主要表现在以下几个方面。

1 不良情绪影响民航服务人员的工作效率

在不良情绪的阴影下,民航服务人员可能会处于一种伤心、愤怒或心不在焉的状态,这种状态会严重影响民航服务人员的工作积极性,取而代之的是马马虎虎的工作态度与冷眼相对的面部表情,会极大地降低工作效率。

2 不良情绪影响民航服务人员的身心健康

凡是不能满足人们需要的事物,都可能引起否定的态度并产生消极的、不愉快的体验。这类情绪包括愤怒、憎恨、忧愁、焦虑、恐惧、苦闷、不安、沮丧、嫉妒、耻辱、痛苦、不满等。这些都是与消极情绪状态密切联系的。从某种意义上说,消极情绪是一种对心理不利的紧张状态,往往会因过分地刺激人的器官、肌肉及内分泌腺而损害人的健康。

经常或持续地出现消极情绪所引起的长期过度的神经系统紧张,往往会导致身心疾病。例如,神经系统功能紊乱、内分泌失调、免疫力下降,最终可能会转变为精神障碍或其他器官的系统疾病。

■ 知识关联

不良情绪的运动调节术

当你盛怒时,可以干些体力活,也可以到操场上跑几圈,把因盛怒而产生的能量释放出来。当你累得满头大汗、气喘吁吁时,你会感到筋疲力尽,这时不愉快的心情会得到平复,郁积的怒气也会消失。

焦虑对应的运动——慢跑、瑜伽、游泳。焦虑会伴有自主神经系统功能紊乱的情况,比如心慌、出汗、心跳加速等。在这种状态下最好做一些能让身心舒缓,帮助安静的运动项目。

愤怒对应的运动——器械运动、登山、快速跑、网球、羽毛球。做一些消耗性的体育运动,可以把负面的能量消耗掉。

紧张对应的运动——足球、篮球、排球。足球、篮球、排球场上形势多变,紧张激烈,只有冷静沉着地应对,才能取得优势。经常在这些激烈场合中接受考验,遇事就不会过于紧张,从而给工作和学习带来好处。

抑郁对应的运动——快速跑、网球、羽毛球。当有持续性的抑郁心情时,最好选择简单、易于操作且有一定强度的运动,这有利于帮助转移注意力,消除抑郁的困扰。

3 不良情绪容易导致民航服务人员和旅客之间不必要的误会

当民航服务人员带着不良情绪工作时,是不可能为旅客提供良好的心理服务的。不良情绪会破坏服务关系的和谐。被不良情绪困扰的民航服务人员,很难与旅客建立良好的服务关系。而良好的服务关系的建立、健全和维持,是保障民航服务质量的重要因素,甚至是首要因素。设想当旅客面对着冷眼相待的民航服务人员时,旅客会是什么感受。他们会感到不受欢迎、不被尊重,从而心情也不可能愉快。这种不良情绪会相互感染,形成恶性循环,产生不良的心理气氛,这样不但会影响民航服务人员与旅客的情绪,甚至会导致矛盾的产生和加剧。

所以,不良情绪如果得不到有效管理,将会直接影响到民航服务的质量。

■ 知识关联

乘务员自我息怒的心理技巧

在工作中,乘务员要面对各种性格的人,需要处理的事也非常多、非常杂,有时可能会因为各种原因和旅客之间产生一些矛盾和误会,这是在所难免的。在飞机这种特殊的交通工具上,乘务员肩负的不只是一份工作,它还是一个榜样,一个代表服务行业的先进典范。所以在矛盾产生时,乘务员如果不加以自控,冲突会愈演愈烈,影响工作和伤害感情。

技巧一:平心静气,不正面迎接对方的不良情绪

心理学家提出了能使人平心静气的三个法则:首先降低声音,其次放慢语速,最后胸部向前挺直。

飞行中我们有时会遇见这样一种旅客。身体强壮的男士来到你面前,放下一件行李说:"你给我放上去。"如果乘务员迟疑了一下,他立即就会面带怒色。有的乘务员对这位男士的做法感到不愉快,心想:你是男士,力气比我大,身形比我高,这样做不太绅士了。当旅客的做法令人不太愉快时,切记不要正面迎接对方的不良情绪,否则将会把一件小事扩大成矛盾。此时,乘务员可以语气温和地对男士说:"先生,我们一起把这件行李放上去吧。"如果男士置之不理或者直接拒绝了你,请礼貌地对男士说:"请稍等一下,我去找人来帮我。"这时乘务员可以找机上其他乘务员帮忙。也许,这件行李并不重,但两个乘务员共同举一件拉杆箱会显得要雅观一些。平心静气的态度其实是将矛盾在温和的气氛中化解,或者避开。

当冲突发生时,要三思而后行,想一下自己的责任,将自己升华为一个理智、豁达的人,就更容易控制住自己的情绪,缓解紧张的气氛。

技巧二:闭口倾听,"风平浪静"后再来理论

乘务员应先听听别人的话,让别人把话说完。要尽量做到虚心诚恳,通情达理。靠争吵绝对难以赢得人心,立竿见影的办法是彼此交心,这在吵架中绝对做不到。愤怒情绪发生的特点在于短暂,"气头"过后,矛盾就较为容易解决。当别人的想法你不能苟同,而一时又觉得自己很难说服对方时,闭口倾听,会使对方意识到,听话的人对他的观点感兴趣,这样不仅压住了自己"气头",同时有利于削弱和避开对方的"气头"。待"风平浪静"后,再来理论,可以避免双方大伤感情,往往能获得理想的结果。

有一次，某航班延误2小时。旅客登机后由于机场流量过大，该航班还需要继续等待约2小时的航空管制。一架装有127人的波音737飞机上，有七八个旅客在怒吼。后舱的三名乘务员多次给正在F舱的乘务长打电话。乘务长走出F舱，看到三名乘务员都在客舱中解答旅客问题。可是航空管制的原因不是机组可以掌握的，在这时不停解释原因也很难得到旅客的谅解。于是，乘务长将乘务员召集到后舱开了个小会，要求大家沉住气，顶住压力，从现在开始由乘务长一人出去回答旅客问题，其他乘务员都进客舱进行送水、发报纸、打开通风口的细微服务。乘务长主要采取倾听的办法与旅客交流，其他乘务员则进行送水，虽然也很忙，但客舱秩序明显转好。

通过实际的服务工作和倾听的方法向旅客传递乘务员友好的态度，避免了因解释不清的问题与旅客发生正面冲突，"躲"过了旅客的"气头"，缓解了客舱气氛。事后，还有旅客留下了表扬信。

技巧三：交换角色，换位思考

在人与人之间的意见沟通过程中，心理因素起着重要的作用。人们都希望只有自己是对的，对方必须接受自己的意见才行。然而，人们在组织内和生活中所处的角色不同，在处理问题时，往往由于考虑的角度和立场不同而意见不一。如果双方都坚持己见，不能理智地考虑对方意见，就很容易引起冲突。如果双方能够交换角色并且设身处地地想一想，就会在比较中了解彼此的动机和目的，就会意识到自己的意见是否正确，是否应该被对方接受，从而避免双方大动肝火。

"忍得一时气，免得百日忧"，合理的让步不仅对事情大有益处，也会赢得旅客的尊重。退后一步，海阔天空。

（资料来源：根据相关资料整理。）

三、民航服务人员的情绪调控

（一）健康情绪的培养

1 培养与体验高级情感

任何情绪都是一定情感状态下的情绪，任何情感又都可以通过一定的情绪状态表现出来。情感不仅与个体需要相联系，更与社会需要相联系。因此，管理情绪的关键就是培养关爱、美感、道德感等高级情感，升华自己对事物的认识。民航服务人员要在实践中学习感受生活和工作的丰富多彩，体验生活中的爱和美好，享受生活的乐趣，以对自己高度负责的态度，激发兴趣、倾注热情，投身工作和生活中，体验各种丰富的情绪情感，培养自身良好的情绪情感。

2 创造快乐情绪

民航服务人员要保持良好的情绪状态，不是被动地等待快乐的来临，而是要始终拥有一颗好奇心，发现并主动创造能使自己感到快乐的生活和事业，并能够充分地享受快乐。首先，民航服务人员应注意保持适中的自我期望水平，根据自己的实际情况来确定具体可行的奋斗目标,学会珍惜现在已经拥有的机遇和生活条件,把握好每一次机会。其次,民航服务人员应对人对己多点鼓励、少点责备,宽容而不要过于苛刻。古人云"海纳百川,有容乃大",宽容有助于保持快乐的情绪。最后,民航服务人员要培养良好的兴趣爱好,因为良好的兴趣爱好能带来快乐,帮助人放松身体、放松心情。而缺乏必要的兴趣爱好,会使人的生活变得机械、单调、乏味、疲惫。

■知识关联

改变自己,美好生活

我改变不了现实,但我可以改变态度。我改变不了过去,但我可以改变现在。我不能控制他人,但我可以掌握自己。我不能预知明天,但我可以把握今天。我不可能样样顺利,但我可以事事顺心。我不能延伸生命的长度,但我可以决定生命的宽度。我不能左右天气,但我可以改变心情。我不能选择容貌,但我可以展现笑容。一个人心就有多宽,梦想有多大。

(资料来源:根据相关资料整理。)

(二)不良情绪的调节

作为一名民航服务人员,尤其是一线工作人员,每天要面对不同的旅客、繁重的工作、重复的工作内容,难免会产生不良的情绪,影响工作效率、影响身心健康。

情绪无好坏之分,一般分为积极情绪和消极情绪,但由情绪引发的行为及后果却有好坏之分。所以说,民航服务中的情绪管理并不是消除情绪,而是疏导情绪,并使之合理化。

民航服务人员应当具有情绪的自我调控能力,即能控制自己的情绪活动以及抑制情绪冲动的能力。情绪的调控能力是建立在对情绪状态的自我觉察的基础上的,是指如何有效地摆脱焦虑、沮丧、激动、愤怒或烦恼等因为失败或不顺利而产生的消极情绪的能力。

❶ 承认压力及不良情绪存在的事实

生活中每个人都会感到压力、紧张和不良情绪的存在,这是很正常的,完全没有必要逃避。承认不良情绪的存在,找出产生该情绪的原因,然后想办法调整它,克服它,这才是民航服务人员应该有的态度。

❷ 调整认知转换法

情绪ABC理论认为,导致消极情绪的不是事实本身,而是对事实的看法,改变看法,就可以改变情绪。在为旅客服务时,民航服务人员不管面对怎样的旅客,怎样的情况,或者怎样的麻烦,永远不要抱怨。抱怨除了破坏的心情,对事情的解决于事无补。应该想想,这件事会带给自身什么样的经验、教训及警示,避免今后的工作重蹈覆辙,这就是将"问题"转化为"机会"。

❸ 学习情绪疏导的方法

1)合理宣泄法

合理宣泄法是一种效果十分显著的疏导不良情绪的方法。它具有简捷、易操作、收效迅速的特点。对情绪变化剧烈、心理反应敏感的民航服务人员来说，合理宣泄法是一种容易接受，短、平、快的方法。

对不良情绪的宣泄有很多方法，如语言倾诉、与人交谈、写作、看电影、画画、旅游等。但还有一些不妥的方法，如愤怒时砸东西、攻击别人，烦闷时借酒浇愁等，这些方法虽然能够将不良情绪发泄出去，但都是暂时的，反而会带来更大的烦恼，甚至引发更严重的问题。因此，在运用合理宣泄法时，民航服务人员要根据实际情况，通过正常的途径和渠道，采用适当的宣泄方式（见图5-10），控制宣泄的程度，只有这样才能取得良好的宣泄效果。

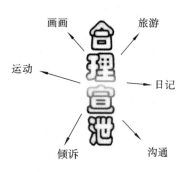

图 5-10　合理宣泄的方式

2）自我暗示法

从心理学角度讲，自我暗示就是个人通过语言、形象、想象等方式，对自身施加影响的过程，这个概念最初由法国医生库埃于1920年提出。自我暗示分为消极自我暗示和积极自我暗示。积极自我暗示是在不知不觉之中对自己的意志、心理以至生理状态产生影响，令我们保持好的心情、乐观的情绪和自信，从而调动人的内在因素，发挥主观能动性；而消极的自我暗示会强化我们个性中的弱点，唤醒潜藏在心灵深处的自卑、怯懦、嫉妒等，从而影响情绪。

我们可以利用语言的指导和暗示作用，来调适和放松心理的紧张状态，使不良情绪得到缓解，保持心理健康。比如默想或用笔在纸上写出"冷静""三思而后行""镇定"等。实践证明，这种暗示对人的不良情绪和行为有奇妙的影响和调控作用，既可以松弛紧张的情绪，又可用来激励自己。

3）注意力转移法

注意力转移法就是把注意力从引起不良情绪反应的刺激情境转移到其他事物上的自我调节方法。当情绪不佳时，我们要把注意力转移到自己感兴趣的事情上去，如散步、看电影、读书、打球、下棋等。这样有助于使情绪平静下来，在活动中寻找到新的快乐。运用这种方法（见图5-11），一方面，中止了不良情绪的刺激源，防止不良情绪的蔓延；另一方面，通过参与新的活动特别是自己感兴趣的活动，可以达到增进积极的情绪体验的目的。

图 5-11　注意力转移的方法

4）自我安慰法

当一个人遇到不幸或挫折时，为了避免精神上的痛苦或不安，可以找出一种合乎内心需要的理由来说明或辩解。这种方法对于帮助人们在大的挫折面前接受现实,保护自己,避免精神崩溃是很有效的。例如,当人们遇到问题时,经常用"胜败乃兵家常事""塞翁失马,焉知非福"等来进行自我安慰,这样可以摆脱烦恼,缓解矛盾冲突,消除焦虑、抑郁和失望,达到自我激励、总结经验、吸取教训的目的,有助于保持情绪的稳定和内心的安宁。

■ 行动指南

三种经典的放松训练

1. 深呼吸放松法

闭上双眼,双肩自然下垂,用鼻子呼吸,在呼吸的同时腹部也要跟着伸缩。当吸到足够多的空气时,憋气几秒钟,用嘴巴缓缓地呼气,反复三次以上,很快就能得到放松。

2. 肌肉放松法

找到一个放松的姿势,靠在沙发上(椅子上)或躺在床上,尽量减少其他无关刺激,然后按照头部—手臂—躯干—腿部的顺序进行放松。

(1)头部放松。紧皱眉头,保持10秒然后逐渐放松;闭上双眼,做眼球转动动作;皱起鼻子和脸颊部肌肉,保持10秒,然后放松;紧闭双唇,使唇部肌肉紧张,保持该姿势10秒,然后放松。

(2)手臂放松。双手平放于沙发扶手上,掌心向上,握紧拳头,使双手和前臂肌肉紧张,保持10秒,然后放松;将前臂用力向后臂处弯曲,使双臂的肱二头肌紧张,保持10秒,然后放松;双臂向外伸直,用力收紧,使上臂的肱三头肌紧张,保持10秒,然后放松。

(3)躯干放松。耸起双肩,使肩部肌肉紧张;挺起胸部,使胸部肌肉紧张;拱起背部,使背部肌肉紧张;屏住呼吸,使腹部肌肉紧张,由紧到松,逐步进行。

(4)腿部放松。伸出右腿,右脚向前用力像在蹬一堵墙,使右腿肌肉紧张;伸出左腿,左脚向前用力像在蹬一堵墙,使左腿肌肉紧张。

3. 想象放松法

通过想象,我们能让自己沉浸在一种自认为舒适的环境中,比如草原、大海,让自己感到惬意和放松。

项目小结

情绪情感一直都被心理学家认为是影响人类行为的重要方面。在民航服务中,旅客的情绪会影响民航服务人员的服务效果,而民航服务人员的情绪更会影响到民航服务质量。积极健康的情绪可以使民航服务人员在工作中事半功倍,而消极的情绪则会使民航服务人员在工作中事倍功半。因此,民航服务人员要掌握情绪情感的分类和产生过程,学会观察旅客的情绪变化,洞悉旅客情绪变化的因素,学会运用调整民航旅客情绪的技巧,及时做好满足旅客心理需求的针对性服务,采取合理的措施避免和应对旅客的过激行为,化解不良情绪,提高民航服务质量。同时,民航服务人员要做好自身的情绪管理,认清不良情绪带来的严重后果,学会运用适当的方法加强心理素质的培养,用良好的心态和积极的情绪对待工作和生活。

项目训练

一、简答题

1. 什么是情绪情感？根据情绪体验可以分为哪几类？
2. 情绪情感会产生什么样的功能？
3. 影响旅客情绪变化的因素有哪些？如何调整旅客的不良情绪？
4. 积极健康情绪的标准是什么？对民航服务有哪些积极作用？
5. 民航服务人员的不良情绪具体表现有哪些？
6. 当民航服务人员遇到不良情绪时，应如何进行调控？

二、选择题

1. 高兴时"眉开眼笑"，生气时"横眉竖眼"，恐惧时"目瞪口呆"，指的是情绪中的（　　）表现。
   A. 面部表情　　　　B. 体态表情　　　　C. 言语表情　　　　D. 心理表情

2. 强度较低但持续时间较长的情感，持久而微弱、平静的情绪状态是（　　）情绪。
   A. 心境　　　　　　B. 热情　　　　　　C. 激情　　　　　　D. 应激

3. 热烈、有力、稳定，强度较高但持续时间较短的情感，对学习、工作等具有巨大推动力的是（　　）情绪。
   A. 心境　　　　　　B. 热情　　　　　　C. 激情　　　　　　D. 应激

4. （　　）是民航服务人员最常见的不良情绪。
   A. 内疚　　　　　　B. 焦虑　　　　　　C. 心境　　　　　　D. 应激

5. 当人们遇到问题时，经常用"胜败乃兵家常事""塞翁失马，焉知非福"等想法来平息不良情绪，这种情绪调适方法是（　　）。
   A. 合理宣泄法　　　B. 自我暗示法　　　C. 注意力转移法　　D. 自我安慰法

三、案例分析题

航班延误闹心，维权仍需理性

因受流量管控、雷雨天气等因素影响，沈阳桃仙国际机场出现大面积航班延误现象。原计划由沈阳飞往杭州的某航班，因流量管制延误5小时后取消，航空公司将预乘该航班的100多名旅客安置到宾馆休息。次日上午，此批滞留旅客因流量管控一直滞留在登机口附近的休息处。最终滞留旅客情绪失控，冲击安检工作人员组成的人墙，扰乱安检现场秩序，造成多处安检通道堵塞，近百名排队等候的安检旅客受到影响。现场民警对拒不听从警告、执意封堵安检通道、扰乱机场秩序的3名旅客，采取了强制带离措施。对2名旅客予以行政拘留10日的处罚，对违法情节较轻的1名旅客，予以行政警告。

（资料来源：根据相关资料整理。）

请问：

1. 旅客产生不满情绪的原因是什么？滞留旅客该如何合理维权？
2. 焦虑会给旅客带来哪些负面影响？生活中你如何调节自己的负面情绪？
3. 为了避免此类情况再次发生，你认为航空公司应如何妥善处理？

四、实践题

旅客抱怨情绪及其处理

2017年7月某日,MUS142航班(太原——上海),一位旅客投诉:在飞机降落时想要去洗手间,被乘务员阻止,旅客认为乘务员在解释期间有不尊重她的意思。经向旅客电话了解,旅客说:"刚广播了飞机下降信息后,我想去洗手间,到后舱时,乘务员以飞机下降期间不安全为由阻止我去洗手间,同时该乘务员与其他机组成员聊天说笑。"旅客认为既然是以安全为由,乘务员尚且闲聊说笑不以身作则,怎么能谈得上安全,因此认为乘务员处事不灵活,故意刁难。

就以上事由,分成小组进行角色扮演:小组A扮演旅客,小组B扮演乘务员。要求代入感强,思路清晰,快速有效地安抚旅客的情绪,妥善处理旅客的不满,直至旅客满意为止。

项目六　民航服务中的态度

知识目标

　　了解态度的概念、结构、特征与功能；
　　掌握影响民航旅客态度形成与改变的两大因素。

能力目标

　　了解影响民航旅客态度的因素；
　　学会改变民航旅客消极性态度的方法；
　　掌握民航服务中的态度要求。

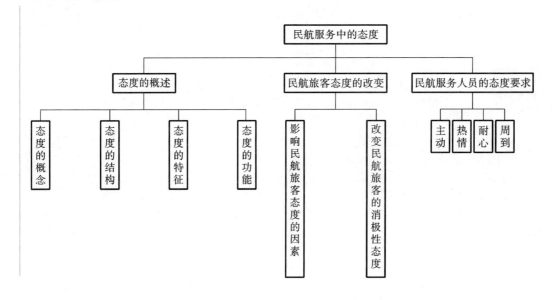

项目引入

态度改变一切

美国社会心理学家马斯洛认为，心若改变，你的态度跟着改变；态度改变，你的习惯跟着改变；习惯改变，你的性格跟着改变；性格改变，你的人生跟着改变。在最近处理的几起投诉事件中，我深刻地体会到这点。

一次，一位海归学者对安检工作提出投诉。领导把处理投诉的任务交给了我，我在与旅客进行沟通之前，先上网搜索了他的相关情况，做了充分的准备。于是我给旅客打去电话："喂，您好"，可是听到的却是一声断喝："怎么这么没礼貌，谁教你打电话用'喂'字开头。"我心里一惊，立刻意识到自己的失误，于是赶忙真诚地道歉才得以继续与他通话。

这名旅客身份地位较高，希望别人对他十分尊重，我一个很平常的"喂"字，在他听来却非常刺耳，一个小小的失误使我深受教训。在后面的沟通中我抓住了他的这种心理，通过他的口音判断他是东北人，开始用东北话与他亲切交谈。

"王大哥，听您的口音是东北人吧，很高兴认识您。"

"你怎么知道我是东北人？"

"我也是东北人，和您是老乡啊，听到您的东北口音感到非常亲切。"

听到我尊重地称呼他大哥，加上我的乡音，他的语气顿时缓和下来和我唠起了嗑。"我在网上看过您的事迹介绍，您在学术领域取得了很大的成就，能认识您是我的荣幸。您来到南京禄口国际机场，就是我们最尊贵的客人，但由于安检人员太年轻，处理问题时缺乏经验和冷静的态度，给您带来了不便还请您原谅。领导责成我在此对您表示诚挚的歉意。您是一位学者，对年轻人来说又是一位长者，希望您能给年轻人改正错误的机会，也感谢您对我们的工作提出宝贵的意见。"

在近一小时的通话中，我虽然已经是口干舌燥，但始终面带微笑想尽办法努力平复他心中的不满和怨气，最终他承认自己先开口骂人不对，也对安检工作表示理解和谅解。事后这位旅客给我发来短信，"小齐，非常感谢你代表南京禄口国际机场安检部给我打来道歉电话，对你耐心的服务态度我很赞赏，欢迎你到青岛游玩"。这条短信至今仍保存在我的手机中。

通过这件事，我认识到在日常服务工作中，我们可能会因为一些很小的事情，或是说话的语气，或是不经意的动作，而引起旅客的不满和投诉。记得有一次，一名商务旅客由于安检人员把他脱下的外套放入衣帽筐时没有叠整齐而提出投诉。因此，我们必须改变对旅客提出的一些高要求无所作为、无能为力的态度，而应格外用心，不断完善服务细节，用亲切的问候和温暖的微笑，拉近旅客与我们之间的距离，让旅客体会到我们的真诚和善意。

（资料来源：齐蔚莉，南京禄口国际机场安全检查部，略有改动。）

分析：

"态度决定一切"这句名言，非常直观地说出了态度的重要性，态度对于民航服务业来说是至关重要的，服务态度决定服务质量，服务质量的好坏又直接影响着民航企业的发展。只有让旅客满意，民航企业才能获得良好的发展。

任务一　态度的概述

在民航服务过程中，旅客会与民航服务的各个部门进行沟通交流。在与民航服务人员的接触过程，以及民航服务设施的使用过程中，旅客就会形成对民航服务的态度。准确、及时地把握旅客的态度对提高民航服务的质量是至关重要的。

一、态度的概念

态度的定义最早是由斯宾塞和贝因提出，他们认为态度是一种先有主见，是把判断和思考引导到一定方向的先有观念和倾向，即心理准备。

奥尔波特受行为主义影响，认为态度是一种心理和神经的准备状态，它通过经验组织起来，影响着个人对情境的反应。他的定义强调经验在态度形成中的作用。

迈尔斯对于态度的定义较为完善，认为态度是对某物或某人的一种喜欢或不喜欢的评价性反应，它从人们的信念、情感和倾向中表现出来。

现在普遍适用的心理学上态度的概念是，个体对特定对象（人、观念、情感或事件等）所持有的稳定的心理倾向。对人们的行为具有指导性和推动性的影响。

二、态度的结构

态度是个体对特定对象（人、观念、情感或事件等）所持有的稳定的心理倾向。这里的心理倾向包括认知因素、情感因素、行为倾向因素三部分。

（一）认知因素

认知因素是指态度持有者对对象的了解与评价，它包括个人对某个特定对象的认识与理解，以及赞成或反对。认知因素是个体思想、价值观和知识经验的集合，是态度构成的基础。一个人对客观事物的认识，并不仅仅是其个体的感知和理解，还受到已经形成的社会观点的影响。因此，一个人对某个事物的看法总是带有某种评价意义，态度持有者的认知因素，对其行为有着直接的影响。例如，有人认为民航服务工作的环境好，是一项令人愉快的、"高大上"的工作；也有人认为民航服务工作是伺候人的、辛苦的、低等的工作。这两种不同的认识和评价，反映出人们对民航服务工作价值的认识差别和思想水平的不同。

(二)情感因素

情感因素是主体对对象的情绪反应,即对某一类事物喜欢或厌恶的体验程度。情感是由一定的客观事物引起的,离开客观事物,无缘无故的情感是不存在的。情感因素与认知因素既有区别又有联系,情感因素随着认知因素的产生而产生,随着认知因素的发展变化而变化,它在态度结构中起到核心动力的作用,能够反映出认识评价状况和促成行为倾向的发生。例如,在民航服务工作接触中,对民航服务持积极、肯定态度的旅客往往会给予理解和配合;而对民航服务抱有消极、怀疑态度的旅客则会抵制和不配合,多有语言或肢体上的过激行为。

(三)行为倾向因素

行为倾向因素也叫意向,是由认知因素和情感因素所决定的,是对态度对象的反应倾向,是行动前的思想倾向,是行动的直接准备状态,指导态度主体对对象做出反应。行为倾向因素在态度结构中起到表达态度的准备作用。例如,热爱民航服务事业的人希望能从事民航服务工作,实现自己的理想;而轻视民航服务事业的人则不会选择这项工作。

综上所述,态度的结构由认知因素、情感因素、行为倾向因素三部分组成,这三个因素可以用一个公式来表示:理性的认知 ＋ 情感的好恶 ＋ 行为的倾向 ＝ 态度。

一般来讲,这三个因素在态度结构中呈现出互相依赖、互相影响、互相区别的对立统一关系。认知因素在三个因素中起主导作用,是其他两个因素的基础。认知因素之所以成为其他两个因素的基础,是因为认知因素所形成的对外界的知觉、印象及观点,不仅是人们了解和判断事物的依据,而且影响人们的情感体验,决定人们行动倾向的意图。另外,就认知因素本身来讲,人们在认知过程中一般都是以事物是否对自己有价值,即是否有意义或是否有用途作为自己认知的核心。从一定的意义上讲,态度来自价值,价值是态度的核心。人们对于某事物所具有的态度,很大程度上取决于该事物对人们的意义大小,价值越大,人们的态度也就越强烈。

情感因素在认知因素的基础上形成,之后演变成人的情绪情感体验,在态度中起着重要的调节作用。在一定的场合上,其作用要比认知因素更大一些,它的主要作用表现在态度的三个因素之间不一致或发生矛盾时,情感因素的调节作用更为明显。在民航旅客服务过程中,当某航班由于某种原因延误了,引起旅客的不满,导致旅客情绪非常激动。这时尽管民航服务人员一再劝说,并解释清了引起航班延误的原因,旅客在一定程度上也认识到其原因,但在情感上往往很难接受,在行为上有时不能配合民航服务人员做好不正常航班的服务工作。

由此可见,认知因素虽然是态度的三个因素的基础,但有时情感因素的作用并不亚于认知因素的作用。因此,我们在服务交往中不能片面强调认知因素的作用,而忽视情感因素的作用。

通过上述分析,我们可以清楚地认识到,态度的三个因素在态度的结构中各自起着不同的作用。也就说认知因素在态度中是基础,情感因素在态度中起着重要的调节作用,行为倾向成为行为的前奏,这三者之间既相互联系又相互影响,形成统一的态度(见图6-1)。

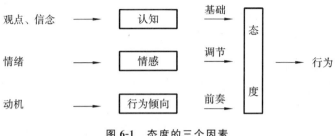

图 6-1　态度的三个因素

三、态度的特征

（一）态度的强度

态度的强度是指态度的力量，即肯定或否定的程度。一般来说，越是强烈的态度，就越难以改变。在态度的三个因素中，态度的情感因素所体现的强烈程度最能体现态度的强度，按照由弱到强排列可以把态度的强度分为容忍、认同、内化三个水平，这三个水平也是态度形成的三个环节。

1　容忍

容忍的态度形成是因为人们趋利避害，图方便，是暂时的。这是态度的最低强度。一旦人们的行为不再受限制或有其他不同选择方案的时候，人们的态度就很可能发生变化。例如，由于从北京到某城市只有一个航空公司的一个航班，某旅客不得不乘坐这个航班往返于北京和某城市之间；但如果现在又增加了其他航空公司的航班，或附近的其他城市增加了其他更为方便的航班，那么旅客的这种容忍态度就会改变，从而换乘其他航空公司的其他航班。

2　认同

认同过程来自人们对他人或其他群体的模仿心理。认同在态度的强度中属于中等水平。在民航服务中，旅客对某航空公司服务的认同态度可以推动旅客更多地选择乘坐该航空公司的航班。但这种态度往往也会因周围人的态度而改变或自己并没有体验到所预期的服务而改变。有些广告会请一些明星来代言，就是依赖于消费者对崇拜对象行为的模仿。

■ 行业资讯

前 NBA 明星代言海南航空

前 NBA 明星、有"手套"之称的加里·佩顿先生来到北京，以海南航空（以下简称海航）"北京——西雅图航线"形象代言人的身份正式展开中美新航线中国推广之旅。此后的一周时间里，加里·佩顿先生辗转北京、上海进行一系列的"北京——西雅图航线"的推广宣传工作。NBA明星加里·佩顿的加盟，打破了航空公司以往的宣传推广模式，为新航线增色不少。海航的这一举措，不仅开创了国内航线"体育营销""明星代言"推广的新思路，也显示出海航走向国际化发展的雄心。

（资料来源：人民网，2008年7月16日。）

3 内化

态度中，强度最高的是态度的内化，内化也是态度形成的最后阶段，即人真正从内心相信并接受他人（信仰价值）的观点，并将之纳入自己的态度体系，成为自己态度体系的有机组成部分。所以内化的强度最高，且比较难以改变。例如，某些旅客对某航空公司特别喜爱，往往以该航空公司的服务作为标准来衡量其他航空公司的服务，如果该公司要改变企业形象或大范围改变服务流程，就会遭到这些旅客的强烈抵制。

（二）态度的稳定性

态度是在长时间的社会生活实践中形成的，并与人的理想、信念、世界观、人生观有着紧密的联系。所以态度一旦形成，将会持续一段时间而难以改变，并成为人格的一部分，使个体在反应模式上表现出一定的规律性、习惯性，以便于个体对社会的适应。要使态度随着时间的推移而不断加强，就需要有三个方面的因素作为保障，即结构的稳定性、因果关系的稳定性和社会的稳定性。

1 结构的稳定性

每个人都有成千上万种态度，其中有些态度与类似的对象有关。人们对相似对象所持的同类态度存在某种结构的一致性，一旦这种结构形成，它会使一个对象的态度影响到对另一个对象的态度，并且态度不容易发生改变。

2 因果关系的稳定性

因果关系的稳定性是指人们对事物原因的态度会影响对该原因所导致结果的态度。当了解到某一事物是另一事物的直接原因时，人们的态度往往也会随之加强和变得稳定。例如，旅客对航空公司和机场的态度往往取决于他们与预订机票的服务人员、机场值机人员和航班机组人员的交往状况。如果旅客感受到的服务是友好的、热情周到的，旅客也会用同样的态度来回报、认可或赞扬航空公司的服务。

3 社会的稳定性

社会的稳定性是指人们发现其他人所持有的态度与自己所持有的态度相同时，这种态度就会因此得到加强和稳定。在民航服务中，旅客对民航服务的态度会被周围其他人所持的相同态度所强化。例如，旅客对某位民航服务人员的服务很不赞成，如果他发现周围旅客也与他持相同的态度，那么这会进一步强化这位旅客对某位民航服务人员的负面态度。

(三)态度的不稳定性

人们的态度会随着各种条件的变化而变化,因此具有不稳定性。态度的不稳定性大致表现在以下三个方面。

1. 态度的冲突

一个人会有无数的态度,要想保持所有态度的协调和一致是很难的。例如,一位旅客对民航服务人员的服务持肯定态度,而对机型持否定态度,但如果旅客更看重民航服务人员的服务态度,那么他对民航公司所持的整体印象就是肯定的。当态度遇到冲突时,人们就必须做出妥协,分析哪种态度更重要或更强烈,这时就会发生态度的改变。例如,人们从郑州前往长沙旅游时,有高铁和飞机两种出行方式可以选择,乘坐高铁单程大概需要4小时,价格相对便宜;乘坐飞机单程只需90分钟,但是价格昂贵。当人们在面临这种选择时,往往会衡量时间和价格的权重,从而做出不同的选择。

2. 情景的变化

人们所处的情景总是不断地发生变化,人们的行为也往往千差万别。虽然行为说明态度,但是人的行为是受许多不同因素影响的,并不只是受态度的影响。民航服务过程中,旅客的一些态度是与具体情景联系在一起的,情景的变化会引起旅客态度一定程度上的变化。例如,旅客在时间非常紧急的情况下,对航班延误是特别反感的,甚至会产生非常负面的评价和情绪反应。但如果是在旅客时间充裕的情况下,他会相对比较认同民航服务人员所做的解释,理解航班延误,态度就不是那么极端的否定了。

3. 特殊的经历

态度是人通过经验的积累逐渐形成的,人们在经历一次或多次特殊的事件后,会对之前已经形成的某种态度产生显著的变化。旅客在民航服务中经历的特殊事件就有可能改变旅客对民航服务的态度。例如,旅客经历过一次令人惊恐万分的紧急着陆或高空异常颠簸后,对民航旅行的态度会由肯定转变为否定。但需要注意的是,这种由特殊经历所引起的态度变化,往往不如缓慢改变的态度那样持久和稳定。

(四)态度的社会性

态度是社会化过程中,个体在学习、工作及生活中逐渐形成的一种意识倾向。它不仅受社会环境和关系的影响,还会影响社会,并在这个过程中得到改进和丰富。因此,每个人的态度都具有社会性,都具有政治的、道德的评价意义。

(五)态度的具体性

态度总是有具体的对象,总是指向某一事物的。这里的事物可以是具体的人、团体、组织、事件、物体,也可以是一种现象、状态、思想和观念。

(六)态度的协调性

态度是由认知因素、情感因素和行为倾向因素三部分组成,这三个因素只有是相互影响、协调一致的,才能形成稳定的心理倾向。

四、态度的功能

态度不是与生俱来的,而是个体在长期的生活中,在与他人相互作用和接受环境影响的条件下逐步形成的。态度是构成人们行为的重要因素,在保持人们生活方式的连贯性,以及增添生活方式的意义和表现方式方面能发挥其功能。态度有四种基本功能,即工具性功能、认知功能、自我防御功能和价值表现功能。

(一)工具性功能

工具性功能也叫适应功能,是指人的态度都是在适应环境中形成的,形成后,起着更好地适应环境的作用。这种功能使得人们寻求奖赏与他人的赞许,形成那些与他人要求一致并与奖励联系在一起的态度,而避免那些与惩罚相联系的态度。人是社会性的生物,一些人和群体对人们都是很重要的,适当的态度将使人们从重要的人物(双亲、老师、雇主及朋友等)或群体那里获得认同、赞许、奖赏,或与其打成一片。

(二)认知功能

态度能给个体待人接物的行为方式提供必要的信念,以利于保持清醒的意识状态和正确的定向行为。定向行为具有能动性,它是从经验中获得的,随情境的变化而变化,根据态度的变化可以判断其行为。一般人容易根据现成的态度去判断他人,这显然是态度认知功能的反映,会影响一般人对他人的喜欢与接受程度。

(三)自我防御功能

态度决定行为的潜在动机,能够促进个体心理冲突的解决,增加对挫折的忍耐力,实现预期的目标。态度作为一种自卫机制,能让人在受到威胁或感到危机时保护自己。例如,有的人出行时出于安全需要一般不会选择乘坐飞机,即便乘坐飞机,也会非常关心飞行的安全,这就是态度的自我防御功能。

(四)价值表现功能

态度还有助于人们表现自我概念中的核心价值。例如,一个青年人对志愿者的工作持有积极的态度,那是因为这些活动可以使他体现自己的社会责任感,而这种责任感恰恰是他自我概念的核心,表达这种态度能使他获得内在的满足。又比如,飞机的头等舱象征着地位和身份,旅客对头等舱通常会持肯定的态度,意味着向社会表明喜欢飞机头等舱的价值。

任务二　民航旅客态度的改变

人的态度对人的行为、认知、情感等都有直接的影响,人对劳动、工作的态度,与人的生产、工作积极性密切相关。民航服务过程的一个核心内容就是通过全方位的服务,逐渐引导和培养旅客对民航公司和民航服务人员持客观肯定态度的过程。在旅客形成自己态度的过程中,最重要的是把握影响旅客态度形成的因素,掌握旅客态度形成的规律性,培养民航服务人员对本职工作、对组织、对航空公司等的积极态度,这对提高管理服务将是有益的。但很多时候旅客可能对民航公司和民航服务人员持消极的态度,这时就需要民航公司和民航服务人员及时采取相应措施来改变旅客对民航服务的消极态度。

一、影响民航旅客态度的因素

民航旅客对民航服务的态度是在与民航公司、工作人员等交往的过程中逐渐形成的,影响态度形成的因素有很多,主要分为个体主观因素和客观环境因素两大部分。

1　旅客的社会认知

社会认知是指人对社会对象的了解、判断和分析。社会对象是人或由人组成的群体及组织,所以社会认知还可分为对人的认知、对人际关系的认知、对群体特性的认知,以及对社会事件因果关系的认知,等等。社会认知是各种社会态度形成的最重要的基础。旅客对人、对组织、对社会事件等的社会认知是深刻还是肤浅,是全面还是片面,直接影响着旅客形成什么样的态度。因此,民航服务人员要掌握态度形成的一般规律,系统了解获得社会认知的途径、社会认知的特点,以及获得正确的社会认知,这是很有必要的。

2　旅客的信息和经验

态度包括认知因素、情感因素和行为倾向因素三部分,其中,认知因素是态度的基础。人的态度的形成是以人的认知方面的心理活动为基础的。人对社会中的人、组织和其他社会现象的态度直接受社会认知的影响,人对自然界万物的态度也受人对自然认知活动的影响。人们拥有信息的多少、信息的准确性都会影响态度形成的准确性和形成的速度。尤其是在民航服务过程中,由于信息的需要是旅客所特有的需要,而旅客的信息需要又与安全、尊重等需要联系在一起,这要求民航企业要给旅客提供充分的、正面的信息和知识。一方面,让旅客真正了解民航服务的流程和环节,理解民航服务过程;另一方面,让旅客树立正确的民航消费价值观,避免他们对民航服务过于苛求。而旅客对民航服务的认知又是在已有的知识经验的参与下进行的，所以旅客在民航服务过程中的经历对他们的态度有很大影响。

3 旅客的需要

人的行为反应是在外界刺激的作用下由需要引起的，是为了满足需要而激发的。态度是人对事物的比较稳定的心理反应倾向，所以它的形成必然在很大程度上受人的需要的影响。需要是人评价事物的基本标准，如果能满足旅客的需要，旅客就会持肯定态度；反之，旅客就会持否定态度。例如，如果航空公司能够满足旅客安全、舒适、周到的心理需要，旅客就会对其持满意的态度；相反，如果其在民航服务过程中有失误，没有满足旅客舒适、周到的需要，那么旅客就会持否定的态度。

4 旅客的个性

旅客的个性特征对其态度的形成具有重要影响。

第一，旅客的气质类型会影响旅客态度的形成。例如，多血质的旅客通常反应敏捷，接受新事物、新信息的速度比较快，他们态度的形成速度就快，但他们的兴趣虽然广泛却不稳定，这种气质类型的旅客在态度上容易成为"两面派"。

第二，旅客的性格特点对其态度的形成有重要影响。例如，自信且独立性强的旅客对很多事物有自己的个人评价，其态度的形成速度慢，但形成后比较稳定；而自卑且依赖性强的旅客则容易受到别人观点的暗示，从众性比较强，也容易轻信他人的观点，态度的形成较容易，但形成的态度不稳定。

（二）客观环境因素

1 旅客所属的团体

人总是生活在各种团体之中的，如家庭、学校、公司等。团体能够满足人的多方面需要，使个体产生一种归属感和认同感。这种归属感或认同感使个体愿意遵循团体的规范，自然地形成与团体一致的态度。团体对团体成员态度的形成有着重要的引导作用，团体规范往往会对团体成员的态度进行规定。旅客所属团体的其他成员对民航服务的态度会影响该旅客对民航服务的态度。

2 旅客的活动范围和交往对象

一个人的态度总是在一定的活动之中形成和变化发展的。人在学习活动、社会活动等活动范围中所接受的家庭环境影响、学校教育影响和社会环境影响，是人的态度形成的基本的客观因素。在人的各种各样的活动中，这些客观因素有利于活动进行，并使被环境所认同的态度不断地得到强化，变得越来越稳固。例如，那些很少乘坐飞机旅行的旅客对民航服务的基本态度可能就是来自其活动范围内的人或其交往对象对民航服务的态度，因为其直接经验较少，所以周围的环境和周围的人对民航服务的基本态度成为其间接经验，也逐渐渗透成为其自身的态度。

二、改变民航旅客的消极性态度

根据服务交往过程中，民航旅客与服务人员的各种态度表现，大致上可分成两大类：一类是积极性态度，另一类是消极性态度。

积极性态度是指双方在交往过程中互相尊重、互相信任、互相理解和互相同情。例如，在贵宾休息室里，当旅客进来时，服务人员亲切问好，当旅客坐下时，服务人员笑脸相迎，送上一杯水，说上一句"您好，请用茶"，旅客马上会感到亲切、温暖。当发现有些旅客来得较早，离起飞还有一段时间，这时，服务人员递上一份报纸或刊物，会使旅客感到服务周到。这些看上去微不足道的小事，却能够大大地赢得旅客的好感。这样旅客也会用积极的态度支持和帮助服务人员做好服务工作。

消极性态度是指交往的双方表现出歧视、蔑视、猜疑、厌恶和冷淡的态度。例如，有些旅客在候机厅听到本次航班延误或取消时，会大发脾气，并在候机厅里大声叫嚷："你们飞机怎么搞的，怎么老是不准时？不知道你们在干什么！"旅客这种态度实际上表明了旅客此时采取的是消极性态度。当旅客处于消极性态度时，民航服务人员的态度和一言一行将起到关键的作用。如果民航服务人员这时也采取消极性态度，回一句："叫什么，我们又不开飞机，谁知道飞机什么时候起飞！"这样一来，结果可想而知，一场面红耳赤的争吵是少不了的。

如果旅客形成对民航公司或民航服务的消极负面的态度，就会影响旅客对航空公司的选择。所以人们可以在适当的时间，从以下几个方面入手，改变旅客对民航公司和民航服务的消极性态度。

（一）改变民航服务

民航服务是旅客态度产生的根源，只有民航服务本身完善了，才能从根本上改变旅客的态度。这要求民航服务人员在民航服务过程中，要站在旅客的角度上思考问题。通过民航服务满足旅客的基本要求是民航服务质量的最终标准。改善民航服务可以从以下四个方面入手。

第一，民航服务人员的服务态度是民航服务的重要组成部分。因为民航服务人员的服务态度会在与旅客的交往过程中时时刻刻地体现出来，而这种服务态度直接影响到旅客对民航服务质量的评价。因此，民航企业需要不断地对民航服务人员进行服务态度的专业化训练，提高民航服务人员的专业精神和行为方式。要坚持以旅客为本，以客户体验为中心，不断完善服务工作。

第二，民航企业可以聘请专业的调查机构，调查旅客对民航服务的消极性态度，并分析其形成的原因，从而有的放矢地制定相应的完善措施，改变旅客的消极性态度。

第三，加强民航企业的服务信息系统，使旅客从订票到候机的过程大大简化，既可以提高民航服务的效率，缩短旅客的旅途时间，也可以促使旅客负面态度的改变，逐渐培养旅客对民航企业和民航服务的正面态度。

第四，民航服务过程中的硬件设施等有形服务，以及民航企业的企业形象、服务人员的仪表等无形服务都是改善民航服务的重要内容。当然有形服务是需要大量资金投入的，而无形服务在投入上则相对较少。

(二)改变旅客的知觉

旅客的知觉是旅客态度形成的基础,旅客的消极性态度往往与旅客的知觉偏见联系在一起。根据知觉偏见产生的原因采取有针对性的措施,可以从根本上改变旅客的负面态度。具体来讲有以下几个方面。

一是理解旅客对民航服务的知觉偏见。

二是充分理解旅客对民航企业和民航服务形成知觉偏见的原因。

三是从根本上改变企业形象和民航服务人员的服务理念。例如,各航空公司纷纷提出"星级服务""微笑服务"等宣传口号和服务理念,就是希望改变旅客的知觉,进而改变旅客的态度和行为。

四是民航服务人员以身作则,耐心地对待旅客、充分听取周围人不同的意见。

因此,如果旅客改变了对民航服务人员的看法,那么接下来可能会改变对整个民航企业的评价和态度。

(三)改变旅客的知识积累和信息

1 加大宣传力度,激发旅客的潜在动机

航空公司应激发旅客的潜在动机,强化旅客某方面的态度,从而影响其行为。例如,人们一贯的观念是乘坐飞机价格昂贵,所以多数人还是选择乘坐火车或汽车出行。近年来,随着人们生活水平的提高,越来越多的人能够接受飞机票的价格,因此,航空公司要大力宣传,不断采取新的措施来吸引旅客,以改变旅客传统的观念。

2 加大宣讲力度,充实旅客的基本民航服务信息

根据相关调查,旅客的一些偏见和误解与旅客所知道的信息和掌握的知识的多少有直接联系。得到较少信息的旅客,其态度较难改变,而对于那些已经积累了相当多的知识和信息的旅客,其态度就较容易改变。因此,民航企业可以通过大力宣传来改变旅客的固有观念,也可以通过知识宣讲和传播来充实旅客的民航服务信息以便消除头脑中的片面信息,这样才能从根本上改变旅客的某些消极性态度。例如,许多旅客都认为现行的机票行程单上的时间是航班的起飞时间,一旦过了这个时间而飞机没有起飞,就会认为是航班延误,从而导致不满情绪的产生。实际上,机票上的时间并不是指航班的起飞时间,而是指飞机关舱门的时间。通常情况下,航班在规定时间关闭舱门后,机组便向空管塔台发出起飞申请,得到批准后才能起飞。为了维护旅客的权益,民航部门对各个航班关闭舱门的时间做了规定,以确保飞行秩序的稳定。

■ 知识链接

正常航班要正点关闭舱门并在15分钟内起飞

《民航航班正常统计办法》于2004年1月1日起开始在全民航系统实施。中国民用航

空局称,航班能否保证正点是广大旅客普遍关心的问题,实施新的航班正常统计办法,将最大限度地保护旅客的利益。

据介绍,《民航航班正常统计办法》包括以下两方面内容：

一是对航空公司航班正常性进行考核,即航空公司定期客运航班正常率,正常航班为按航班时刻表公布的离港时间(机票所注明的时间为起飞时间)关机门,并在关门后15分钟内正常起飞的航班。考虑到北京、上海、广州、深圳等地的机场地面滑行比较复杂,从这些机场起飞的航班在机舱门关闭20分钟内起飞为正常航班。

二是考核机场地面综合服务保障能力的机场放行正常率,即机场候机楼、跑道、滑行道、停机坪、油料、机务、联检等地面综合服务保障部门,在规定的各机型航班过站时间内完成各项地面服务保障工作的航班。

(资料来源：根据相关资料整理。)

3 加快服务创新,提供特色服务

随着科学技术的不断发展及服务意识的不断深化,旅客希望得到更多、更新奇的旅行体验。因此,加快服务创新,提供特色服务就成为航空公司制胜的法宝。服务创新就是使潜在用户感受到不同于从前的崭新内容。服务创新通过为用户提供以前无法实现的新颖服务,从而吸引旅客的注意力。

■ 行业资讯

英国维珍航空的创新服务

成立于1984年的英国维珍大西洋航空公司(以下简称维珍航空),由英国的风云人物、跨界商人理查德·布兰森创立。维珍航空具有典型的传奇色彩：从一个小小的初生牛犊成为众人赞扬的行业巨擘,时刻关注为旅客提供更好的服务和更低廉的价格,不断开发高质量、创新性的产品,并因此声誉卓著。

维珍航空的宗旨简单明了：为各类旅客提供收费合理、水平最高的创新服务。维珍航空备受推崇,曾获得全世界商业、消费业和航空业的各种最高奖项。维珍航空率先推出的一系列创新性改革,为业界建立了新的服务标准,令对手竞相追随。尽管如此,维珍航空仍事事以客为先,注重物有所值、质量出众、乐趣无穷和新意层出。

2003年7月16日,维珍航空推出一种具有革命性创新的豪华商务舱,其拥有航空业界内最长、最舒适的睡床/座椅。自推出以来,豪华商务舱已荣获诸多享誉国际的设计大奖,包括Yellow Pencil Award(黄铅笔奖)的产品设计奖和IDEA(工业设计优秀奖)的交通设计奖。维珍航空在Upper Class Suite内独立设计了极为舒适的空中床铺和最为惬意的座位。这种座位不是简单地把它扩大为床,而是向旅客提供一个豪华的真皮扶手靠椅,供旅客放松、休息。这个靠椅可以打开,成为一张单独的床,配上床垫,就可以睡觉。进行长途飞行的旅客因此可以享受最舒适的空中睡眠。以商务舱的票价享有头等舱的待遇,维珍航空的Upper Class Suite吸引了众多旅客。

(资料来源：喜英智,刘存绪,魏春霖.民航服务心理学[M].成都：四川大学出版社,2017.)

任务三　民航服务人员的态度要求

服务态度是民航服务人员在对旅客服务过程中体现出来的主观意向和心理状态,其好坏直接影响到旅客的心理感受。服务态度取决于员工的主动性、创造性、积极性、责任感和素质的高低。其具体要求如下。

一、主动

民航服务人员应牢固树立"旅客至上,服务第一"的专业意识,在服务工作中应以主人翁的心态,时时刻刻为旅客着想,表现出一种主动、积极的情绪。凡是旅客需要的,民航服务人员发现后就应主动、及时地解决,做到眼勤、口勤、手勤、脚勤、心勤,把服务工作做在旅客开口之前,予以解决。

二、热情

民航服务人员在服务工作中应热爱本职工作,热爱自己的服务对象,给旅客一种宾至如归的感觉。

(一)外观形象整洁端庄、朴素大方

民航服务人员的仪表是旅客产生第一印象的基础。民航服务人员整洁美观的服饰和文雅庄重的风度,不仅能给旅客带来清新朴素、稳重大方的第一印象,还能让旅客产生不同程度的信任感,有利于服务工作的开展。

(二)热情礼貌、一视同仁

不论旅客舱位高低,民航服务人员都要一视同仁,将每位旅客都看成需要提供优质服务的贵宾,对每位旅客大方展示微笑服务,将每项工作、每次服务都做得专业且出色。在工作岗位上,不得松懈,要随时准备好为旅客服务,想方设法地为旅客创造出热情的服务氛围,同时也要提供有效服务,讲究工作效率,满足旅客实实在在的需求。每一次接待服务结束时,民航服务人员都要很有诚意地邀请旅客再次光临。

(三)准确使用口头语言

民航服务人员在为旅客提供服务时应使用规范的语言,做到语气自然平和、不卑不亢;语速不快不慢、张弛有度;语音清脆有力、口齿清晰;多使用敬语和谦称以表达对旅客的尊重。例如,"您好""谢谢""我帮您"等。

（四）合理使用肢体语言

民航服务人员在与旅客交流沟通时，如果能够合理地使用肢体语言，就能起到更好的沟通效果。尤其是在面对残疾旅客的时候，肢体语言的表达显得格外重要。例如，深圳航空于2006年在国内率先推出机上手语表演，乘务员通过《感恩的心》《相亲相爱一家人》等手语表演和领唱，通过心与心的交流向旅客传递情感，激发旅客感恩社会之情。

■ 知识链接

美丽笑容在岗位上绽放

三、耐心

民航服务人员在为各种不同类型的旅客服务时，应有耐心，不急躁，不厌烦，态度和蔼。民航服务人员应善于揣摩旅客的消费心理，对于他们提出的所有问题，都应耐心解答、百问不厌，并能虚心听取旅客的意见和建议，对事情不推诿。这就要求民航服务人员从工作实践中不断培养锻炼，提高自身的素质修养，保持平静的心态，防止急躁情绪的出现；与旅客发生误会和争执时，要心平气和、冷静理智地说服解释，妥善地化解矛盾；遇到旅客态度粗暴、语气生硬时，要坚持以礼相待、以理劝告，切忌用粗暴言行相待，致使矛盾升级，酿成恶性事件。

四、周到

民航服务人员应将服务工作做得细致入微、面面俱到、周密妥帖。在服务前，民航服务人员应做好充分的准备工作，对服务工作要有细致、周到的计划；在服务时，应仔细观察，及时发现并满足旅客的需求；在服务结束时，应认真征集旅客的意见或建议，并及时反馈，以便今后将服务工作做得更好。

项目小结

心理学上态度的概念是个体对特定对象（人、观念、情感或事件等）所持有的稳定的心理倾向。它对人们的反应具有指导性和动力性的影响。从态度的构成来看有三个因素，即认知因素、情感因素、行为倾向因素。这三个因素之间的关系是互相依赖、互相影响、互相区别的对立统一关系。民航服务过程的一个核心内容就是通过全方位的服务，逐渐引导和培养旅客对民航公司和民航服务人员持客观肯定态度的过程。在旅客形成自己态度的过程中,最重要的是把握影响旅客态度形成的因素,掌握旅客的态度形成的规律性,培养民航服务人员对本职工作、对旅客、对航空公司等的积极态度,这对提高管理服务将是有益的。旅客的态度不是一成不变的,在一定的条件下,态度是可以转变的。促使态度的转变需要一定的条件。民航服务人员不仅要注意自己交往的态度,而且还要学会改变旅客的态度,使服务质量有所保证,并有一定的提高。

项目训练

一、简答题

1. 态度的特征有哪些?
2. 简述如何改变旅客的消极性态度。
3. 民航服务人员的态度要求有哪些?

二、选择题

1. 以下选项中,不属于态度的结构中的因素是(　　)。
   A. 认知因素　　B. 情感因素　　C. 心理因素　　D. 行为倾向因素
2. (　　)在三个因素中起主导作用。
   A. 认知因素　　B. 情感因素　　C. 心理因素　　D. 行为倾向因素
3. 态度的强度中,(　　)是态度的最低强度。
   A. 认知　　　　B. 认同　　　　C. 内化　　　　D. 容忍
4. 影响态度形成的因素中,不属于个人主观因素的是(　　)。
   A. 社会认知　　B. 信息和经验　C. 个性　　　　D. 所属的团体

三、案例分析题

李女士乘坐新加坡航空公司的飞机到泰国曼谷。她是素食者,在订票时专门预订了东方素食餐,可上了飞机,在供应午餐时,才发现机组人员并没有为她准备素食餐。当李女士告诉乘务员自己是素食者时,她便说她会查看还有没有素食餐可供应。

后来乘务员回来后说非常抱歉,他们并没有为李女士准备素食餐,然后她问李女士能不能接受其他餐食,李女士说不必了。接着又有另一位看来好像是乘务长的机组人员过来,也问李女士能不能接受其他餐食。这时,李女士很生气,一再强调自己是素食主义者,并且提前预订了素食餐,为什么机组人员不给她准备,而她将要在飞机上一直饿着肚子。

请问:

1. 李女士在此次事件中,展现出了她是什么类型的态度?
2. 如果你是当班机组人员,你将如何平息李女士的怒气,改变李女士的态度?

四、实践题

请结合自己学习、生活中体现的态度,总结自己态度中应改进的方面,根据任务三中民航服务人员的态度要求,制订一份改善自己态度的详细计划。

项目七　民航服务中的有效沟通

项目目标

知识目标

　　了解沟通的含义、特点、类型；
　　掌握沟通在民航服务中的作用。

能力目标

　　了解民航服务过程中各种各样的沟通障碍；
　　学会运用各种沟通技巧和方法与旅客进行有效沟通。

知识框架

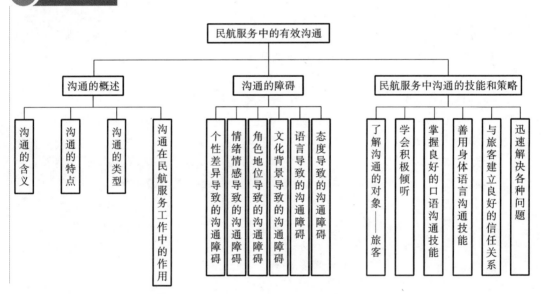

 项目引入

一双温暖的手

南航CZ6582南京飞往沈阳的航班上,一名旅客任女士突然感觉到胃疼,询问乘务员有无胃药。乘务员立即停止手头工作,关心地问她是否明确是胃部疼痛。任女士脸色苍白,摇摇头,说不清楚,就感觉肚子难受得厉害。根据以往经验,不明原因的腹痛不建议用药。乘务员先是给任女士送上一个小热水瓶,让她温暖腹部,缓解疼痛;又立马将情况报告给乘务长,并将任女士转移到最后一排宽敞的位置,让她平躺下,拿来毛毯给她盖上。乘务长得知情况后,第一时间赶到旅客身边,镇定、温柔地询问任女士身体状况,并安慰她:"不要怕,有我们在。我飞行了26年,有经验、有能力保证你的安全。你先放轻松。"

据任女士自述,她有窦性心律不齐及胆囊炎病史。大约五分钟后,她的情况还未好转,乘务长当机立断,广播找医生。幸运的是,找到一名医学院的研究生。该名学生对任女士进行检查后怀疑是急性胰腺炎或是胆囊结石掉入胰腺管,建议她落地后叫救护车,及时去医院检查。乘务长了解到任女士是飞往沈阳看望家中父母,并且任女士表示自己可以坚持住。在征得任女士同意的情况下,飞机正常飞往沈阳。见任女士依旧胃部疼痛,乘务员双膝跪在狭小的座椅中间,一边用手按摩任女士的后背,舒缓她的疼痛,一边握着任女士冰凉的手,不停地安抚着她,一直持续了约30分钟。任女士大为感动,虽然虚弱,还是用细弱的声音对乘务员说了声:"谢谢!"

次日凌晨0时55分,飞机平安顺利地抵达沈阳机场。眼见任女士行动不便,乘务员主动上前,把任女士从客舱最后一排一步步背出客舱,坐在过道两边的旅客帮忙关闭行李架,及时让出了过道。飞机停在外场,乘务员又一步一步小心谨慎地把任女士背下了客梯车,在机场急救人员和地面服务人员的帮助下,将任女士小心翼翼地安放到担架上。将任女士安稳放好后,乘务员已是满头大汗。

事后,乘务长联系到任女士,得知她无大碍后,松了一口气。任女士对整个乘务组感激地说:"我虽然不知道你们的名字,但我记得有双温暖的手一直安抚着我、宽厚的背背着我"。

(资料来源:根据http://news.carnoc.com/list/540/540011.html整理。)

分析:

一颗善良的心、一个温柔的眼神、一双温暖的手、一个宽厚的背、一个有效的沟通过程为客人解决了问题,赢得客人认可和尊重。

任务一 沟通的概述

一、沟通的含义

沟通是各种技能中最富有人性化的一种技能。社会就是由人互相沟通所形成的网络。沟通渗透于人们的一切活动之中，人们已经习惯于生活在沟通的汪洋大海中，很难设想要是没有沟通，人们该怎样生活。但至于什么是沟通，可谓众说纷纭，有关沟通的定义达100多种。沟通的含义是相当丰富而复杂的，但如果从一般的意义来说，所谓沟通，就是发送者与接收者之间为了一定的目的，运用一定符号，所进行的信息传递与交流的过程。

从沟通的定义可以看出，沟通过程涉及沟通主体（发送者和接收者）和沟通客体（信息）的关系以及信息发送者为影响接收者而使用的语言或非语言的行为。在沟通过程中，信息以怎样的方式被传送，又如何传递给接收者，接收者如何解读信息，信息最终以怎样的方式被理解，都与沟通过程中主体的语言行为息息相关。

民航服务中的沟通是指在民航服务过程中，民航服务人员与旅客之间交流、传递信息和情感的活动。

二、沟通的特点

沟通不同于机器间的信息传递，也不同于大众传播，有其自身独到的特点。

（一）过程性

通过对沟通要素的分析可以看出，沟通具有较强的过程性。如果人为阻断或由其他条件干扰过程的正常进行，沟通就无法实现。人们不仅要保证沟通过程的完整性，还要注意沟通过程各阶段的次序性。有时，仅仅打乱了次序就会歪曲信息的内容。接收了歪曲的信息，不仅达不到沟通的目的，甚至可能会起反作用。

（二）相制性

沟通的双方都是具有主观能动性的人。这就意味着不仅在沟通之前，人们要分析双方的动机、目的和心理定式等，而且在沟通过程中，双方也都企图通过符号系统的表达影响对方，期望引发相应的反应。所以常见的现象是，双方都既是发送者又是接收者，从而使沟通过程具有明显的相互制约性，并且在沟通过程中，双方各自不同的经验、背景等都可能介入，从而使这种制约作用进一步加强。

(三)情境性

沟通不是在"真空"中进行的,因而必然受到时间、地点等情境条件的制约。这里所说的情境主要包括时间、地点是否恰当,双方各自的心理状态如何,当时氛围如何,彼此是否尊重,物质环境如何等。这也体现了沟通的复杂性。

(四)后果性

在沟通过程中,信息一旦发出并被对方破译,就会引起对方的反应,即出现后果。虽然在发出不当信息之后可以努力去弥补,对其加以解释或修正,但话一出口,覆水难收,想让对方没有印象是不可能的。有鉴于此,民航服务人员在跟旅客沟通时一定要慎重,要对自己说出的话负责任,否则就会影响沟通的结果。

(五)一致性

一致性是指要实现沟通,必须借助双方共同掌握的同一编码、译码体系才能完成,即双方使用同一语言或双方相互了解的暗示符号。特别是在沟通过程中双方经常换位,更显示了这一点的重要性。

(六)无意识性

人们在沟通过程中,常常会发生口误,或下意识地做出某种动作、出现某种神情,这些都体现了沟通中的无意识性。这种无意识的流露,在沟通中很重要,正所谓"说者无心,听者有意",它常常会变成一个过程是否转向的关键,同时也为我们更准确地观察和了解对方的真实用意提供了可能和机会。如经过一段时间的研究就可能发现,下意识地摸摸鼻子常体现出尴尬,咬指甲表现出无聊,乱动腿反映出心绪不宁等。

三、沟通的类型

(一)正式沟通与非正式沟通

正式沟通就是按照组织结构所规定的路线和程序进行的信息传递与交流,如组织间的公函来往、组织内部的文件传达、汇报制度、例会制度等。正式沟通的优点是沟通效果好,有较强的约束力,可使内部各项工作保持一定的权威性。重要的信息和文件、组织的决策等一般都采用正式沟通的渠道传递。其缺点是信息层层传递,沟通速度慢,缺乏灵活性。

非正式沟通就是运用组织结构以外的渠道所进行的信息传递与交流,如员工之间的私下交谈、朋友聚会时的议论及小道消息等。非正式沟通的优点是沟通方便,沟通速度快,能够提供一些正式沟通中难以获得的"内幕新闻"。其缺点是沟通难以控制,传递信息不确切,容易失真,而且还有可能导致"小集团""小圈子"的滋生,影响组织凝聚力和人心稳定。

(二)语言沟通与非语言沟通

1 语言沟通

语言沟通是指利用语言、文字、图画、表格等形式进行的信息传递与交流。它建立在语言文字的基础上,可细分为口头沟通和书面沟通两种形式。

口头沟通是指运用口头语言进行的信息交流活动,如谈话、演讲、讨论、电话联系等。它是所有沟通形式中最直接的方式。口头沟通的优点是沟通方式灵活多样,简便易行,具有亲切感,信息可以在短时间内被传递,并能在短时间内得到对方回复。如果接收者对信息有疑问,信息的迅速反馈可使发送者及时反省所发信息中不够明确的地方并进行改正,有助于双方对问题的了解。其缺点是口说无凭,沟通范围有限,随机性强;口头沟通时所采取的面对面方式会增加沟通双方的心理压力,造成心理紧张,影响沟通效果;此外,在口头传递信息的过程中,每个人都会以自己的偏好增减信息,从而使信息存在失真的可能性。

书面沟通是指运用书面的形式所进行的信息传递和交流,如书信、通知、文件、备忘录等。其优点是传播内容不易被歪曲,有利于长期保存,有据可查;书面沟通对信息的组织较周密,逻辑性强,书面语言在正式发表之前能够反复修改,直至满意,想表达的信息能被充分、完整地表达出来,其他因素对信息传达的影响大大减少;同时,书面沟通的内容易于复制,有利于大规模传播。但书面沟通的缺点也是显而易见的,如耗费时间长,不能及时提供信息反馈,沟通效果受文化修养的影响较大,对情况变化的适应性较差等。

研究结果表明,口头与书面混合沟通的效果较好,口头沟通效果次之,书面沟通效果较差。

2 非语言沟通

非语言沟通是指借助非正式语言符号(语言及文字以外的符号系统)所进行的信息传递与交流。一般而言,非语言沟通与语言沟通相互补充,在某种程度上强化了语言沟通的效果,美国心理学家艾伯特·梅拉比安经过研究认为,人们在沟通中所发送的全部信息仅有7%是通过语言来表达的,而93%的信息则是通过非语言来表达的。

非语言沟通的内涵十分丰富,包括身体语言沟通、副语言沟通、物体的操纵及空间距离等多种形式。

身体语言沟通是指人们通过动态无声的目光、表情、手势语言等身体运动或是静态无声的身体姿势、衣着打扮等形式来实现的信息传递与交流。一个动作、一个表情、一个姿势都可以向对方传递某种信息。人们可以借由面部表情、手部动作等身体姿态来传达诸如攻击、恐怖、腼腆、傲慢、愉快、愤怒等情绪或意图。比如欢乐时手舞足蹈,悔恨时捶胸顿足,惧怕时手足无措,等等。

副语言沟通是指人们通过非语词的声音、语调、语速的变化来实现的信息传递与交流。语音表达方式的变化,尤其是语调的变化,可以使字面相同的一句话具有完全不同的含义。一句话的含义往往不仅取决于其字面的意义,还取决于它的弦外之音。比如一句简单的口头语"讨厌",当音调较低、语气委婉时,它表达的是一种撒娇;而当音调升高、语气生硬时,它则表达了一种反感和憎恶。

物体的操纵及空间距离指人们通过物体的运用和环境布置等手段进行的非语言沟通。日常生活中，人们常常通过观察他人的办公室或住所的房间布置、装饰等，来获得对其性格、爱好等方面的初步认识。另外，人与人之间的空间位置关系也直接影响个人与人之间的沟通过程。国外有关研究证实，学生对课堂讨论的参与度直接受学生座位的影响，以教师讲台为中心，座位越居中心位置的学生对于课堂讨论的参与度越大。

（三）单向沟通与双向沟通

1 单向沟通

单向沟通是指信息接收者只接收信息而不向发送者反馈信息的沟通，如发布指示、下达命令、做报告、发放书面通知等。其优点是信息传递速度快，信息发送者不会受到信息接收者的影响。其缺点是信息发送者与接收者之间没有交流，接收者无论理解还是不理解都必须执行，容易使接收者产生挫折感和抗拒、对立的情绪；信息的准确性较差；沟通形式比较严肃、呆板。

2 双向沟通

双向沟通是指发送者与接收者之间进行的双向信息传递与交流，如讨论、座谈会、协商、交谈、面谈等。在双向沟通中，发送者和接收者之间的角色不断交换，信息发送者不仅要发出信息，而且还需要听取信息接收者的反馈意见，必要时双方还要进行多次交流，直到双方理解一致为止。双向沟通的优点是信息准确性较高，接收者有反馈意见的机会，容易产生平等感和参与感，增加了自信心和责任心，有助于增进双方的理解和信任。其缺点是信息传递速度慢，易受干扰，缺乏条理性；在沟通时，信息发送者随时会受到接收者的质询、批评和挑剔，因此有较大的心理压力。

在管理过程中，双向沟通和单向沟通各有不同的作用。一般情况下，在要求接收者准确无误地接收信息，或处理重大问题，或做出重要决策时，适合采用双向沟通。而在强调工作速度和工作秩序，或者例行公务时，则适合采用单向沟通。与单向沟通相比，双向沟通在处理人际关系和加强双方紧密合作方面有着更为重要的作用。因为双向沟通更能激发员工参与管理的热情，有利于组织的发展，所以现代组织的沟通也越来越多地从单向沟通转变为双向沟通。

（四）上行沟通、下行沟通和平行沟通

1 上行沟通

上行沟通是指下级向上级反映意见，即自下而上的沟通。只有上行沟通渠道畅通，上级才能掌握全面情况，做出符合实际的决策。上行沟通有两种形式：一是层层传递，即依据一定的组织原则和组织程序逐级向上反映；二是越级反映，即减少中间层次，让一般员工与最高决策者直接沟通。

2 下行沟通

下行沟通是指上级对下级进行的自上而下的信息传递和交流,如发布规章制度、下达各种任务、对一些具体问题提出处理意见等。这是领导者向被领导者发布命令和指示的过程。下行沟通有助于领导向下属明确组织的目标,传达工作方面的有关指示,加强下属对工作任务的了解,向下属提供工作所需的资料,向下属反馈其工作绩效。

3 平行沟通

平行沟通是指组织中各平行部门之间的信息传递与交流。在组织运行过程中,经常会遇到部门之间发生矛盾和冲突的情况。部门之间沟通不畅是造成这一现象的重要原因之一。因此,保证部门之间沟通渠道畅通,是减少部门之间冲突的一个重要途径。

(五)直接沟通与间接沟通

1 直接沟通

直接沟通就是信息在发送者与接收者之间直接进行的传递与交流,如面对面谈话、电话中直接对话等。其优点是双方可以充分交换意见,获得准确的信息。其缺点是有时受时间、地点等条件的限制。

2 间接沟通

间接沟通就是信息在发送者与接收者之间通过第三者进行的传递和交流。其优点是不受时间的限制,应用机会多。其缺点是浪费的人力与时间较多,有时会使信息在传递过程中受损或失真,甚至使信息失去使用价值。

四、沟通在民航服务工作中的作用

良好的沟通不仅意味着把自己的想法整理得井然有序并进行适当的表述,使别人一听就懂,而且还要深入人心,使听者全神贯注。沟通的前提是尊重、信任和理解,沟通能促进彼此的尊重、信任和理解。有人说:一个人的成功,20%靠专业知识,40%靠人际关系,另外40%需要观察力的帮助。人们要想获得成功,就必须不断地运用有效的沟通方式和技巧。沟通是一门艺术,也是一名优秀民航服务人员不可或缺的能力。沟通是人类行为的基础。沟通成功与否,与其说在于沟通的内容,不如说在于沟通的方式。在航空服务中,民航服务人员需要时时刻刻和人打交道,耐心的解释和沟通是非常必要的。因此,一定要注意如何有效地传递信息,掌握与人沟通的技巧,了解沟通的过程和特点来提高服务艺术。

(一)沟通有助于服务人员帮助旅客

沟通的信息,可以让服务人员了解旅客的需要和困难,使服务人员有机会、有针对性地满足他们的需求,帮助他们解决所遇到的困难。

（二）沟通有助于改善服务人员与旅客的关系

改善客我关系是沟通最基本的功能。

首先，沟通能防止误会。在沟通过程中，由于性格、文化程度等主观原因和时间、地点、环境等客观原因的作用，服务人员与旅客之间很容易产生误会。有时是一个误会引发一连串的误会，有时是几种误会同时发生。这些误会处理不当，会给工作带来不利影响，甚至会造成无法弥补的损失。防止误会的最佳途径，就是顺畅地沟通，只要沟通正常，传言、流言、个别失误等，都不会兴风作浪，误会也就无从产生。

其次，沟通能化解矛盾。矛盾是普遍的，存在于一切过程之中，当然也包括服务过程。一般而言，要使矛盾得到解决，常常要以双方的让步为前提，因为如果一方能无条件让步，矛盾就不会产生了。而要使双方都认可让步，沟通便具有举足轻重的作用。只有在沟通过程中，双方才能了解和理解对方的立场和处境，才会缓和剑拔弩张的心情，去寻求双方都可接受的东西，使矛盾得以化解。

（三）沟通有助于增进服务人员与旅客之间的友谊

民航服务人员与旅客通过沟通来传达彼此之间的意见、看法，表达喜怒哀乐等情绪情感，满足互相交往与友谊的需要，改善和调节双方的关系，增进彼此之间的友谊。

■ 知识关联

沟通的四个境界

沟通有四个境界：一是"不沟不通"；二是"沟而不通"；三是"沟而能通"；四是"不沟而通"。

1. 不沟不通

从本质上讲，不沟不通算不上沟通，甚至可以说是沟通的反面。但是我们可将不沟不通作为沟通的起点，任何沟通进行前都是不沟不通的状态。不沟不通，是指人们没有沟通的欲望或沟通的必要，处于不相往来的状态。比如，两人显然彼此认识，但是工作和生活中基本没有交集，所以也没有沟通的必要。在民航服务过程中，民航服务人员与旅客之间如果没有沟通，那么服务根本无法完成。

2. 沟而不通

在现实生活中，很多人都停留在沟而不通的层次。说了很多话，却达不到效果，无法达成预期的沟通目标即沟而不通。要想改变这一状态，最好站在对方的立场来沟通，凡事以对方的利益为出发点。就算你说的话他不接受，至少他会思量。久而久之，就能获得对方的信任，这样沟通起来就方便得多。如果得不到对方的信任，你说的每一句话他都要考虑一下是何用意，沟通起来就相当困难。在民航服务过程中，经常遇到沟而不通的局面，比如航班长时间延误，航空公司又没有给旅客合理的理由和妥善的安置，就会出现当航空公司无论怎么沟通，旅客都不买账的局面，甚至有些时候会需要机场公安出面解决问题。

3. 沟而能通

沟而能通当然是人们喜闻乐见的情况。误会也好，分歧也好，只要沟而能通，就都不是问题。中国人之所以不易沟通，首先，是因为面子问题。也就是说，当对方觉得很有面子时，大多比较容易沟通。其次，情绪问题也是影响沟通的因素。当情绪好的时候，不管说话的人如何唐突、冒犯、无礼，都能够心平气和地合理回应，一副"大人不记小人过"的模样。如果双方都有诚意、能包容、不计较，那么沟通则一点障碍都没有。在民航服务过程中，民航服务人员要与旅客沟通好，否则只会换来旅客的不满甚至投诉。

4. 不沟而通

不沟而通是一种艺术。高度的默契便是不沟而通，这是一种难得的沟通境界。有时候人们不需要说话，光靠眼神、动作就能传达意思。不沟而通的关键在于双方的默契，而要建立默契，就要关注对方，随时随地注意对方的举动，不依赖对方的言语表达，能主动地捕捉对方的肢体语言。若毫不关心对方，不注意观察对方的举动，则无法不沟而通。只有将心比心，通过心与心的感应，才能使对方的心意畅通地传递过来。心意相通，自然不沟而通。好的民航服务应该是预先服务，所谓预先服务，就是在旅客没有提出要求之前，民航服务人员就已经预见了旅客的要求。预先服务要求民航服务人员善于观察旅客，换位思考，从而判断旅客的需要，进而提供服务。旅客享受到服务后，会惊讶于还没有提出服务要求，民航服务人员就做到了，从而为民航服务点赞，这在民航服务中就是不沟而通。

（资料来源：根据相关资料整理。）

任务二　沟通的障碍

在任何沟通系统中都存在沟通障碍，在民航服务过程中也不例外，民航服务人员与旅客之间由于语言、文化、个性特征、社会地位等方面的差异，会出现许多沟通问题，引发沟通障碍甚至沟通失败。如何克服这些障碍，提高民航服务水平，为旅客提供优质的服务，是民航服务人员应该思考和努力的。民航服务中常见的沟通障碍如下。

一、个性差异导致的沟通障碍

每个民航服务人员和旅客都是独立的个体，他们的个性都存在着差异，个性差异会影响民航服务人员与旅客之间的沟通，个性品质差异较大者是难以沟通的。例如，善于抽象思维的人与善于形象思维的人彼此之间交流信息就可能发生障碍。即使个性品质相似，但若具有下列个性品质：自私自利、虚伪、狡猾、不尊重人、猜疑心重、报复心强、自卑心强、孤独、固执等，也不一定能顺利沟通。旅客容易相信热情善良、态度诚恳的民航服务人员，而不愿轻信那些不尊重人、服务态度冷淡的民航服务人员。

二、情绪情感导致的沟通障碍

人与人之间的情感距离远近会直接影响沟通是否顺畅和效果好坏。关系亲近、情感融洽,沟通就容易进行;反之,关系疏远、情感不融洽就容易产生逆反心理,沟通就很难有好的效果,甚至难以进行。民航服务人员如果不被旅客所接受,那么他是很难与旅客进行良好沟通的。民航服务人员在与旅客沟通中,要注意掌握好情绪反应的尺度,不要过于热情或反应冷淡;也不要与他人情绪反应方向相反,如人家伤心他却觉得有趣;更不能暴怒,无法控制住自己的情绪而与旅客发生争执和冲突。

三、角色地位导致的沟通障碍

不同的工作角色是社会分工不同的结果,但本质上是相同的、平等的。但在实际生活中,仍有人对民航服务工作持轻视态度,看不起民航服务人员,认为民航服务人员不过是伺候人的工作人员,所以对其吆五喝六、指手画脚,或者仗着自己有钱有势,不尊重民航服务人员,甚至为难他们。还有一些民航服务人员觉得自己是航空公司百里挑一选上来的,其个人能力和条件自然比很多旅客要高出许多,因而自视甚高、态度高傲,对旅客缺乏热情和耐心,让旅客难以接近。这些都会造成双方交往的障碍。

四、文化背景导致的沟通障碍

不同的人群有着不同的文化背景、传统习惯和沟通模式,因而不同文化背景、传统习惯的人们之间就容易产生沟通障碍。同样的语言、同样的手势,在不同文化传统下意思会完全不同。例如,在西方,人们之间直呼其名表示的是一种亲密、随意与平等,但是在东方则很可能被认为是不尊重。由于语言、文化和礼节的不同,国际环境中的信息沟通显得更为棘手。如果沟通双方的文化程度相差很大,就容易出现沟通障碍。文化程度低的人可能会听不懂文化程度高的人表达的信息;而文化程度高的人又可能很难接受文化程度低的人的表达方式,造成彼此难以接受对方,从而形成沟通障碍。

五、语言导致的沟通障碍

语言是人与人之间沟通、交流思想的主要工具,是用以表达思想的符号系统。由于人们的语言修养有很大差异,同样一种思想,有的人能表达得很清楚,有的人则不能表达清楚。如果民航服务人员不能清楚、准确地传达相关信息,让旅客感到不知所云或者理解错误,就会影响沟通效果。在语言的理解上,有的人理解能力强,就能很好地把握住别人话语的意义,而有的人却容易对别人的话语产生误解和曲解。在语言种类的使用方面,国内航线都要求使用标准的普通话,全国也推广普通话,目的就是减少地方语言交流的障碍。而调查表明,在我国主要的国际航线中,有43%左右的国际民航旅客希望民航服务人员用英语沟通。随着全球范围内经济、文化、贸易往来互动的频繁,国际民航旅客也增加了对其他一些语种的需要。

六、态度导致的沟通障碍

在沟通过程中,态度是表达沟通方式和沟通意愿的重要因素。在人际交往中,态度的不同,也会成为双方沟通的障碍。在民航服务中,如果民航服务人员缺乏正确的服务理念,就会出现冷漠、怠慢等不良的服务态度,从而引起旅客的不满。

■ 知识关联

沟通的各种障碍

下面我们来看看有哪些因素会影响沟通的过程。克服这些因素,或尽量降低它们的影响,我们就能够更有效地沟通。

(1)感受不同。我们如何看待这个世界,大部分取决于我们过去的经验,因此,不同年龄、国籍、文化、教育、职业、性别、地位、个性的人,对于同样的情境会有不同的感受。感受不同,往往是许多沟通障碍的根源。

(2)妄下结论。我们往往只看到自己预期会看到的,只听到自己预期会听到的,而并非完整接收实际存在的整体,其结果常常就是"捕风捉影",妄下定论。

(3)刻板印象。我们必须从经验中学习,因此,常倾向于把人归类在特定的框架中。"天下乌鸦一般黑"这句话就是代表。

(4)缺乏兴趣。沟通过程中最大的一个障碍,就是对方对我们的信息缺乏兴趣。我们应该时时记住这一点,因为我们很容易假设:自己关心的事,别人也一样关心。如果我们发现对方兴致不高,就应调整传达信息的方式,去迎合对方的兴趣和需求。

(5)缺乏知识。如果对方的教育背景与我们很不一样,或是对谈话主题了解极少,要想有效沟通就很困难。这时我们就必须了解双方的知识差距,妥善调整沟通的方式。

(6)表达困难。如果我们找不到恰当的字眼来表达自己的想法,势必会影响沟通的过程,这时我们就得增加自己的词汇量。如果是缺乏自信所造成的表达困难,则可以通过事前的准备和计划来克服。

(7)情绪。接收者和沟通者的情绪也可能成为沟通的障碍。人在情绪激动的时候,往往会陷入情绪的漩涡中,无法接收不一样的信息。因此,我们应避免在情绪激动的时候跟他人沟通,以免语无伦次或口无遮拦。但反过来说,适当的情绪也不完全是坏事,因为如果我们的声音里没有一点情绪或热忱,对方大概也不会想听我们说话。

(8)个性。不只是人的个性不同会引起问题,自己的行为也会影响对方的行为,这种"个性不合"是沟通失败较常见的一种原因。我们也许无法改变他人的个性,但是我们至少可以掌控自己的个性,看看改变一下自己的行为,是否能够使彼此的关系更和谐。

上述这些因素只是可能会使沟通效果不佳或失败的原因的其中几个。身为接收者或沟通者的我们可以主动改变各种条件,从而让双方的沟通进行得更顺利。如果我们在进行沟通之前,先想想可能会遇到哪些问题,就更有可能规避这些问题。

(资料来源:根据相关资料整理。)

任务三　民航服务中沟通的技巧和策略

一、了解沟通的对象——旅客

民航服务人员在与旅客进行沟通时,绝不可仓促盲目,而要在对旅客有相当程度的了解之后再付诸行动。一般说应对以下几方面有所了解。

(一)了解旅客的个性特点和当前心境

民航服务人员在与旅客沟通时,只有了解了对方的个性,才能确定沟通的方式和策略。例如,针对脾气急躁的旅客,我们不能着急,不能火上浇油,而是要以软服硬。同时,民航服务人员只有了解了旅客当时的心境,才能抓住最有利的沟通时机。我们都知道,心绪不宁时,根本无法集中精力考虑问题;心中烦躁时,进言者很可能自讨无趣;刚受挫折的人,往往将第一个出现在面前之人当作"替罪羊"。由此可见,了解当时心境是多么重要,在遇到心情不好的旅客时,民航服务人员不要急着与旅客进行沟通,而是要等待他情绪稍稍缓和后再与之沟通,这样才能达到预期的沟通效果。

■知识链接

面对挑剔的旅客

一架航班上,飞机下降安全检查时,22排A/C座的两位旅客还在打扑克,乘务员上前提醒旅客飞机已经下降,请他们将小桌板收起,这时C座的旅客说:"没有关系啦!"二人没有收桌板的意思。乘务员便跟旅客解释说:"再过几分钟飞机就要着陆了,为了安全,还是先请您将小桌板收起来。飞机落地后会有惯性,小桌板正好对着胸腹部,万一发生紧急情况是十分危险的,而且还堵住了C座旅客的通道。"A座的旅客仍然不听劝告,乘务员见状,二话不说,伸手将扑克牌收好交给A座旅客,并扣上小桌板。C座旅客马上嚷道:"你们的服务实在太差了!一个航班就送一包小吃来打发我们。"乘务员向他解释因为这不是送餐航班,所以没提供餐食,旅客又嘟囔几句,乘务员觉得他是在找碴儿,便不自觉地脱口而出"你说什么?"且说话语气生硬,表情也很差。C座旅客更生气了,说要投诉,乘务员这时才向旅客道歉,事情最后平息下去,旅客没有投诉。

(资料来源:李永,张澜.民航服务心理学[M].北京:中国民航出版社,2006.)

(二)了解旅客已有的观点、意见和态度

民航服务人员只有了解了旅客已有的观点、意见和态度,沟通中才能做到有的放矢,真

正解决问题,否则,双方谈了半天,言不及义,不仅于事无补,还浪费了宝贵的时间。同时,民航服务人员只有从对方的意见出发,才会使沟通更加顺利地进行。否则,双方各唱各的调,不仅可能使双方陷入不自觉的矛盾之中,而且可能导致敌对情绪。

(三)了解对方的思维方式并具有接受不同意见的能力

比如,有的人沉着冷静,精于逻辑思维,民航服务人员就应该逐步展开自己的观点,注意条理清晰;有的人热情有余、沉稳不足,民航服务人员就应该将主题精练,尽量在最短的时间内申明本意,免得对方听错、听偏或没有耐心听下去;有的人不习惯深思熟虑,只想从只言片语中寻找大意,民航服务人员就应该围绕某一个对方喜欢的话题展开全部沟通内容,"强迫"对方明白大意;有的人就爱发挥想象力,将普通的描述拓展到天际,由此派生出许多歧义。民航服务人员应该注意使每一句话都有现实依据,并对沟通过程中容易引发联想和想象的语言进行一番预测,剔除那些容易引起歧义和不利于沟通的东西;有的人尽管你有千条妙计,他有一定之规,别人的话很难听进去,民航服务人员就应将沟通过程与其切身利益相联系,给予强刺激,迫使其走上正常的沟通轨道。

■ 知识链接

不被理解的好意

一位乘务员在客舱巡视时,观察到一排座位坐着一家三口,旁边还有一位旅客,那个婴儿已经熟睡在母亲怀里。乘务员想如果把坐在旁边的那个旅客调开,孩子就可以平躺下来,这样不仅孩子能休息得更好,母亲也不用那么劳累。于是乘务员走上前跟旁边的那位旅客客气地商量:"先生,您看,这位母亲抱着孩子太辛苦了,今天航班中还有空座位,我帮您调换一下,可以吗?"没想到这个建议竟然被旅客断然拒绝:"我只喜欢坐自己的座位。"乘务员愕然,心想怎么会遇到这样不知道体谅别人的旅客,却没有想到问题是出现在自己的沟通语言技巧上。同样的场景,另一位乘务员却这样说:"先生,您旁边的这位母亲抱着孩子,你们坐得都比较挤,今天航班中还有空座位,我帮您调换一下,您可能会更舒服些,您愿意吗?"这位旅客不仅欣然同意,还称赞该乘务员想得周到,那位母亲也很感激并向乘务员致谢。两位乘务员面对的是一样的问题,但仅仅因为其中一位乘务员在问题的处理上多了一些换位思考,将沟通的需要主体和立场由母亲换成了旁边的这位旅客,结果就完全不一样了。

(资料来源:根据 https://max.book118.com/html/2016/1129/66487976.shtm. 整理。)

(四)了解我们自己

在沟通之前,民航服务人员应先对自己的人生观、价值观有一个较深刻的反省,对自己的思维和情感特征做一次衡量和剖析,审查一下自己的沟通方式和目的,这样才会使双方在沟通过程中更加融洽,使沟通过程更加顺利。

同时，民航服务人员还要注意的是，在与旅客沟通的时候应主动调整自己的心态和情绪，明确自己的角色位置，做到心平气和，才能对人、对事、对物做出客观公正的评价。

二、学会积极倾听

积极倾听就是要求沟通双方能站在对方的立场上，运用对方的思维架构去理解信息。一般说来，要做到积极倾听，需要遵守以下四项基本原则：专心、移情、客观、完整。专心就是指要认真倾听对方所要表达的内容及细节；移情就是指在情绪和理智上都能与对方感同身受；客观就是指要切实把握沟通的真实内容，而不是迅速地加以价值评判；完整就是指要对沟通的内容有一个完整的了解，而不是断章取义。

■知识关联

倾听属于有效沟通的必要部分，以求思想达成一致和感情的通畅。狭义的倾听是指凭听觉器官接收言语信息，进而通过思维活动达到认知、理解的全过程；广义的倾听包括文字交流等方式。倾听主体者是倾听者，而倾诉的主体者是诉说者。

倾听不是简单地用耳朵听，它是一门艺术，也是一种技巧。倾听不仅仅要用耳朵来听说话者的言辞，还需要一个人全身心地去感受谈话过程中表达的言语信息和非言语信息。倾听是高效沟通的关键，却又恰恰是一般人较容易忽略的一项美德。倾听是一种修养，更是一门学问。用心倾听他人的声音，就是对对方最好的关怀和体贴。

倾听可以分为五个层次。一个人从层次一的倾听者成为层次五的倾听者的过程，就是其沟通能力、交流效率不断提高的过程。

(1)完全没有听——对方讲的一点都听不进去，倾听者完全没有注意诉说者所说的话。

(2)假装听——人在心不在，倾听者其实在考虑其他毫无关联的事，或内心想辩驳，他们的兴趣点并不是听，这样容易导致关系破裂、冲突的出现和拙劣的决策制定。

(3)选择地听——他们只选爱听的、中意的、有利的、无害的听，其余都当耳边风，听而不讲。

(4)专心地听——倾听者主要倾听所有的字词和内容，但很多时候还是错过了诉说者通过语调、身体姿势、手势、脸部表情等所要表达的意思。一般倾听者是通过点头同意表示正在倾听，而不用询问澄清问题，所以诉说者很容易误解为对方已完全听懂并理解。

(5)同理倾听——以"同理心"的细密感受去体会对方的需求，倾听者容易在诉说者的信息中寻找感兴趣的部分，获取新的和有用的信息。

(资料来源：根据相关资料整理。)

(二)倾听的技巧

1 同理倾听

民航服务人员与旅客建立良好关系的重要元素就是倾听和同理心。在服务过程中,民航服务人员只有学会同理倾听,才能实现优质服务。同理心又叫作换位思考、共情。同理心来源于希腊词汇,它的意思是"情绪进入",表示一种理解能力——觉察他人之个人经验的能力。通俗地说,同理心就是要学会换位思考,能够体会他人的情绪和想法,理解他人的立场和感受,并站在他人的角度去思考和处理问题。所谓同理倾听,就是情绪上与理智上全然投入,不是单纯地听,它涵盖的范围广,是用耳朵、眼睛和心来倾听;是情感与旅客同步,对旅客做出适当积极的回应,充分理解旅客的意图与思想,通过倾听与旅客建立和谐的服务关系。

2 同理倾听的技巧

1)全神贯注,心无旁骛

旅客在说话时,民航服务人员要全神贯注地听,即使这个问题可能已经被许多旅客询问过上百次。同时,身体前倾并直视对方,注意力要集中在脸、嘴和眼睛上,不要做其他事。在听的过程中不要插嘴,打断他人说话是对他人的不尊重。要表现出对旅客的看法非常重视,使对方产生依赖和好感,从而形成愉悦、宽容的心理。

2)适当地反馈

一个优秀的民航服务人员总是能有效地讲述并发问,赞同和附和旅客讲话的内容。要恰当地轻声回复"是"或"嗯",也可以点头表示同意。在开口之前先停顿一下,既可以鼓励旅客继续说下去,也让自己拥有更多的倾听机会,从而更容易明白旅客话中的含义,还能让自己在对方眼里变成一个更体贴的人,获得对方的信任。

3)重复对方的话

民航服务人员用自己的话重新复述旅客刚说的话,可以让旅客感受到你非常重视他,比如说"我重复一遍,看看这是您的意思吗?"这种方法可以让民航服务人员核对听的部分,旅客主导谈话部分,据此来判断旅客的需要,提供有针对性的服务。

4)控制情绪

民航服务人员要耐心倾听旅客叙说事情,然后迅速分析出事情的前因后果,有针对性提出好的建议和解决方法。在工作中,由于航班延误等情形的发生,有些旅客情绪很激动,此时民航服务人员应等旅客发表完观点、看法后再发言。

5)忘掉自我

民航服务人员在沟通过程中要多倾听旅客意见,站在旅客角度思考问题,不要有旅客的需求"与我无关"的想法,更不能追求与旅客的"平等",以自己的心情、自己的利益作为处理问题的出发点,按照自己的标准去倾听和反馈。

■ 知识链接

客舱服务技巧之心契合

三、掌握良好的口语沟通技能

口语沟通是日常生活中较常见的沟通方式。交谈、讨论、开会、讲课等都属于口语沟通。口语沟通是保持整体信息交流的较好的沟通方式。在沟通过程中，除了语言，其他许多非语言性的表情、动作、姿势等，都会对沟通的效果起积极的促进作用。口语沟通可以及时得到反馈并据此对沟通过程进行调节。口语沟通中，沟通者之间相互作用，因而沟通的影响力也很大。不过，与书面沟通相比，口语沟通中信息的保留全凭记忆，容易忘记。

（一）口头语言沟通时的注意事项

1 说对方想听的

首先说者要弄清楚对方想听什么，听者要积极探询说者想说什么。其次以对方感兴趣的方式表达，用对方乐意接受的方式去倾听，然后控制情绪，积极、适时回应与反馈，确认理解，听完复述或澄清。

2 懂得理解和尊重对方

理解是交际的基础，只有在相互间充分理解的基础上进行沟通，彼此才能够心心相印、情投意合。尊重对方就要尊重对方的意见，在和对方沟通的过程中要善于听取对方的意见。理解和尊重对方，就要站在对方的角度和立场看问题或体会对方的感受和对方的想法。

3 避开涉及个人隐私的话题

每个人都有隐私，都有自己不愿公开的秘密。如果在公众场合谈论他人的隐私，不但会让人失去面子，还会阻碍彼此交际活动的进行。

4 找到与对方的"共鸣"

每个人的性情和志趣都存在着很大的不同，但也有共同之处。共同的兴趣和爱好、共同的目标和志向都能够使人走到一起去。能否跟对方很好地沟通，很大程度上取决于能否找到与对方的共鸣点。

5 避免争论和批评对方

很多人喜欢争论,对一个问题或观点争得面红耳赤,大有针尖对麦芒之势。在跟对方沟通时,此举最不宜出现,否则可能会直接导致沟通的失败。善意的批评,一般人都能够接受,但绝大多数人都还是比较喜欢听好听的话。因此,在没有完全了解对方的性格特点之前,最好不要对对方进行批评,以免沟通不欢而散。

6 尽量把说话的权利让给对方

俗话说:"沉默是金。"一个人的言论实际上就是他行为的影子,我们常因言多而伤人,"恶语伤人恨不消"。一个冷静的倾听者会处处受人欢迎,且会不断了解许多事情;而喋喋不休,则往往言多必失。与客交往中,不说话也不行,但需要说自己有把握的话、说温暖的话、说衷心的话、说能替人排忧解难的话。总之,一定要说恰当的话。

(二)民航服务中的口语沟通技能

不同的职业都有适用于该职业的沟通要求,民航服务中的口语沟通要求民航服务人员在服务过程中,语言适当、得体,让旅客有愉快、舒适之感,对服务工作产生良好的反应。

1 谈吐文雅,语调亲切

民航服务人员的沟通对象主要是旅客,在沟通的过程中要彬彬有礼,温文尔雅。说话时语调平和,声音甜美,音量适中,语速不急不缓,在平稳中使人感受到热情。

2 用词简练,清楚明确

民航服务人员在沟通的过程中应不啰唆,简单明了,能用一句话说清楚就不用两句话。同时,也不能让人捉摸不透,模棱两可,要让人一听就懂。

■知识链接

乡音服务化解旅客怨气

由于CZ3974航班延误了4小时,深圳起飞时间延误至凌晨两点多,一些旅客开始提出赔偿的要求,有的要求赔偿车票,还有的要求赔偿预订酒店的费用,并拒绝登机。时间一分一秒地过去了,旅客的情绪越来越激动。这时特服室的彭鑫灵机一动,人常说:老乡见老乡,两眼泪汪汪。彭鑫就是郑州人,他开始用方言与旅客沟通,与旅客拉家常,这一招还真灵,旅客开始对他有了亲切感和信任感。彭鑫又告诉旅客自己郑州家的地址,然后又把自己的电话告诉旅客,并承诺旅客郑州有什么问题会尽力给旅客解决,旅客被彭鑫的热情所感动,对航班延误表示接受与理解,陆续都登上了飞机,航班得到了较好的保障。

(资料来源:葛明霞、孙海英,《中国民航报》。)

3 说话委婉、热情,要用尊称

民航服务人员在服务过程中说话不要太直接,表情不要呆板、生硬。回答旅客问题要热情,用良好的说话方式赢得旅客的理解和赞同。对旅客说话时应该采用尊称,言辞中要加"请""您"等字。如"您请坐""请您稍等一下""您还需要点什么"等。

4 善用亲和力

民航服务人员与旅客讲话时,一定要以相应的举止和表情与之配合。仅仅依靠语言是无法充分展现其修养的,也难以达到优质服务的要求。最好的表情就是微笑,微笑是具有多重意义的语言,是最好的名片。微笑是人人皆会流露的礼貌表情,是人们亲切友好、最具美感的表情,优质服务不仅蕴含在语言中,也寓于说话的举止和神态中。

5 态度要真诚

与旅客沟通,贵在真诚。口语沟通中真诚的语言,不论对说者还是对听者来说,都至关重要。因为每个人都有基本的分辨能力,虚假的语言只会让人觉得不舒服,甚至会在谎言被揭穿时引起不必要的争吵或投诉,只有认真、诚恳,才能使人信赖,只有使人信赖,才能达到使旅客满意的效果。服务沟通中语言的真诚就是要有真实的情感和诚恳的态度,当然,这种真诚并不是一点技巧也不讲的完全告诉旅客,而是以真诚为基础,掌握一点语言技巧,再加上恰到好处的表达方式。

6 不把自己的想法强加于人

工作中,民航服务人员总是想尽办法向旅客解释清楚某个问题,希望旅客能充分理解自己的好意,但结果往往并不被旅客接受。还经常因为自己说话用词不当而得罪了旅客。因此,在与旅客沟通的过程中,民航服务人员应充分尊重旅客的想法,不能单方面地将自己的意见强加给旅客。必须注意采用易于让旅客接受的说话方式,让其心情愉悦。

7 不要轻易允诺旅客

民航服务人员在与旅客交流的过程中,谈天说地时可以轻松愉快,但是在给旅客服务的过程中,或者是交流到有关航空公司的内容时,就要慎之又慎。说话之前要三思,有些话一旦说出口,旅客就会认为你说的事情一定能办到,如果你做不到,就是不守信用,那么很有可能会遭到投诉,并会给航空公司带来不好的影响。

8 不要轻易拒绝旅客

民航服务人员在为旅客服务的过程中,经常会遇到一些旅客提出这样或那样的要求或条件,有些是民航服务人员能做到的,但有些就会超出民航服务人员的能力范围。为了给旅客留有余地,也为了给自己留下一个考虑的空间,一般不要一口回绝。这样既能够显示对旅客的重视,也能利用时间争取主动。我们可以想办法尽量满足旅客的要求,或者用委婉的语言告诉旅客,我们虽然不能满足他的要求,但可以用其他方式代替,然后征询旅客的意见,看这样的解决方式是否能被接受。即使不能为旅客解决问题,他也会因为你的真诚和以旅客为出发点的态度,而对你的服务给予充分的肯定,从而会留下较好的印象。

9 与客人沟通说话要留有余地

与旅客沟通时,话不能说得过于绝对,这是服务用语的基本要点,目的是要给自己留下回旋的余地。如果当场表示这个绝对不行，那个绝对不可，这样再想回旋就已经没有余地了，会使自己陷入被动的局面，所以不要轻易判断孰是孰非，避免用"绝对""一定"等词语。

■行动指南

> 体会民航客舱服务中的小语言大感受

在客舱里和旅客沟通时，乘务员的语言技巧是关键。在实际工作中，辛勤的乘务员往往可能因一句无心之语令旅客勃然大怒，也有可能因为一句话化干戈为玉帛。下面一起分享一些客舱的小语言。

1. 欢迎登机 VS 欢迎乘机

两者只有一个字的区别，这个改变源于一次航班延误。我搭乘同事执行的航班，在登机过程中，同事在机门欢迎旅客："您好，欢迎登机！"已经饱受等待煎熬的旅客没好气地回了一句："登机，登基，做皇帝呀！延误这么久！"虽觉这句话很逗笑，但也觉得难受。后又一次搭乘其他公司的航班，乘务长说："您好，欢迎乘机！"一个字的改变，顿感新鲜。登机只是一瞬间的动作，而乘机却是在航班中的全过程。

2. 您想要什么 VS 您喜欢什么

在航班中的餐饮服务时，乘务员会向旅客介绍："我们有红烧牛肉饭、宫保鸡丁饭……您要点什么？""我要××饭。"这是一次程序化的服务。在客舱里乘务员问外国友人时，我们的用语是："Would you like..."其中"like"是喜欢的意思，把想要点什么变成喜欢什么，旅客的感受就会不一样。

3. 请等一下 VS 好的，马上来

餐饮服务后，用餐快的旅客希望乘务员马上清理餐桌。可惜乘务员没有三头六臂，在忙碌的同时基本会对旅客说："请等一下。"听到这句话的旅客会有些失落，等一下是要等多久？换一种回答说："好的，马上来。"旅客会觉得很好，心想："她马上就会来，很快就可以解决我的问题了！"

4. 您有事吗 VS 我可以帮您做什么

有一次，航班客舱里的呼唤铃响起时，乘务员对旅客说："您有事吗？""没事，好玩的！"双方都不高兴……从乘务员的角度，变换一下："我可以帮您做什么？"如果您是旅客，会觉得哪种问法好呢？

5. 请您小心 VS 请注意安全

同样是提醒旅客注意安全的话，具备不同文化背景的旅客听起来就会有差异。曾有航班中的港台旅客听到"请您小心"这句话后提示我，这句话在他们听来，可能会觉得是在威胁。在不安全状态时用一句"请注意安全"来提示旅客会更加专业。短短一句话，稍做变换就会给旅客带来不同的感受。曾经有一句话说得好：服务没有最好，只有更好！怎样做得更好？就是要从旅客的角度着想，从服务者的角度演绎。旅客的需求总是在不断变化的，对服务者的要求也是多元的。用心，用智慧，客舱服务也是很有乐趣的。

（资料来源：根据http://news.carnoc.com/list/181/181177.html 整理。）

四、善用身体语言沟通技能

身体语言在人际沟通中有着口头语言所不能替代的作用。何谓身体语言？它是指非语言性的身体信号，身体语言沟通就是通过动态、无声的目光、表情、手势等身体运动，或者静态、无声的身体姿势、空间距离及衣着打扮等形式来实现沟通。诸如鼓掌表示兴奋，顿足代表生气，搓手表示焦虑，垂头代表沮丧，摊手表示无奈，捶胸代表痛苦。我们在与人交流沟通时，即使不说话，也可以凭借对方的身体语言来探索他内心的秘密，对方也同样可以通过身体语言了解到我们的真实想法。

真正将身体语言有效地运用到为旅客服务中去不是一件容易的事，我们需要做两件事情：一是理解旅客的身体语言；二是恰当使用自己的身体语言。理解别人的身体语言必须注意以下几个问题：同样的身体语言在不同性格的人身上意义可能不同；同样的身体语言在不同情境中意义也可能不同。恰当地使用自己的身体语言，应做到以下几点：经常自省自己的身体语言；有意识地运用身体语言；注意身体语言的使用情境；注意自己的角色与身体语言相称；注意言行一致；改掉不良的身体语言习惯。自省的目的是检验我们自己以往使用的身体语言是否有效，是否自然，是否使人产生过误解。了解了这些，有助于我们随时对自己的身体语言进行调节，使它有效地为我们的日常交往和旅客服务。

（一）目光沟通技巧

眼睛是心灵的窗户，是了解一个人心灵最好的途径。喜怒哀乐都可以从一个人的眼神中流露出来，我们经常说"眼睛会说话""眉目传情""暗送秋波"等，都说明了目光在人们情感交流中的重要作用。心理学家发现目光接触是最为重要的身体语言沟通方式，许多其他身体语言沟通常常与目光接触直接相关。如果在沟通中缺乏目光接触的支持，那沟通则会变成一个令人不快、高度困难的过程。看不到对方的眼睛，就无法了解对方说话时处于怎样的状态，也难以确认对方对自己的谈话究竟有怎样的反应。

民航服务人员在与旅客的沟通中要进行正常、自然的目光接触，否则会让人产生"拒他人千里之外"的感觉，会使自己得不到他人的信任，会使自己与他人的沟通成为一个冰冷的、没有感情和生机的过程。在为对方服务时，民航服务人员的眼睛不可走神，也不要将视线放在对方的胸线以下，不要总盯着旅客上下打量，更不能注意或久视旅客的生理缺陷，否则会让旅客感到民航服务人员不尊重自己，或让自己产生紧张、压迫感，甚至感到难堪、窘迫或尴尬。另外，也不要乱用眼神。

■知识链接

用眼神"暖"化你

(二)表情沟通技巧

表情一般指面部表情。面部表情是另一个可以实现精细信息沟通的身体语言途径。人的面部有数十块肌肉,可以做出上千种表情,准确地传达出各种不同的内心情感状态。与目光一样,表情可以有效地表现肯定与否定、接纳与拒绝、积极与消极、强烈与轻微等各种各样的情感。表情可以随意控制、迅速变化,而且表情的变化容易觉察,因此,它是十分有效的身体语言。人们可以通过表情来表达各种情感,可以通过表情表达自己对别人的兴趣,可以通过表情来显示对一件事情的理解状态,也可以经由表情表达自己的明确判断。在人们的沟通过程中,表情是人们运用较多的肢体沟通语言之一。

在民航服务中,较好的表情沟通技巧就是微笑和真诚。当旅客走来时,民航服务人员应该抛开一切杂念,把精神集中在他们身上,并真诚地向他们微笑,仅仅靠面部肌肉的堆积是不够的,还要用微笑传达这份真诚。民航服务人员应思旅客之所思,想旅客之所想,站在他们的角度感知、体会、思考服务中的问题和不足,学会体谅旅客、感激旅客,一切为旅客着想,洞察先机,将最优质的服务呈现在旅客面前。

(三)身体动作沟通技巧

身体动作是最容易被觉察的一种身体语言,因而身体的动作更容易引起人们的注意。身体动作与语言沟通的关系非常密切,身体动作沟通技巧主要指恰当使用手、肩、臂、腰、腹、背、腿、足等动作。在人际交往中,最常用且较为典型的身体语言为手势语和姿态语。手势语可以表达友好、祝贺、不同意、为难等多种语义。例如,民航服务人员在与旅客沟通过程中要能规范地使用不同弯腰幅度的鞠躬礼表达欢迎或歉意,为旅客指示方向要使用标准的引导手势以示尊敬,当旅客咨询或提出问题时要微微点头表明自己在认真倾听,显示对旅客的尊重与理解。

■ 知识链接

飞机上被南航空保人员"公主抱"是种什么体验

■ 知识关联

非语言沟通隐藏着丰富的文化内涵

人们的许多非语言行为都是在特定的文化背景下形成的,不可避免地受文化环境、风俗习惯、思维方式、价值观念以及宗教信仰的影响,并且在沟通过程中自然而然地将这些文化内涵反映出来。如在信仰佛教的国家,头是神圣不可侵犯的,绝对不可摸别人的头;在伊斯兰教文化中,不能用左手碰食物或用左手拿东西吃,用左手会被认为不干净;在印度尼西亚、泰国和叙利亚等国,将脚踝交叠在一起被认为是举止粗鲁的表现;在德国和瑞士,用手指指自己是侮辱他人的行为;在越南,低下眼睛看着地面表示尊敬。跷起大拇指,在德国表示点一份啤酒,在日本则表示你要五份啤酒,在中国跷起大拇指则表示对人的夸奖。"ok"手势,在美国,它代表完美或正确;在日本,它是金钱的象征;对法国人而言,它表示"零";在某些阿拉伯国家,它则代表诅咒;在德国、澳大利亚、俄罗斯和巴西,它却是猥亵手势。在西方国家,那些有许多窗户和较好风景的办公室都是特意留给地位比较高的人的,而在日本却恰好相反,"坐在窗户旁边"暗示你已经从主要工作组中被排除出来,或者是已经被放在一边了。在德国,办公室是单独的、分开的,并且在紧闭的办公室门上写着房间主人的名字。德国人不愿在一个敞开的大办公室里工作,因为自己的谈话能被别人听到显然是一种缺乏隐私的表现。而在日本,办公室一般是不分隔的,公司经常会使用一个很大的、开放的但是很拥挤的办公室,包括老板在内所有的人都坐在这里,他们认为这样有助于消除那些阻止非正式交流的隔阂。

(资料来源:根据相关资料整理。)

五、与旅客建立良好的信任关系

民航服务的目的是帮助旅客顺利出行并抵达目的地,民航服务人员与旅客建立良好关系是实现这一目的的重要基础。大多数情形下,旅客的不满其实是有关民航服务人员处理事情的方法与旅客的消费权益相互抵触引发的。对航空公司的不信任大多数发生在航班延误的时候,航空公司不主动告知旅客有获得赔偿的权利,必须等到旅客抱怨、吵闹甚至和民航服务人员发生冲突后才给予赔偿,企图息事宁人,出现一种"大闹大赔,小闹小赔,不闹不赔"的怪象。

航班延误,有些民航服务人员多不愿告知旅客,等到延误时间太长实在说不过去了,才通知旅客延误,但也不说原因;等到旅客不耐烦了,才告知延误原因,多以"天气原因,航空管制"等理由搪塞;等到旅客耐心殆尽时才说出实情。航空公司的遮掩造成了旅客对其产生信任危机,使旅客和航空公司之间的关系日趋紧张。心理学研究表明,一个人的情绪反应和他对突发事件的理解与判断有关。旅客主要通过机场和航空公司发布的信息,理解和判断事件的"真实"情况及个人的处境。如果工作人员发布的信息、表现的行为和周遭的氛围都是很正面且积极的,旅客就会信任航空公司和机场,比较愿意合作和接受有关服务安排。所以航空公司和机场如何在第一时间取得旅客的信任,就显得尤为重要。

■ 知识链接

航空公司撒谎欺骗乘客的小伎俩惹出诚信大麻烦

2012年8月12日晚7点,周先生向媒体爆料:"我们从西宁飞杭州,经停重庆,乘务员让我们把行李全部拿下去,说要打扫机舱,谁知道是骗我们的,那架飞机改飞大连了。"周先生坐的这班飞机原定为2012年8月10日下午2点20分从西宁起飞,终点是杭州,经停重庆。

面对旅客的质疑和不满,航空公司的工作人员解释称,这属于正常的航班调配,如果不这样调配,延误的航班可能更多。况且,公司也已从深圳调配了一架飞机来重庆,保证滞留在重庆的旅客能够尽快回家。航空公司的解释虽然头头是道,却改变不了以欺骗的手段对待旅客的事实。既然是正常的航班调配,那为什么不能把真相告诉旅客,以取得旅客的支持和配合,而非要采取这种不入流的欺骗手段呢?先不说由此给旅客带来的时间和经济上的损失,这种欺骗也是对旅客感情上的一种伤害。

站在航空公司的角度说,公司担心如果向大家说明真相,可能有些乘客会拒绝更换飞机,而采取欺骗的手段却更容易实现让旅客换机的目的。航空公司这么做,首先就先入为主地把旅客都假定为不讲事理、不通情理的人,所以宁可采取欺骗的手段,也不愿意把真相告诉旅客。但无论如何,航空公司都不应该采取这种欺骗手段来达到目的。即使有个别旅客不愿意更换飞机,那么航空公司也应该采取积极劝导或者是通过其他方式给予补偿的办法和旅客达成一致意见,取得旅客的支持和配合。以欺骗的态度对待自己的服务对象,无疑会给人留下一种只顾自身利益而不顾旅客利益的印象。航空公司的这种服务和经营理念确实存在问题。最近几年,国内航空公司和旅客之间屡屡发生纠纷和矛盾,关系颇为紧张。其中一个很重要的原因,就是航空公司过于自大、缺乏真诚。飞机扔下旅客独自飞走的事情,足以说明航空公司的傲慢自大,根本没考虑旅客的利益和感受。这种行为只会加剧旅客对航空公司的不信任感,让本来可以轻松化解的矛盾变得更加棘手,更加难以解决。小伎俩惹出大麻烦,航空公司这又是何苦呢?

(资料来源:根据http://news.cnair.com/c/201208/42007.html 整理。)

六、迅速解决各种问题

迅速解决各种问题,是各种沟通的真正目的之所在。航空公司对于临时出现的问题,如航班延误、旅客投诉等,必须迅速、及时地解决。因为一个问题如果不及时解决,就可能迅速变大或升级,从而造成极坏的影响。只有及时与旅客沟通,迅速解决投诉问题及清楚解释服务失误原因才是上策,才能获得旅客的理解和支持,从而获得良好的服务口碑。

■知识链接

真情对客,真心服务

项目小结

沟通,每时每刻发生在民航服务人员与旅客之间,对与民航服务工作尤为重要。沟通的本质,特别是身体语言沟通揭示了民航服务工作中的细节,在一定程度上决定了旅客的满意度,决定了服务的质量。民航服务中的沟通障碍进一步明确了引发旅客不满情绪的原因,为民航服务工作提出了启发和服务的方向。民航服务沟通中的技巧更加具体地为民航服务人员提高服务质量提供了方法。

项目训练

一、填空题

1. 沟通的特点包括:_____、情境性、_____、一致性、_____和_____。
2. 任何沟通系统中都存在沟通障碍,民航服务过程中也不例外,民航服务人员与旅客之间由于_____、_____、_____、社会地位等方面的差异,会出现许多沟通问题,引发沟通障碍甚至导致沟通失败。
3. 身体语言沟通技能包括:_____、_____、身体动作沟通技巧。

二、简答题

1. 简述民航服务过程中存在哪些类型的沟通障碍以及解决的策略。
2. 简述非语言沟通在对客沟通中的作用。

三、案例分析

一次北京至珠海的航班上,头等舱客满,还有5名VIP旅客。乘务组自然不敢掉以轻心。2排D座是一位外籍旅客,入座后对乘务员还很友善,并不时和乘务员做鬼脸、开玩笑。起飞后这名外籍旅客一直在睡觉,乘务员忙碌着为VIP一行和其他旅客提供餐饮服务。然而两个小时后,这名外籍旅客忽然怒气冲冲地走到服务台前,大发雷霆,用英语对乘务员说道:"两个小时的空中旅客时间里,你们竟然不为我提供任何服务,甚至连一杯水都没有!"说完就返回座位了。旅客突如其来的愤怒使乘务员们很吃惊。头等舱乘务员很委屈地说:"乘务长,他一直在睡觉,我不便打扰他呀!"说完立即端了杯水送过去,被这位旅客拒绝;接着她又送去一盘点心,旅客仍然不予理睬。作为乘务长,眼看着飞机将进入下降阶段,不能让旅客带着怒气下飞机。于是她灵机一动和头等舱乘务员用水果制作了一个委屈脸型的水果盘,端到旅客的面前,慢慢蹲下来轻声说道:"先生,我非常难过!"旅客看到水果拼盘上的委屈脸型很吃惊。"为什么难过呀?""其实在航班中我们一直都有关注您,起飞后,您就睡觉了,我们为您盖上了毛毯,关闭了通风口,后来我发现您把毛毯拿开了,继续在闭目休息。"旅客情绪开始缓和,并微笑着说道:"是的!你们如此真诚,我误解你们了,或许你们也很难意识到我到底是睡着了还是闭目休息,我为我的粗鲁向你们道歉,请原谅!"说完他把那盘表示难过的水果盘进行360°旋转,展现的是一个开心的笑容果盘。

(资料来源:根据相关资料整理。)

请问：

把不满意的旅客变成满意的旅客,这就是有效沟通的神奇力量。请简单地说一说在这个案例中空乘服务人员使用了哪些沟通的方式,有哪些值得我们借鉴的地方,你是否有更好的沟通方案。

四、实践题

分小组收集在民航服务中有关沟通的案例,分析并总结案例中处理沟通问题的方法和手段,并以PPT方式进行全班汇报分享。

项目八　民航服务中的人际关系

 项目目标

- **知识目标**
  了解人际关系的含义、分类和人际交往原则；
  掌握民航服务中客我交往的概念和技能技巧。
- **能力目标**
  熟悉并尽量避免影响民航服务中客我交往的因素，树立正确心态；
  灵活运用客我交往技能技巧与旅客建立良好的旅程关系。

知识框架

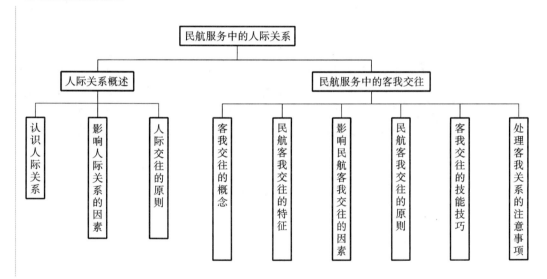

 **项目引入**

我们一直在您身边

2015年5月27日，当旅客登机结束，舱门关闭后，乘务组接到机长通知：因上海虹桥国际机场流控，飞机至少需要等待四个小时才可以起飞。一方面考虑到长时间等待旅客的舒适度，另一方面考虑到机组的飞行时间要符合民航局的有关规定，机长决定让所有旅客下飞机，在候机楼休息等候，全体机组成员回酒店休息等待起飞时间。乘务组第一时间将消息告知了机上旅客。

旅客一个个走下飞机后，一名坐在32排J座脚踝受伤需坐轮椅的旅客何先生焦急万分，迟迟未能下机，乘务长即刻上前了解情况。原来，何先生脚踝受伤，行走困难，又是自己一个人，同时，他也十分担忧航班的后续情况，害怕会耽误自己的事情。就在这个时候，乘务员主动帮助何先生了解乘坐高铁去青岛的时刻表，结果发现并没有适合何先生的车次。不一会儿，载机组人员去酒店休息的机组车到了，此时，何先生依然不想下飞机，感到十分为难，乘务长看在眼里，便对机长说道："机长，你们去休息吧，我留下来照顾何先生。"又转身对何先生说道："您放心吧，我不下去了，就在飞机上陪着您，您就在飞机上好好休息。"话音一落，何先生紧张的心情一下子平复了许多，同时，也被乘务长真诚的话所打动，红了眼眶。见到此情此景，乘务员们纷纷对乘务长说："我们也留在这里，照顾何先生！"

在乘务长的带领下，乘务组放弃了去酒店休息的机会，陪伴在受伤且内心焦急的何先生左右。其实，乘务组当天也是一大早出港，并且已经完成了两段航班的任务，她们也很疲惫。四个多小时的等待，乘务员一直在飞机上陪伴着何先生，细心地照顾他，还为他准备了点心和饮料。何先生被乘务组的悉心呵护所打动，临别时，不停地向乘务组表示由衷的谢意。

（资料来源：根据相关资料整理。）

分析：

民航服务中的人际关系是一种特殊的人际交往关系，客我交往是民航服务存在的条件和方式，没有客我之间的交往，就没有民航服务。在此案例中，我们可以看出民航服务人员即使在很疲惫的情况下，还是以旅客为先，安抚旅客情绪，陪伴在其身边，用真诚打动了旅客，展示了民航服务人员的职业精神。

任务一　人际关系概述

人是社会关系的承担者。社会关系是一个多层次的关系体系，包括人们在生活实践中彼此建立的全部关系，以及由生产所决定的政治关系、法律关系、道德关系等。人际关系是社会关系中的心理侧面，因此，人际关系的实质是人的全部社会关系的"心理关系"。人际交往以社会关系为基础,受社会关系制约;反过来人际关系又影响社会关系的发展,因为人际关系是人们进行交往,形成各种社会关系的基础和条件。

一、认识人际关系

(一)人际关系的定义

人际关系也叫人际交往,是指人与人之间通过直接交往形成起来的较为稳定的倾向性情感联系。这种联系是交往过程中产生的情感积淀,关系一经形成,便会进一步相互作用、相互影响。例如,亲属关系、朋友关系、同学关系、师生关系、雇佣关系、战友关系、同事关系等都是人际关系的体现。

(二)人际关系的实质

1 人际关系主要是指个体与个体之间的关系

人际关系中的主体与对象都是个人,具有显著的个体性。这就与社会关系、公共关系具有社会性、组织性的特点有了明显的区别,人际关系的本质体现在具体的个人与个人之间的互动过程中。

2 人际关系实际是人与人之间的心理距离

心理距离是一种社会心理学术语,是指一个个体对另一个个体或群体亲近、接纳或难以相处的主观感受程度。正因为如此,人际关系与其他社会关系层面上的经济关系、政治关系、法律关系、伦理关系等具有本质的区别。当然,人际关系必然要受到社会生产关系,以及建立在这种生产关系基础之上的上层建筑的各种社会关系的深刻影响和制约,离开这些因素,人际关系也无从建立。

人际关系中体现的心理距离主要以情感活动为基础,因而体现出强烈的情感色彩。心理距离近,关系亲密;心理距离远,关系疏远。

3 人际关系是在人与人之间相互交往的过程中逐渐建立和发展起来的

没有交往,就谈不上建立人际关系。要建立良好的人际关系,就必须注意人际交往的质和量,讲究人际沟通的技巧和方法,使双方的心理需求得到尽可能的相互满足,这样才能创造和谐的人际氛围。

■知识关联

人际关系的四种交往模式

美国著名心理学家艾里克·布奈依据个体对自己和他人的态度,提出了四种人际交往模式。

1. 我不好你好

德国著名心理学家阿德勒指出，人在生命初始阶段是依赖周围人而生存的，与周围人相比，儿童常常感到自己的无能，因而从小就有自卑感，在潜意识中形成了"我不好你好"的心理模式。成长的过程其实是摆脱这种心理模式的过程。有的人由于种种原因没有或者尚未完全摆脱这种心理模式，在人际交往中就会表现出不同的自卑感和焦虑感，极端的表现是社交恐惧症。

2. 我不好你也不好

这种交往模式常常表现为不喜欢自己也不喜欢别人，既看不起自己也看不起别人，既不会去爱人也无法体验和接受他人的爱。这种人现实中往往远离人群，不知道自我完善，一幅"冰冻人"的模样。他们一般是典型的心理疾病患者，比如抑郁症。他们是在社会生活的边缘徘徊的人，找不到生活的入口。

3. 我好你不好

这种交往模式常常表现为充满优越感，骄傲自大，自以为是，总认为自己是对的，别人是错的。如果自己对别人好而别人对自己的好没有达到自己的期待，就会愤愤不平。把人际交往失败的原因归咎于他人的责任。这种交往模式的根源还是自卑，因为自卑所以表现出优越感。持这种人际交往模式的人对人要求苛刻，又不知道自我反思，很难有知心朋友。或者会出现另一种情况，对自己心目中有用的人曲意奉迎，而认为对自己没有用的人则不屑一顾，或者假装示好，内心深处却压根看不起。看不起别人实际上就是看不起自己，这是不成熟的表现形式。

4. 我好你也好

这是一种成熟健康的交往模式。相信自己也相信他人，爱自己也爱他人。能够客观地看待自己和他人，正视现实并努力改变自己能改变的事物，正确看待自己和他人身上的优缺点，从而使自己保持一种积极、乐观、进取、和谐的精神状态。他们能够根据现实的要求主动改变自己，能够保持与时俱进的状态，是生活中的成功者。

（资料来源：根据相关资料整理。）

（三）人际关系的类型划分

1. 按照人际关系形成基础划分

人际关系，按其形成的基础，可以分为以下三类。

一是血缘人际关系。此种人际关系是由血缘联系和姻亲联系所构成的人际关系。血缘人际关系以家庭为中心，是由成员之间的交往构成的血缘关系网络或由若干家庭交叉形成的亲缘关系网络。

二是地缘人际关系。此种人际关系是因居住在共同的区域，以地域观念为基础形成的人际关系。地缘人际关系常常以社会历史文化为背景，使人际关系带有文化传统、心理纽带和乡土色彩，如邻里关系、同乡关系等。

三是业缘人际关系。这种人际关系是以共同的事业和志趣为基础的，如同事关系、师徒（生）关系、经营关系等。业缘人际关系打破了血缘人际关系和地缘人际关系的界限，以事业和志趣为纽带,在人际关系中所占的比例较大,对社会的影响也较大。

2 根据人际关系需求划分

美国社会心理学家舒兹根据对他人需求的内容和方式的不同,把人际关系按需求分为以下三类。

一是基于包容需求的人际关系。它指具有包容需求的人愿意与人交往,希望与他人建立和维持相互容纳的和谐关系。基于这种愿望所产生的行为特征是容纳、沟通、参与、归属、随同等;与之相反则表现为退缩、排斥、对立、疏远等。

二是基于控制需求的人际关系。它指具有控制需求的人企图运用权力、权威或其他可以控制别人的因素来与他人建立和维持良好的人际关系。其行为特质是领导、支配、控制;与此相反的人际关系特质是受人支配、追随他人或者反抗权力、权威等。这种类型的人际关系不只是存在于领导与被领导、管理与被管理之间,小群体中的核心人物与他人的关系往往也带有控制和被控制的特征。

三是建立在情感需求上的人际关系。它指具有情感需求的人希望在情感方面与他人建立并维持友好、亲密、同情、友善、良好的关系。其行为反应特质是热情等;与此相反的人际特质是冷淡、疏远、憎恶等。

■ **知识关联**

六度关系理论

六度关系理论由美国社会心理学家斯坦利·米尔格兰姆(Stanley Milgram)于1967年最先提出。通俗地说,六度关系理论是指你和世界上任何人所间隔的关系不会超过六度,也就是说最多通过六个人你就能够认识任何一个陌生人。

1967年,美国哈佛大学社会心理学教授斯坦利·米尔格兰姆想要描绘一幅连接人与社区的人际联系网络图,于是做了一个连锁信实验。他从内布拉斯加州和堪萨斯州招募到一批志愿者,随机选择出其中的300人,请他们邮寄一封信函,信函的最终目标是米尔格兰姆指定的一名住在波士顿的股票经纪人。米尔格兰姆一开始并不认为信函能直接寄到目标,但出人意料的是,有60多封信最终到达了目标股票经纪人手中,并且这些信函经过的中间人的数目平均为5人左右。也就是说,陌生人之间建立联系的最远距离是6个人。同年5月,斯坦利·米尔格兰姆在《今日心理学》杂志上发表了实验结果,提出了"六度分隔"假说。

除了社会上的实验,学术界也一直试图通过更完善的实验条件来验证六度关系理论,以弥补当时通信技术为书信传递,以及样本量不足等缺陷。在21世纪初,一系列后续实验得到了不少有趣的结果。

2001年,美国科学家邓肯·沃茨(Duncan Watts)从13个国家招募了18个目标人。他选取的人物职业十分多元化,以尽可能地保证得到数据具有代表性,而后他在全美招募了6万人向这18个目标发送电子邮件,结果发现这些邮件一般都通过5—7人送达目标。

2008年,微软根据MSN在2006年的某一月记录的所有通过微软网络发送短信的用户地址,分析了300多亿条地址信息。最终统计得出,多达78%的用户仅通过发送平均6.6条短信,或者说通过6.6步,就可以和一个陌生人建立起联系。

2011年,社交网络巨头Facebook和米兰大学共同宣布了他们关于六度关系理论的新研究成果:他们以一个月内访问Facebook的7.21亿活跃用户为研究对象,计算出其中任何两个独立的用户之间平均所间隔的人数为4.74。

六度分离理论现在主要应用于SNS(social network services),即社交网络服务,包括社交软件和社交网站。例如,电子邮件的Gmail邀请函、社交网站中推特的开放圈子设置、社交软件中QQ的"可能认识的人"等。

(资料来源:要据相关资料整理。)

二、影响人际关系的因素

(一)交往空间因素

交往空间因素包括人与人之间的距离、交往频率及相似性等。

人与人在空间地理位置上越接近,越容易产生人际关系。同在一地居住,同在一所学校读书,同在一个单位工作,同在一栋楼房生活,彼此容易认识和了解,感情上也容易接近。

人们交往次数越多,越便于沟通信息、交流思想,进而联络感情、增进友谊、协调关系。若"鸡犬之声相闻,老死不相往来",自然不能建立亲密的人际关系。当然,不必要的交往,也会使人感到厌烦,正像人们常说的"久聚难为别,频来亲也疏"。

人与人之间有着共同的理想、信念、信仰、喜好,或有相同的经历、遭遇、兴趣及对事物的态度,或双方可以满足对方的需要,也都是形成人际关系的重要内容。

(二)个人因素

在群体中,一个性格开朗、活泼,心胸开阔、坦荡,性情和善、宽厚,富有同情心,能体谅他人的人,易受到其他成员的欢迎,因而也易同他人建立良好的人际关系。相反,一个性格孤僻、古怪、固执、自高自大、目空一切,或敏感多疑,或感情匮乏、麻木不仁的人,就难以与人相处,难以形成良好的人际关系。

(三)社会因素

社会因素是影响人际关系的客观外在因素。社会经济发展水平、人们的生活方式及价值观念、社会风气、道德风尚等都直接或间接地影响人际关系。一般来说,社会经济文化繁荣、人民生活富足、社会风气好、人际关系就密切;相反,如果社会动荡、人心不稳、金钱至上、你争我夺、道德规范落后等,人际关系则恶化。

同时,人际关系也受到各种社会条件的制约,如阶级对立、有行政关系的官民之间、有经济关系的贫富之分等,社会差距越大,交往就越少。

(四)组织文化因素

一个组织是"工作型",还是"关系型";是强调做好工作,实现组织目标,还是强调搞好关系,形成和气的团体;是重视政绩和能力,鼓励通过扎实工作、勤劳创新来获得组织认可,实现自我价值,还是重视人际关系的处理,靠拉票联络感情来获得认可,都会对人际关系产生不同的导向作用,也直接影响人们处理人际关系的方式。

■知识关联

和谐人际关系的三大要素

美国著名心理学家罗森塔尔教授发现,和谐的人际关系必须具备三个要素:彼此的关注、共同的积极情绪、一致性或同步性。这三个因素共同催生了和谐关系。

1. 彼此的关注

彼此的关注是第一个基本要素。当两个人的注意力都集中在对方的语言和行为上时,他们就产生了共同的兴趣,从而达到知觉一致。这种双向的注意力是产生共同情感的前提。

和谐人际关系的指示器之一就是同理心,也就是交际双方能够体会彼此的感受。罗森塔尔教授曾经讲述过一个实验。在实验中,志愿者被分成两人一组的若干组,每组中分别有一个人按照研究者的指示,假装自己有根手指受伤,缠上了胶布,并且做出很疼的样子。过了一会,他们又假装再次伤到手指。如果当时他们的同伴是直视他们的眼睛的,那么对方也会受到惊吓,并且会不自觉地模仿他疼痛的表情。而如果他们的同伴没有看他们的眼睛,那么对方即使意识到他很疼,也不会受到惊吓。在精神不集中时,我们会忽视一些重要的细节,特别是情绪方面的细节。因此,直视同伴的眼睛为产生同理心创造了条件。

2. 共同的积极情绪

营造和谐人际关系的第二个要素是共同的积极情绪,它主要是由语调和面部表情引起的。对于营造积极情绪而言,交流中传达的非语言信息比语言本身更有效。在一项实验中,管理人员直言不讳地批评了一些志愿者,但是声音和表情都非常热情。值得我们注意的是,这些人虽然受到了批评,但他们仍然觉得整个交流过程非常愉快。

3. 一致性或同步性

一致性或同步性是罗森塔尔教授和谐人际关系理论的第三个要素。一致性或同步性大多是通过微妙的非语言途径,比如交流的节奏和身体的动作来体现的。处于和谐关系中的人们心情愉快,畅所欲言。他们的反应自然而迅速,他们的对话就像是事先编排好一样。他们会四目相对,拉近椅子,甚至鼻子间的距离会比通常交往时要近。即使中间出现一两秒的沉默,他们也不会感到尴尬。

如果缺乏一致性或同步性,那么交往中的人们就会感觉不舒服,可能会出现不合时宜的回答或者尴尬的冷场。人们可能会烦躁不安或沉默冷淡。这些不协调会破坏和谐的人际关系。

(资料来源:根据相关资料整理。)

三、人际交往的原则

（一）相互原则

人际关系的基础是彼此间的相互重视和支持，任何个体都不会无缘无故地接纳他人。对于真心接纳我们，喜欢我们的人，我们也更愿意接纳对方，愿意同他们交往并建立和维持关系。

（二）相容原则

相容是指人际交往中的心理相容，即指人与人之间的融洽关系，与人相处时的容纳、包涵、宽容及忍让。要做到心理相容，应注意增加交往频率，寻找共同点，谦虚和宽容。为人处世要心胸开阔，宽以待人，要体谅他人，遇事多为别人着想，不要斤斤计较，以免因小失大，伤害相互之间的感情，只要对事业、团结有利，做出一些让步也是值得的。

（三）真诚原则

真诚指的就是真实、诚恳，没有虚假，它是人际交往中的良好心态之一。真诚待人是人际交往得以延续和发展的保证，人与人之间只有以诚相待，才能相互理解、接纳、信任，才能让良好的人际关系得以持久。

（四）互惠原则

人际交往作为人们之间的心理沟通，是主动的、相互的、有来有往的，故有"来而不往非礼也"之说，人际交往的过程，是双方互相满足需要的过程，只有一方获得好处的人际交往是不长久的。所以双方都要受益，不仅有物质的，还有精神的，交往双方都要讲付出和奉献。

■知识关联

建立和谐人际关系的十大法则

(1) 由彼观彼，善解人意。
(2) 己所不欲，勿施于人。
(3) 不求取免费的午餐。
(4) 己所欲而推及于人。
(5) 永远不忘欣赏他人。
(6) 诚信待人。

(7)和气宽仁。
(8)不靠言语取悦于人,而靠行动取信于人。
(9)要雪中送炭,不要锦上添花。
(10)以德报德,以直报怨。
(资料来源:根据相关资料整理。)

任务二　民航服务中的客我交往

民航服务工作从本质上说,是一种与人打交道的工作,是通过人际交往实现的。民航服务中主要的人际交往是客我交往,它是民航服务的先决条件和存在方式。要做好服务工作就必须研究与人打交道的学问,只有正确对待和处理好民航服务中的客我关系,才能真正实现为旅客提供优质服务。

一、客我交往的概念

客我交往是人际关系中的一种特殊的形式,是指民航服务人员和旅客之间为了沟通思想、交流感情、表达意愿和解决民航运输过程中的问题而相互影响的过程。客我交往是民航服务存在的条件和基础,没有客我交往就不会有民航服务产品。

二、民航客我交往的特征

民航服务的特殊性决定了在民航服务过程中,民航工作人员和民航旅客分别扮演特定的角色,因此,民航客我交往具有以下明显特征。

(一)交往时间的短暂性

民航服务具有高效、便捷等特点,因此,民航企业和机场为旅客提供的各项服务也体现了高效的特点。从购票、候机、空中运输直至到达目的地,一般时间相对较短,从而形成了民航服务中的客我交往频率高、时间短的活跃局面。这一特点就要求民航服务人员应注意给旅客留下良好的第一印象。

(二)交往空间的狭隘性

民航服务中的客我交往一般都是在特定环境下产生的,比如机场、客舱中。空间密闭受限时,人往往缺乏在熟悉空间的掌控感和安全感,从而会做出一些平时可能不太会做出的行为。同时,因为空间的狭隘性,交往范围受限,旅客较容易将视野或者注意力集中在某件事或某个物体上。

■ 知识链接

> 突如其来的风波

2014年2月21日,东航的某航班上的乘客突然听到客舱中后部有争执的声音,并且越来越大,乘务员迅速赶到后舱了解情况。一位旅客在开启行李架时,另外一位旅客以为对方动了自己的行李,产生了误会,于是这两位体格健壮的中年男性旅客发生了激烈的口角,还发生了轻微的肢体冲突。其中一方在飞机上的数名亲戚见势一拥而上,形势再次恶化。机舱内,几个男人情绪失控地拳脚相加,一时间客舱内充满了辱骂声、吵闹声、孩子的哭声……局面十分混乱。

面对即将失控的局面,为防止事态恶化,乘务组临危不乱、分工明确:前后服务间各留一名乘务员,避免有旅客情绪失控而冲进驾驶舱,做好对机舱门和驾驶室门的监控,和驾驶舱保持联系,同时,避免恐慌引起的大面积旅客纵向移动,从而影响飞行安全;另外三名乘务员协助安全员将争执旅客强行分开,并进行安抚劝说,同时劝慰、安抚周围旅客。在乘务组的共同努力下,突发的这场风波暂时控制住,虽然争吵的旅客们已无肢体接触,情绪也稍有缓和,但还不时地恶言相向。为避免再次引发冲突,乘务员一直耐心相劝,询问双方是否愿意调换位置,终有一方息事宁人。

乘务员沉着冷静、正确得当地控制事态发展,有效化解矛盾,是航班安全运行的坚实保障。服务过程中乘务组始终保持高度的警惕性,加强客舱巡视,注重对关键旅客的重点服务,并用真情化解矛盾。

高空飞行的客舱内有着人多、空间小的特殊性,民航服务中的人际交往也就伴随着更多的复杂性和可变性,民航服务人员任何不当的行为都极易引发冲突从而影响客舱安全,因此,民航服务人员应当妥善地处理民航服务过程中的人际交往问题。

(资料来源:经济日报。)

(三)交往地位的不对等性

在日常生活中,人际交往具有自愿、平等的原则,即人们的交往是出于自愿,地位是完全对等的,交往对象是可以选择的。但是民航服务中的客我交往是一种特殊的交往方式,对于旅客而言,交往凭自己的意愿,但民航服务人员是没有选择性的。换言之,民航旅客可以对民航服务人员提出要求,而民航服务人员不能对旅客提出要求。

作为民航服务人员,我们应当清楚地认识到民航业的特点,理解民航运输服务产品的内涵,避免消极情绪的产生,处理和协调好与旅客的关系,维护好民航企业和机场的形象与信誉。

(四)交往深度的局限性

民航服务人员与旅客的接触只限于旅客需要服务的具体项目、具体地点和具体时间段,否则,就是一种打扰旅客的违反规定的行为。也就是说,民航服务中的客我交往,只属于工作上的需要，并不深入，不能涉及个人关系，更不能试图对旅客的个人经历、情感、家境和性格等进行深入了解。

（五）交往结果的不确定性

民航服务是一种人与人、面对面的交往活动。由于民航服务人员个人素质、能力、性格上的差异及旅客社会地位、经济状况、文化背景和情绪变化的区别，同一民航服务人员在不同的时间、地点，向不同的旅客提供同一服务时，会产生截然不同的结果；同样，同一旅客在不同的时间、地点，接受同一民航服务人员提供的服务项目时，通常也会有不同的感受和评价。这就导致了客我关系交往结果的不稳定性。

三、影响民航客我交往的因素

影响民航客我交往的主要因素是交往主体的内在差异，包括社会因素、文化因素、心理因素和人际吸引。除此之外，交往过程中信息的流动或传递也会影响客我交往。

（一）社会因素

社会因素主要指交往主体的社会地位、社会角色、年龄、性别等。社会地位的不同造成的交往障碍，常常会带有某种限定性。优势地位者与劣势地位者的行为方式乃至说话的语气都会出现明显差别，扮演社会角色的不同往往意味着其所承担的社会义务、所代表的社会期望不同，这些不同都可能在某种程度上造成交往困难。例如，在民航服务中，经常乘飞机出行的旅客往往对民航客我交往有很高的期望值，希望服务能够更加完善和周到，这类人对民航服务质量的评价有别于普通旅客。

（二）文化因素

文化因素是指人际交往双方一般的社会心理背景。交往双方的受教育程度、文化素质不同，也会影响交往的过程。例如，由于双方使用的语言文字不同，或对同一词汇有着不同的理解，信息内涵就极易发生歪曲，造成语意障碍，民航服务人员在客我交往过程中要关注不同文化背景、不同宗教信仰的旅客，避免由于信息符号的差异性而造成的误解。

（三）心理因素

心理因素对交往的影响主要体现在认知、情绪、个性等方面。交往双方在信息交流中看问题的角度不同、思维方式不同、认知风格不同等，会造成认知失调而影响交往的结果。愤怒、焦虑、悲伤等不良情绪，以及激情状态或长期心境不佳都可能导致信息的曲解。在民航服务过程中，旅客和民航服务人员所扮演的角色不同，在航班无法正常运行时，双方应当站在对方的角度上考虑问题，避免不良情绪的产生，尽量找到合理的途径解决问题。

(四)人际吸引

人际吸引是客我交往中彼此欣赏、接纳的亲密倾向,是良好人际关系的重要基础。人际吸引会直接影响到客我交往的结果。美国心理学家奥尔波特通过研究发现,人际吸引是受很多因素影响而形成的一种动力,如个体的内在涵养、礼貌、身高、仪表、服饰、行为动作的和谐、地位角色等因素。归纳起来,影响人际吸引的因素主要有以下几个。

1 接近且接纳

在同一个活动空间时,彼此就可以接近,这有助于人际关系的建立。但是接近并不一定彼此吸引,彼此之间相互接纳是指民航服务人员接纳旅客的观念与思想,民航旅客接纳民航企业的服务理念和服务方式。交往双方只有彼此接近且接纳,才能产生有效的客我交往。

■ 知识关联

人的相近性

美国心理学家费斯汀格等人曾以麻省理工学院已婚学生眷属宿舍的居民为对象,研究邻居友谊与空间远近的关系。该眷舍共有 17 栋,每栋上下两层,每层 5 户,共计 170 户。在新年刚搬入眷舍时,大家彼此互不相识。过一段时间后,心理学家要求每户举出在眷舍新交的 3 位朋友。结果发现,他们新交的朋友,几乎不离开四个相近性的特征:其一,是他们的近邻;其二,是他们同楼层的人;其三,是他们信箱位置靠近的人;其四,是走同一楼梯的人。由此看来,接近是友谊形成的一个重要因素。

(资料来源:根据相关资料整理。)

2 相似因素

交往双方相似之处越多,越容易建立起良好的人际关系。例如,相似的年龄、受教育程度、信仰、兴趣爱好、种族等都会增加人与人之间的相互吸引,增加亲密感。因此,民航服务人员要善于发现与旅客的相似之处,从而增进交往。

3 仪表吸引

在客我交往中,第一印象十分重要,它包括了仪容、仪表和仪态。因此,民航服务人员应做适当"印象修饰",从自己的服饰、举止、面部表情、精神状态等做出符合自身的角色需要和当时情境需要的行为,从而产生让人接近和接受的吸引力。

4 人格吸引

人格魅力是进行客我交往的重要影响因素。开朗、热情、自信的人容易被旅客接受,而内向、冷漠、虚伪的人则容易被旅客疏远。同时,客我交往还需要有宽容的品质,能够虚怀若谷,接纳旅客的不同意见,对旅客彬彬有礼,这样才能受到旅客的欢迎。

■ **知识关联**

客我交往关系中的不良心理

民航服务工作压力大,各种突发事件频繁发生。因此在客我交往中,民航服务人员难免会产生一定的心理压力和负面反应,出现一些不良的心理表现。民航服务人员应及时了解并努力避免不良心理,同时加强情绪与心态调整,建立良好的客我交往关系。

1. 自我中心

有些民航服务人员在工作中常常只站在自己的角度思考问题,只会关心自己的利害得失,而忽视旅客的利益和处境。在客我交往中表现为目无他人、装腔作势、傲慢无礼、自私自利。他们不高兴时会不分场合地乱发脾气,高兴时则可以手舞足蹈地讲个痛快,全然不顾虑旅客的情绪和态度,这样的客我交往必然会出现问题。

2. 羞怯

羞怯心理是大多数人都会有的心理。具有这种心理的人在日常生活和工作中往往比较内向或者害怕社交。由于心理上的不自信而产生过分的焦虑和不必要的担心,言语上吞吞吐吐,行动上慌乱无措。长此以往,这种心理不利于民航服务人员与旅客的正常交往,易导致旅客出现不舒适的心境,造成不必要的麻烦和冲突。

3. 孤僻

有些人天性内向,不喜欢与人交往,更注重自身感受,易孤芳自赏。性格孤僻的人不易融入团体,也会影响个人内在的感受,在民航服务过程中也难以以最好的状态服务旅客。克服孤僻的关键在于打破自己内心的障碍,减少防御,敞开心扉,用坦荡、真挚的情感赢得旅客的理解。

4. 干涉

有些民航服务人员在与旅客交往的过程中,常常喜欢打听八卦,私下传播旅客的私事。这种人热衷探听旅客的情况,并不一定有什么实际目的,只是喜欢刺探旅客隐私从而获得低层次的心理满足。这种心理的存在一方面会对团队造成不好的风气,影响服务工作;另一方面会破坏原已形成的良好旅客关系,是一种损人不利己的不良心理表现。

5. 讨好

个别民航服务人员不能端正自己的心态、认清自己的位置,错误地认为旅客是"主",而自己是"辅"。常常出于功利性目的讨好旅客,阿谀奉承,曲意逢迎。一旦把握不好分寸,极易引起旅客的反感,使正常的客我交往难以进行。

(资料来源:根据相关资料整理。)

四、民航客我交往的原则

(一)平等原则

平等原则是人际交往的基础。民航服务人员在与旅客交往的过程中,尽管由于主客观的影响,不同的人在气质、能力、知识等方面存在着差异,但在人格上是平等的,交往的双方都是受益者，一定要平等待人，不可盛气凌人或阿谀奉承。每个人都需要得到别人的尊重，都需要通过交往寻找自己的社会位置，获得他人的肯定，证明自己的价值，而平等的原则正好满足客我关系的这一需求。

（二）诚信原则

诚为诚实，信为信用。诚信是人与人之间建立友谊的基础，也是客我交往的根本。在客我关系中，只有双方都心存诚意，才能相互理解、接纳、信任，情感上才能引起共鸣，双方关系才能得以发展。尤其是在航班无法正常运行的情况下，民航服务人员不可胡乱猜疑，不可轻易许诺、信口开河，不可在自己不知情的情况下妄下判断，造成信息传递不准确等问题。

（三）宽容原则

宽容是一种美德，也是对健康交往关系的呵护。在民航服务过程中，民航服务人员与旅客相处应能够宽容大度，克制忍让，不斤斤计较。产生误解和矛盾时，民航服务人员要勇于承担自己的责任，做到宰相肚里能撑船，以理智的态度对待旅客的行为。要意识到人和人的不同，正确对待个性差异，对不同性格气质的人要求同存异，多了解对方，并根据不同的性格特征，采取恰当的交往方法，让旅客能够接受民航服务人员的服务方式。

（四）赞扬原则

人人都希望得到他人的肯定和赞美，赞扬的作用永远都胜过批评。要建立良好的客我关系，恰当的赞美是必不可少的。民航服务人员要善于发现并赞扬旅客的优点与长处，礼貌相待。人们总是喜欢赞美自己、尊重自己的人。因此，民航服务人员对旅客的尊重和赞扬会使旅客获得良好的情绪情感，同时，旅客良好的情绪会感染服务人员，从而使客我交往能够顺利进行。

五、客我交往的技能技巧

（一）塑造良好的自身形象

现代社会中，无论是服务行业还是其他行业，都比较注意仪容仪表在交往过程中的重要性，良好的形象是客我交往的基础。民航业作为一个特殊的行业，对服务人员提出更高的要求，因此在自身形象塑造方面，民航服务人员应当注意以下方面：

第一，衣着整洁大方，符合自己的身份和气质，可适当修饰或化妆；

第二，举止得体，谈吐文雅，不言过其实，也不吞吞吐吐；

第三，态度谦和，热情大方，切忌自满自大、野蛮无理、目中无人；

第四，适当展示自己的才华，但不自我吹嘘；

第五，文明礼貌，实事求是；

第六，积极主动，及时发现旅客需求，尽量满足旅客需求。

(二) 真诚待客

每一个行业对人都要以诚相待，不能过于世故。美国心理学家安德森(Anderson)研究了影响人际关系的人格品质。其主要研究结果显示，排在序列较前、受喜爱程度较高的六个人格品质是真诚、诚实、理解、忠实、真实、可信，它们或多或少，或直接或间接地都同真诚有关；排在序列较后、受喜爱水平较低的几个品质是说谎、装模作样、不老实等，也都与真诚有关。安德森认为，真诚受人欢迎，不真诚则令人厌恶。"诚"是客我交往的根本，交往能做到一个"诚"字，必定可以赢得真诚的回报。反之，世故圆滑、尔虞我诈，是不可能得到对方的真诚相待的。

■ 知识链接

真情摆渡，真心服务

这天正遇雷暴，厦门高崎国际机场航班出现大面积延误，厦航某一航班落地后停靠远机位，机舱外面下着瓢泼大雨。此时，旅客从客梯车到摆渡车之间还有一段距离。客舱乘务长在进行雨天下机时客梯车防滑提醒广播后，考虑到大部分旅客都没有携带雨具，若旅客直接从客梯车走到摆渡车肯定全身会被大雨淋湿。这时，乘务长毫不犹豫地撑起雨伞，小心翼翼地扶着旅客，一位接着一位走上摆渡车，等到把最后一位旅客成功送到摆渡车后，她已经浑身湿透了，但在看到每一位旅客安然无恙地走上摆渡车后，她安心了。她说大雨可以淋湿她的头发、她的衣服、她的鞋子，但绝对不能淋湿她的旅客。

(资料来源：民航资源网。)

(三) 学会尊重

尊重，包括自尊和尊重他人。自尊，是指个体对自己整体状况的满意水平，具有跨时间和情境的一致性；尊重他人，则是指重视他人的人格、习惯与价值，承认客我交往双方的平等地位。在客我交往过程中，只有充分地尊重旅客，才会赢得旅客对你的尊重。

尊重他人可以体现在许多方面，比如在与旅客交谈时，要注意倾听。你的姿态和动作极易表现出你的真实想法，不要在与旅客交谈时三心二意、看书看报、东张西望，应避免哈欠连天，也不要做一些不必要的小动作，如剪指甲、弄衣角、手指敲打桌面等，这些动作都会显得不礼貌与不耐烦。在交谈时，民航服务人员应该与旅客有适当的目光交流，适当地点头或做一些手势，或发出"哦""嗯""是"的声音等，表示自己在倾听，以引起旅客继续说话的兴趣。

在旅客充满兴致的话语中，民航服务人员要尽量让旅客把话说完，不要轻易打断旅客或者抢旅客的话题，扰乱旅客的思路。必要时，民航服务人员可委婉地说，"不好意思，请允许我打断一下""请等等，让我说一句"，这样可以避免旅客产生你轻视他等不必要的误解。

在交谈时,要让旅客主导话语权,民航服务人员通过适当的言语或姿势的反馈达到激发旅客的兴致与状态的目的,给旅客充分说话的机会。同时,民航服务人员在倾听旅客说话时也不要过于严肃,应该对旅客情绪的变化给予积极的回应,否则会使旅客觉得你冷漠,没有兴致继续说下去。

(四)学会倾听

善于倾听别人讲话是一种高雅的素养。教育家戴尔·卡耐基说:做一位听众往往比做一位演讲者更重要。倾听是对旅客尊重的表现,民航服务人员要养成良好的倾听习惯,要真诚耐心地去听旅客说话,态度谦虚,目光注视旅客。

倾听的要领:首先,要耐心听旅客讲话,态度谦虚,目光注视旅客,向旅客传递一种"你说吧,我在听"的友好姿态。其次,要善于利用我们的体态语言及语言的其他方式予以必要的反馈,做一个积极的倾听者,表明我听得很认真。再次,不要随意地打断旅客讲话,更不要中间自己插进来大讲特讲。在旅客讲话的时候,我们可以适当地提出一些问题,通过提问向旅客传递一个信息,表示你在仔细地听他说话,认真地在思考。最后,倾听的时候要听出旅客的言外之意,一个聪明的倾听者,不能仅仅满足于表层的倾听,而要从说话者的言语中听出话中话、隐藏在深处的真实想法,把握说话者的真实意图。只有这样,才能更好地交流、沟通。

(五)学会赞美

在客我交往中,民航服务人员与旅客交谈时要学会使用赞美性的具体语言。赞美的实质是一种对他人言语和行为的赏识和激励。一个面带微笑、善于夸赞别人的人,也会受到别人的尊敬和喜爱。现实生活中,我们每个人都希望得到别人的尊重和认可,他人的赞美正是对我们需求的回馈。因此,恰到好处的赞美能带来和谐的人际关系,给旅客营造良好的心境。

恰到好处的赞美必须具备以下几个特征:①出自真诚,②符合实际,③具体明确,④把握时机,⑤间接赞美。需要注意的是赞美也不能滥用,赞美本身是一种真实的、自然的情感流露,要的是真诚,切不可虚情假意。人们喜欢得到赞美,但只是合乎事实的赞美,对不真实的赞美则会心生反感。更重要的是,赞美别人的同时不能贬低其他人。

■知识关联

赞美的艺术

人与人在搭"心桥"之前,要先搭一座"语桥"。由于人性的弱点是喜欢批评人,却不喜欢被批评;喜欢被赞美,却不喜欢赞美人,这就造成了人与人之间的距离。美国的一位心理学家指出,渴望被人赏识是人最基本的天性。赞美既然如此奇妙,那么,怎样的赞美才是好的呢?

1. 微笑是最方便的赞美

微笑可以说是人际交往的魔力开关,是人际交往成功的秘诀,它能散发凡人无法抵挡的魅力。同时,微笑又是人人都有的能力。请人帮忙时带着微笑,别人会难以拒绝你的请求;感谢别人时带着微笑,别人会加倍接受你的感激之情;心情郁闷时,微笑会减轻你的烦恼;开心得意时,微笑会使你更加愉快。所以每个人都应当充分使用我们与生俱来的秘密武器——微笑,它利人利己,让事业有成,让生活更美好。

2. 记住他人的名字

记住他人的名字并叫出来,实质是对人不着痕迹的赞美。因为人人都对自己的名字看得异常珍贵,名字代表拥有名字的人,使他在许多人中显得独立。古人讲避讳,君王的名字、长辈的名字、圣人的名字都不能直呼姓名,以显示拥有者的尊贵。美国钢铁大王安德鲁·卡耐基曾经想与美国工业巨子普尔门联合办汽车公司,但卡耐基费尽口舌,提出了各种优惠条件,普尔门始终不同意,最后卡耐基灵机一动,对普尔门说:"我们如果联合办了这个公司,就叫普尔门汽车公司吧!"普尔门听了,其他条件还没细谈就当场同意了。可见人们对自己的名字是何等重视。

3. 做一个好的听众

人们都觉得自己所说的话是值得听的,是重要的。因此,听人说话也是对人一种暗示性的赞美。弗洛伊德说:"如果你能使别人说得足够多,他简直无法掩饰其实质的感情或真正的动机。"年轻人喜欢展望未来,老人乐于缅怀过去,认真地听年轻人说话是对年轻人的鼓励,认真地听老人说话是对老人的敬重。

4. 挖掘不明显的优点加以赞美

赞美不是随声附和、人云亦云,而要去挖掘不外显的优点,巴尔扎克说,第一个形容女人为花朵的人是聪明人,第二个再这样形容的就一般了,第三个纯粹就是笨蛋。爱因斯坦就这样说过,别人赞美他思维能力强,有创新精神,他一点都不激动,作为科学家,他常听到这样的话,但如果赞美他的小提琴拉得不错,他一定会兴高采烈。

5. 赞美别人自己也认可的优点

如果一个人自我感觉老态龙钟,你却赞美他年轻,他会觉得你虚伪;如果一个人以节俭为美德,你却赞美他买的物品价格昂贵,他也会不快乐。所以要赞美得恰当,一定要赞美他自己也认可的优点。这就要我们善于观察、善于总结,赞美要适当、适度、得体。

6. 赞美细小的进步

上级对下级、老师对学生、父母对孩子应多多使用这种方法,即使是平辈之间,也可以使用。有这样的一个例子:有一个家庭,原来都是妻子做菜,可是后来妻子工作特别忙,无法每日做菜,为了让丈夫乐意并学会做菜,她就采取每天表扬一点的方法,比如今天夸奖他盐放得刚好,明日又赞美他菜的色泽好,就这样丈夫在赞美声中天天进步,不知不觉中她放下了家务的担子,而她的丈夫却干得美滋滋的。

7. 最少期望时赞美别人

这种赞美来得真诚,也让自己养成赞美别人的习惯,不要到有事求人人时方"临时抱佛脚",甚至阿谀奉承,溜须拍马,而一旦别人没帮上忙时,就脸色立变,翻脸不认人。要永怀一颗感恩的心,不时发现他人的美好并加以赞美,无论别人是否帮上忙,都由衷地感谢别人。

8. 真诚地请对方帮忙

请别人帮忙也是对别人的赞美,这是因为你给了他人以重要人物的感觉。当一个人对别人说"这事唯有你能帮助我"时,对方就会油然而生一种重要人物,甚至英雄人物的豪气。

请人帮忙的目的,是为了让他感觉重要,而不是为了强人所难,应当让别人帮一些力所能及的忙。

9. 把所期望的美德转嫁于他人

我们在请求别人帮助时可以常用这个方法。赞美既是人人都会的,又不是人人都做得好的,因此,知道方法还不够,还要学会赞美。

(资料来源:根据相关资料整理。)

■ 行动指南

赞美的运用

请以座位前后相邻的同学为一个小组,每位同学以其他同学为赞美对象,至少说出其他同学的两条优点。

请一组学生在全班表演,然后思考并交流他们运用了哪些赞美技巧。

(六)热情有度

所谓的热情有度,是指服务人员在为旅客服务时,重点把握好热情的分寸。要注意根据不同旅客的不同状态,给予最好、最合适的服务。

我们都明白热情要比冷漠好,主动服务要比被动服务好。但是,什么事都有一个度,物极必反,若热情过了头,则会引起旅客的不适与反感;若热情不足,则会显得怠慢旅客。因此在实践中要逐渐掌握技巧,请教他人,掌握好服务过程中热情的"度",是建立良好的客我关系的一个重要因素。需要注意的是在服务过程中民航服务人员向旅客提供服务时,不只要积极主动,更不能干扰对方,要使旅客在享受服务的过程中安然自在,不因受到过度礼遇而烦扰。

因此,民航服务人员应当具备敏锐的观察力,不可妄加猜测,要通过旅客的言谈举止来了解旅客的需求,从而提供有针对性的、贴心的服务。

■ 行业资讯

青航母亲节机上特别活动 万米高空感恩母爱

六、处理客我关系的注意事项

（一）不卑不亢，心态平和

所谓"不卑"就是不显得卑微；"不亢"就是不显得高傲。这就是说在旅客面前，民航服务人员要保持自身心态的平和，既不低声下气，也不傲慢自大。现代的社会生活是丰富多彩的，在多层次的时间和空间里，人们所扮演的角色和地位都在不断地转变，服务与被服务也因时间和空间的不同而发生变化。因此，民航服务人员要树立正确、平和的心态，既不要在为旅客服务时觉得自己低人一等，也不要在别人为你服务时骄横无礼。

（二）分清主次，不与旅客过分亲密

民航服务人员在为旅客进行服务时要分清主次。在服务工作中，出于对旅客的尊重或者为了创造和谐气氛的需要，民航服务人员可以与旅客进行一些简单的交谈，但是要围绕两点：首先是不能影响工作，其次是不能离题太远。比如，民航服务人员与旅客交谈本来是为了更好地做好服务工作，满足旅客的需要，但却自己与旅客聊得眉飞色舞，在别的旅客要求服务时，无人回应，结果招致其他旅客的不满，得不偿失，这便与原来的目的背道而驰。

有的民航服务人员在与旅客交谈时放飞自我、天马行空、无所不谈，甚至讨论一些社会上敏感的话题或耸人听闻的小道消息。有的还与旅客"一回生，二回熟"，自从聊过一回以后，再见到旅客便称兄道弟，这些都是不允许的。

（三）恰到好处，不过度服务

在服务过程中，旅客提出的要求、托办的事项，民航服务人员只要轻轻地回应一声"好的""明白"即可，不必喋喋不休地重复，以免招致旅客的厌烦，这也是一种失礼的表现。在服务过程中，服务无时无处不在，做好"看不见的服务"更加重要，但是切不可因过分殷勤而惹怒旅客。

（四）一视同仁，特殊照顾

乘飞机的旅客，不管他们的身份、地位、年龄、健康状况的差异，民航服务人员都应当一视同仁地对待他们，给予他们最好的服务。以貌取人是不可取的，不能对有身份、衣着华丽的人很谦逊，而对待身份低、衣着寒酸的人就傲慢无礼。这是对旅客的不尊重，更是对自己的不尊重，是个人涵养缺失的表现，应予以摒弃。

在实际情况中，有些民航服务人员看见熟人和亲人乘坐飞机就很客气，甚至勾肩搭背，长时间地大声交谈；而面对普通的不熟悉的旅客则面无表情、爱答不理。这些都会给旅客带来不好的印象，认为你唯亲是尊，也会影响航空公司的名誉。因此，民航服务人员不管是遇见熟人还是陌生的旅客都应一视同仁。要记清楚这是你的工作时间，而非私人聚会、朋

友碰面,要分清楚场合。

但对于老、弱、病、残、孕等弱势旅客,要注意给予适当的特殊照顾,乘机时最好上前搀扶。这样做才能切实体现民航服务人员的礼貌修养,但对于一般旅客,则不必如此。

■ **知识链接**

特殊的旅客

在深圳至上海的航班上有一对没有办理无人陪伴服务手续的老年夫妇。起飞后,老太太要上洗手间,考虑到她的身体状况,客舱乘务员就把她扶到了头等舱的洗手间。尽管已经帮老太太把马桶坐垫纸铺好,还协助她解开了裤子,但乘务员还是不放心,便留在洗手间门口等候。过了一会,老太太没有什么动静,同行的老大爷不放心地走过来,看看是不是发生了什么事情。见客舱乘务员仍在洗手间门口等着,便放心地点了点头,脸上露出了满意的笑容。

又过了好一会,老太太还是没有出来,敲门也没有回应。客舱乘务员便轻轻将洗手间门打开一丝小缝,看见老太太正吃力地穿裤子。于是,她急忙进去帮老人把裤子穿好,然后又慢慢地把她扶回座位上,并用湿毛巾帮她擦干净双手。用餐时,客舱乘务员主动过去帮她把餐盒打开,只见老太太弯着身子,头埋得很低,正用发颤的手抓着面包往嘴里送,面包屑撒了一身。看到这里,客舱乘务员立刻蹲下身,帮老人把衣物上的食物残渣清理干净,然后一口一口地喂老人吃饭。五分钟过去了,十分钟过去了,客舱乘务员的腰背也开始疼痛起来。但客舱乘务员仍咬牙坚持着,两条腿交替支撑变换着重心,直到二十分钟后喂完老人最后一口饭,她才忍着疼痛慢慢站起来,虽然脸上还保持着微笑,但额头已经渗出了点点细汗。这一切都被老大爷看在眼里,他一再道谢,说自己的亲生女儿也没有这样做过。

(资料来源:根据 http://news.carnoc.com/comments/58/news_58662_1.html 整理。)

(五)表情适度,有礼有节

1 控制表情

在人际交往中,表情是一种传播信息的载体,更是我们精神面貌的一种展示。民航服务人员在进行对客服务时,有必要自觉地对自己的表情进行适当的控制,以便更准确、适度地表现出自己对旅客的热情、友好之意。

民航服务人员还要注意把握好自己的面部表情,应面带微笑。虽然说笑总比哭好,但也要注意笑得得体、笑得是时候。民航服务人员应在迎送旅客或者为旅客直接服务时露出适当的微笑。一人躲在旅客后面暗自发笑、几人在一起扎堆说说笑笑、在旅客出丑露怯的时候不住地偷笑、在一起讨论嘲笑旅客、当众莫名其妙地狂笑不止等,均为民航服务人员不合时宜之举。

■ 知识关联

五种被禁止的眼神

在服务过程中,民航服务人员要注意控制好自己的眼神,眼睛是心灵的窗户,是用来传递关爱而非其他的。当旅客在自己面前出现的时候,下列五种眼神要禁止出现。

(1)直勾勾地盯着旅客,似乎提防旅客进行偷窃。

(2)上下打量旅客,似乎对旅客满怀八卦之心。

(3)斜视旅客,似乎对旅客不屑一顾或者瞧不起旅客。

(4)窥探旅客,似乎是疑神疑鬼,或者少见多怪。

(5)扫视旅客,即对旅客某些部位反复注视,此举极易引起旅客的反感,尤其是旅客身为异性时。

(资料来源:根据相关资料整理。)

2 控制举止

与人交往时举止更易暴露个人的真实意图。因此,民航服务人员在为旅客进行服务时一定要切记对自己的举止有所控制,切不可随意散漫、无所顾忌。

下列三种情形有可能干扰旅客的举止。

(1)不卫生的举止。如当着旅客的面,对自身进行诸如擤鼻涕、挖鼻孔、掏耳朵之类的卫生清洁,特别是随意用自己的手及其他不洁之物接触旅客所用之物,这极易造成旅客的反感,属于不卫生的举止。

(2)不文明的举止。民航服务人员的某些不文明举止,如当众脱鞋、换衣、提裤子、穿袜子,或者有可能使自己"春光外泄"的动作,对旅客难免会有影响。

(3)不敬的举止。对旅客指指点点,甚至拍打、触摸、拉扯、堵截对方,不仅失敬于旅客,而且对旅客也会造成一定程度的干扰,甚至会令旅客心怀不满。

项目小结

民航服务中的人际关系是社会关系中的一种特殊形式,是民航服务人员与旅客之间为了相互沟通思想、传达意愿、解决旅途中共同关心的某些问题而相互影响的过程。民航服务的特殊性决定了在服务过程中,民航服务人员和旅客分别扮演着特定的角色,客我之间具有交往时间短、交往空间小、交往地位不对等、交往结果不确定等特点。民航服务人员要把握好旅客的心理,调整好自己的心态,注意职业形象和言谈举止,学会倾听,在尊重、平等、诚信、宽容、及时赞扬的原则下,维护好客我关系,运用熟练的服务技巧,妥善处理好客我关系。

项目训练

一、简答题

1. 什么是人际关系,影响人际关系的因素有哪些?
2. 如何界定客我交往的概念,它与人际关系的区别在哪里?
3. 影响民航服务客我交往的因素有哪些?
4. 如何提高民航服务中的客我关系交往能力?

二、选择题

1. "久聚难为别,频来亲也疏"指的是人际关系中的(　　)影响因素。
   A. 空间距离　　　B. 交往频率　　　C. 相似性　　　D. 互补性
2. 客我交往的根本是(　　)。
   A. 平等　　　　　B. 宽容　　　　　C. 诚信　　　　D. 赞扬
3. 民航服务中的客我交往是一种特殊的交往方式,对于旅客而言,交往凭自己的意愿,但民航服务人员不能凭自己的意愿,也没有选择性。换言之,旅客可以对民航服务人员提出要求,而民航服务人员不能对旅客提出要求。这种情况指的是客我交往中的(　　)特点。
   A. 交往时间的短暂性　　　　　B. 交往深度的局限性
   C. 交往地位的不对等性　　　　D. 交往结果的不确定性
4. 在服务过程中,旅客提出的要求、托办的事项,服务人员只要轻轻地回应一声"好的""明白"即可,不必喋喋不休地重复,以免招致旅客的厌烦,这也是一种失礼的表现。这就要求我们在客我交往中要注意(　　)。
   A. 不卑不亢,心态平和　　　　B. 恰到好处,不过度服务
   C. 一视同仁,特殊照顾　　　　D. 表情适度,有礼有节

三、案例分析题

小技巧,大不同

一架载有127人的飞机由于航空管制而延误,客舱中有七八个旅客在怒吼。后舱的3名乘务员多次给正在F舱服务的乘务长打电话,请求乘务长去后舱看看。乘务长走出F舱,3名乘务员都在客舱中解答旅客问题,解释航空管制不是机组可以掌握的。但此时不停强调原因,是很难得到旅客谅解的。

于是乘务长将乘务员召集到后舱开了个小会,要求大家沉住气,顶住压力,从现在开始由乘务长一人出去回答旅客问题,其他乘务员都进客舱进行送水、发报纸、打开通风口的细微服务。乘务员重新回到客舱,旅客的问题依然很多,乘务长主要采取倾听的办法与旅客交流,其他乘务员忙碌地送水,虽然也很忙,但客舱秩序明显转好。

请问:

1. 请通过本案例分析民航服务中客我交往的特点。
2. 本案例中民航服务人员在和旅客交往过程中有哪些值得肯定的地方?
3. 通过学习,你认为在服务过程中客我交往还需要注意哪些问题?

四、实践题

如何快速建立与旅客的良好关系？

我们学习了人际关系和民航服务中的客我关系等相关内容，为进一步提升客我关系处理能力，请以班级为单位分为 6 个小组，进行实际的情景模拟，要求机长 1 名、乘务长 1 名，乘务员 4 名、乘客若干名。模拟飞机遇到气流紧急迫降的情景，要求分工明确、职责清晰、快速有效地对乘客进行讲解及告知注意事项，直至安全着陆。

评分标准：情况简介 1—2 分，处理方法及具体事项的说明 3—5 分，言语安慰乘客的效果 1—3 分，团体协作程度 1—3 分，客我关系建立的技巧的使用 2 分，旅客心理把握 1 分。合格为 7—9 分，良好为 9—12 分，优秀为 13—16 分。

项目九　民航服务中的团队建设

项目目标

知识目标

掌握团队的概念、构成要素、特征；

掌握团队建设的概念、原则和建设流程。

能力目标

理解团队精神在学习、工作中的意义；

了解领导者应具备的素质、学习型团队建设的必要条件，以及学习型团队建设的形式。

知识框架

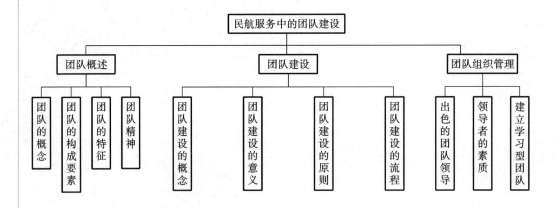

 **项目引入**

团队的力量

"大雁展翅高飞,传播厚道真情;共同携手努力,打造优质团队"是客舱部济南大队苏洁鲁雁乘务组建设的服务宗旨。苏洁鲁雁乘务组成立多年,但组员的更替使其始终以"新人"的形象出现,这对于拥有14名组员的苏洁鲁雁乘务组来说是不小的挑战。新进组员与归队组员要适应乘务组高标准、严要求的日常管理;晋升两舱、乘务长的组员要以最快的速度适应并达到新岗位"鲁雁标准"的要求;组员们要适应不断新进入的班组人员,达到在工作中的相互协同及密切配合。2018年,苏洁鲁雁乘务组以出色的服务工作被公司授予2018年度"优秀服务班组"荣誉称号。

一、注重专业培养,加强班组建设

2018年,对苏洁鲁雁乘务组的"雁儿们"来说,是怀揣新希望、不断迎"新"的一年。一年中先后有三名新组员加入乘务组,两名组员晋升为头等舱乘务员,两名组员晋升乘务长。苏洁鲁雁乘务组虽然"人丁稀少",但"雁儿们"还是迸发出巨大的能量,积极开展班组建设活动,应对各种挑战。

班组建设方面:苏洁鲁雁乘务组通过每月一次的班组会议、日常班组内交流、案例研讨等方式,让所有组员能深入领会班组文化。

保障安全方面:组员们自制"道具",以超前的节奏多次进行安全模拟演练,增强服务工作中应急处置的能力。

航班服务方面:组员们一同飞行、相互鼓励、相互帮助,乘务组汇总航班服务经验分享给每一位组员借鉴学习。

业务学习方面:乘务组用"一对一,结对子"的方式让组员们相互监督,并让业务知识较强的组员分享业务知识及学习方法。

能力培养方面:乘务组采用班组会、特色服务活动等,让平日不善言辞的组员尝试主持,发掘组员潜力,为"鲁雁"培养全能型人才。苏洁鲁雁乘务组尝试在班组会中定期开展妆容技巧、沟通技巧、写作技巧等方面的培训,注重班组成员整体综合能力的培养。

二、真诚服务,温暖旅客

苏洁鲁雁乘务组抓好班组建设的同时,注重班组成员服务品质的进一步提升,用真诚相待的服务,温暖着广大旅客。

2018年1月13日,在济南飞往贵阳的航班上,旅客王先生登机后发现其笔记本电脑在济南机场安检后丢失,他焦急地向当班乘务员王蕊求助,王蕊联系济南机场失物招领处后安抚王先生耐心等待信息。王先生一再强调,电脑里的文件非常重要,一旦有消息请及时通知他。该航班结束后,王蕊特意前往济南机场失物招领处,与机场工作人员共同核实好遗失的笔记本电脑后,将电脑邮寄至王先生手中。事后有人问王蕊:"旅客遗失物品这类事件不是机场工作人员的职责吗?"王蕊笑着说:"因为王先生是我们的旅客,他焦急的样子让我们揪心,所以我要尽自己最大的努力帮助他。"

2018年3月8日,在济南飞往深圳的航班落地深圳后的送客过程中,一名旅客递给乘务员宋洁玉一副降噪耳机,并告诉她这是座位号为5D的旅客遗忘在其座位上的。宋洁玉对戴着耳机的旅客有些印象,考虑到该旅客应该没走远,她迅速追了出去。在跑过三个登机口后,终于追赶上了那名旅客。该旅客接到遗失耳机后又惊又喜,笑着对宋洁玉说:"跑了这么远,辛苦你啦。"宋洁玉回答说:"为您省去寻找遗失物品的麻烦,是我们应该做的。"

2018年3月13日,在大阪飞往济南的航班上,一名旅客出现昏厥现象。当班乘务员刘平在整个服务过程中负责记录、传递信息,拿取急救用品,并一直在该旅客身边进行监控与穴位按摩,直到该旅客身体渐渐地恢复正常。目睹此事件发生的其他旅客对乘务员有条不紊的应急救护赞不绝口。事后刘平坦言:"事关旅客的生死安危,无论是谁,都会拼尽全力,为旅客生命安全护航。"其实这些服务中的小插曲都是苏洁鲁雁乘务组在航班中经常遇到的,这些貌似不起眼却令旅客欣慰的服务点滴,每天都在发生着。

三、热心公益活动,传播厚道文化

苏洁鲁雁乘务组作为公益活动的"领头雁",多次走进幼儿园、中小学及社区,开展"航空安全知识课堂"活动,让安全从娃娃抓起。乘务组还作为"仁与礼"的使者,为医疗、餐饮等行业从业人员开设"礼仪课堂",传播礼仪之美。

为改变新入职乘务员心理承受力差、快速让其转变"职场人"身份现状,乘务组走进航空院校,为乘务专业的学生们开展交流活动,为即将步入客舱服务的"准乘务员们"讲授"厚道山航"品牌文化,为她们答疑解惑,并进行"成为民航从业者"的心理咨询,传授客舱服务工作经验。

2019年初,苏洁鲁雁乘务组重新进行了人员调整,班组成员依然很"年轻",但"雁儿们"早已从容淡定地度过了一次次班组新成员的适应期。在今后工作中,苏洁鲁雁乘务组将继续以"厚道山航"品牌文化为引领,继续发挥优秀服务班组的示范引领作用,砥砺前行,用榜样的力量促进客舱服务工作稳步提升,为公司旅客提供更加温馨优质的服务。

(资料来源:根据 https://www.sohu.com/a/305210445_648434 整理。)

分析:

优质的空乘服务不是一个人的努力成果,而是出自高效团结的团队协作。建立任何一支高效的团队,都离不开其成员的团队意识和协作,集体的荣辱和个人的行为表现有着密不可分的联系。培养乘务员的集体荣誉感和团队意识,要让每个人都明确每一项工作的完成都离不开大家的通力协作,只有所有人团结在一起才能发挥最大的集体效应。

任务一　团队概述

一、团队的概念

"团队"一词,英文为 team,直译的意思通常是"小组",但目前该词也往往称为工作团队(work team),是指通过成员的共同努力能够产生积极协同作用的最低层次的组织。

在管理科学和管理实践中,团队的定义是,一个组织在特定的可操作范围内,为实现特定目标而建立的相互合作、一致努力的由若干成员组成的共同体。对于团队概念的进一步分析,则可以表述为,团队是由两个或两个以上相互依赖、共同承诺的规则,具有共同愿意,愿意为共同的目标而努力,由技能互补的成员组成的群体,为过程中的沟通、信任、合作承担责任,产生群体协作效应,从而获得比个体成员绩效总和大得多的团队绩效。例如,每年美国的职业篮球大赛结束后,都会从各个优胜队伍中挑选优秀的球员,组成"梦之队"赴各地比赛,以制造又一波高潮。但"梦之队"总是胜少负多,经常令球迷失望。其原因就在于他们不是真正的团队。虽然他们都是每队顶尖的球员,但是因为平时不属于同一球队,无法培养团队精神,所以无法形成有效的团队出击。因此,团队并不是一些人的机械组合,一个真正的团队应该有一个共同的目标,其成员之间相互依存、相互影响,并且能很好地合作,最终实现集体的成功。

当前,国内外学者已经从不同角度研究了"团队"概念的不同含义,这为我们全方位理解团队的范畴提供了基础。斯蒂芬·罗宾斯认为,团队是一种为了实现某一目标而由相互协作的个体所组成的正式群体。这一定义突出了团队与群体的不同。所有的团队都是群体,但只有正式群体才是团队。

本书也对团队的定义给出以下解释:团队是由员工和管理层组成的一个共同体。共同体合理利用每一个成员的知识和技能协同工作,通过积极的协同解决问题,并达成共同的目标。

二、团队的构成要素

团队的构成要素可以分为目标、人员、团队的定位、权限和计划五个方面。

(一)目标

团队应该有一个既定的目标,为团队成员导航。没有目标的团队就没有存在的价值。首先,团队的目标必须跟组织的目标一致,当然可以把大目标分成小目标具体分到各个团队成员身上,大家合力实现这个共同的目标。其次,目标还应该有效地向大众传播,让团队内外的成员都知道这些目标,有时甚至可以把目标贴在团队成员的办公桌上、会议室里,以此激励所有的成员为实现这个目标而努力。

(二)人员

人是构成团队最核心的力量。两个及两个以上的人就可以构成团队。团队的目标是通过人员具体实现的,所以人员的选择是团队中非常重要的一个部分。在一个团队中可能需要有人出主意,有人制订计划,有人实施,有人协调不同的人一起去工作,还有人去监督团队工作的进展和评价团队最终的贡献。不同的人通过分工来共同完成团队的目标。在人员选择方面要考虑人员的能力、技能互补性、人员的经验等。

(三) 团队的定位

团队的定位包含两层意思：一是整体的定位。团队的整体定位要在团队建立之初就做好规划，内容包括团队在企业中处于什么位置，由谁选择和决定团队的成员，团队最终应对谁负责，团队采取什么方式激励下属，等等。这对建成高效团队有很重要的作用。二是个体的定位。在此层次上，其主要是定位成员在团队中扮演的角色。只有做好个体的定位，才能招募到适合团队发展的人员，达到优势互补，从而产生协同作用。

(四) 权限

团队总体权限的影响因素如下：一是整个团队在组织中拥有什么样的决定权，如财务决定权、人事决定权、信息决定权等；二是组织的基本特征，如组织的规模有多大，团队成员的数量是否足够多，组织对于团队的授权有多大，它的业务是什么类型等。另外，团队权限的大小也和团队的发展阶段相关。一般来说，在发展的初级阶段，团队领导权相对比较集中。而随着团队发展日趋稳定，相应的权力将会下放，因而领导权会相对分散。

(五) 计划

一个团队的有效运行离不开行之有效的计划，这里的计划包括两方面的含义：第一，目标最终的实现，需要一系列具体的行动方案，因此可以把计划理解成实现目标的具体工作的程序；第二，提前按计划进行可以保证团队的顺利进度，只有有计划地操作，团队才会一步步地接近并最终实现目标。

三、团队的特征

研究和实践表明，团队及其成员之间具备的显著特性如下。

第一，团队成员间具有较高的相互依赖程度，每个人的工作都和其他成员的工作密切相关。

第二，成员具有强烈的归属感和责任感。每个人的劳动成果对其他人的工作成果影响很大，因此要求每个成员必须具备高度的责任感和主人翁意识。

第三，团队成员为了达到目标而充分发挥自己的积极性与主动性，团队成员相信只有每个人对工作的充分投入和参与，团队才会取得良好的工作绩效。

第四，团队成员之间具有充分的沟通和信任感。为了保证有效的合作，团队要建立比较完善的沟通机制，这对于信息交流、集体决策、建立多方的信任关系都具有重要的意义。

第五，团队支持成员的个人发展，同时成员也会将自己的发展融入团队的事业之中。甚至可以说，离开团队的整体绩效和目标，个人的绩效和目标是不完备的。

第六，团队成员之间可能存在积极的或者消极的冲突。如果冲突本身是围绕着团队的工作任务展开的，那么这种冲突对达成团队目标来说，具有建设性的意义，团队成员也会通过各种创新的方式来解决团队内部的冲突。

第七,团队成员有机会参与到团队的决策之中。团队中的成员要对自己的岗位负责,因此要拥有一定的决策权,并可以直接向组织的决策层反映意见。而在一般群体中,成员则是听从组织管理者的工作安排,决策权集中在组织管理者手中,成员们的意见往往只能反映到部门经理那里,很难达到决策层。

第八,团队是有效的学习型群体。团队成员能够总结自己的工作经验,吸收、创造新知识,个人的知识在团队内部可以共享。

四、团体精神

对于团队精神,目前还没有明确的界定,但人们对团队精神的内涵却不乏切身的体会。现代社会的人们都隶属于一个个团体。在某些团体中,人们会觉得心情舒畅、干劲十足,在众人的齐心协力下,整个团体成绩优异、蒸蒸日上;但在另一些团体中,人们会钩心斗角、心情压抑,在内忧外患中,整个团体分崩离析,成绩一塌糊涂。

此外,人们还经常通过一些历史典故来感受到团队精神的重要存在,如一个和尚挑水吃,两个和尚抬水吃,三个和尚没水吃。

没有团队精神,就会出现"1+1+1<1+1<1"的结果。

团队精神到底是什么?它到底包括哪些内容?综合中外学者的研究成果,本书进行了如下界定:团队精神是团队成员为了团队的利益与目标而相互协作、尽心尽力的意愿与作风。团队精神主要包含以下三个方面的内容。

第一,在团队与其成员之间的关系方面,表现为团队成员对团队的强烈归属感与一体感。团队成员为团队的利益与目标尽心尽力,对团队具有无限的忠诚,为团队的成功而骄傲,为团队的困境而忧虑。归属感与一体感来源于团队利益目标与其成员利益目标的高度一致。团队与成员结成一个高度牢固的命运共同体,在潜移默化中培养成员对团队的共存意识与深厚久远的情感。

第二,在团队成员之间的关系上表现为成员之间相互协作、共为一体。团队成员视彼此为"一家人",互敬互重,相互宽容,容纳各自的差异性、独立性;发生过失时,大义容小过;工作中相互协作,生活上彼此关怀,利益面前互相礼让。

第三,团队成员对团队事务的态度表现为尽心尽力、全方位的投入。如果团队成员之间能够进行有效的配合与协作,团队便能够产生整体功能大于各成员相加之和的效果;反之,若团队成员之间相互摩擦掣肘,能量相互抵消,团队则会一事无成。

任务二　团队建设

一、团队建设的概念

团队建设是企业在管理中有计划、有目的地组织团队,并对团队成员进行训练、总结、提高,以达到其最终目标的活动。团队的发展取决于团队建设,而团队建设则主要是通过自我管理的小组形式进行，每个小组由一组员工组成，负责一个完整的工作过程或其中一部分工作。小组成员在一起工作以改进他们的操作或产品，计划和控制他们的工作并处理日常问题，甚至可以参与组织更广范围内的问题决策。

团队建设应该是一个有效的沟通过程。在此过程中，参与者和推进者都会彼此增进信任、坦诚相对，愿意探索影响小组工作的各种问题。

二、团队建设的意义

从宏观上讲，团队建设已经得到了社会的认同，它渗透到各个领域，政府部门也将团队建设作为不可忽略的环节。从微观上讲，团队建设在企业中运用广泛。多年前，丰田、沃尔沃等公司将团队建设引入生产过程，曾轰动一时。概括而言，团队建设对于组织的意义体现在以下几个方面。

① 通过团队建设，可以产生大于个人绩效之和的整体效应

事实表明，如果某种工作任务的完成需要多种技能、经验，那么由团队来完成通常比个人效果好。团队不仅强调个人的工作成果，更强调团队的整体业绩。团队所依赖的不仅是集体讨论和决策以及信息共享和标准强化，它还强调通过成员的共同贡献，能够得到实实在在的集体成果，这个集体成果超过成员个人业绩的总和，即团队大于各部分之和。

② 通过团队建设，可以提高企业组织的灵活性

一方面，团队与个人的关系就如同整体与部分的关系，通过构建团队模式，组织结构大大简化，领导和团队、团队和团队以及团队内部成员之间的关系变成伙伴式相互信任和合作的关系，建立在志同道合的基础上的团队，内部成员之间可以起到功能互补的作用。另一方面，通过团队建设，创造出组织的共同价值取向和良好的文化氛围，组织能更好地适应日益激烈的竞争环境。团队敏捷、柔性的优势，有利于增强企业的应变和制变能力，提高企业组织的灵活性。事实证明，在多变的环境中，团队比传统部门结构或其他形式的稳定性群体更加灵活，反应更迅速。

③ 通过团队建设，可以提高组织的凝聚力

人们不仅仅把工作当作一种谋生的手段，更希望在工作中找到人生的乐趣，实现自我价值和自我发展。团队建设强调沟通协调，成员之间相互信任、坦诚沟通。人际关系和谐可以提高员工归属感和自豪感，大大激发企业员工的积极性，增强企业内部的凝聚力。

④ 通过团队建设，可以为成员成长创造有利条件

团队建设鼓励成员一专多能，并对职工进行持续的培训和训练，有利于团队成员迅速进步，从而带来团队工作效率的成倍增长。同时，团队建设在文化氛围上既强调团队精神，也鼓励个人的完善与发展，从而有助于激发了个人的积极性、主动性和创造性，充分体现人本管理的思想。

三、团队建设的原则

高效团队建设的原则可以简明地归结为12C法则:清晰的愿景(clear expectations)、文化氛围(context)、义务(commitment)、能力(competence)、规则(charter)、管理(control)、协作(collaboration)、沟通(communication)、创新(creative innovation)、结果(consequences)、协调(coordination)、文化变革(cultural change)。

(一)清晰的愿景

高层领层者对团队绩效与期待的产出应该有一个清晰的愿景。组织应坚定不移地对团队提供资源上的支持,如人员、时间及金钱。团队的工作要受到应有的重视,如讨论会及运营方式应在高层领导者的优先考虑之中。

(二)文化氛围

首先,要使团队成员都明白他们组成团队的原因,并了解使用团队战略会推动组织取得令人瞩目的绩效。其次,要使团队成员都清晰了解实现企业目标过程中自己团队的重要性及团队工作对组织目标、原则、愿景及价值的整体承接作用。

(三)义务

确保团队中的每一个成员的确需要参加到团队中来,并且愿意完成团队任务及期待的产出;使团队成员都明白他们的付出对组织及自己的职业发展的意义,并期待自己的付出能得到认可,期待自己能在团队中得到技术方面的进步与发展;使团队成员认为团队提供的机会对他们来说是令人兴奋和极具挑战性的。

(四)能力

要确保加入团队的成员都是合适的,他们拥有足够的知识、技术水平和能力完成团队目标的工作。如果不是,则要寻求一些方法进行补救以满足需求。要保证现有的资源、战略和需求支持足以完成团队任务。

(五)规则

确保团队有明确的职责范围和清晰的任务、愿景和战略,界定和传达团队的目标、期待的产出和业绩、项目完成时间和怎样评估团队的工作成果及其完成任务的阶段性成果。团队的领导者或其他同级的高管人员要支持团队制定的方案。

(六)管理

团队要有足够的自由和授权,能调配必要的资源,按制定的方案达成目标。此外,要明确组织是否对团队的权限做了明确的界定,团队的直属关系和各自的职责是否被组织的所有成员所了解,是否有一个清晰的流程使团队及组织都一直沿着既定方向与目标执行,团队成员是否都应对项目截止时间、任务和结果负责,组织是否有计划给团队成员提升自我管理的机会等。

(七)协作

确保团队成员都理解团队的工作流程和组织发展的每一个阶段。明确所有的团队成员是否都理解自己的角色及所负的职责,团队解决问题的方法、改善流程、目标确定和评估是否统一,成员是否相互协作完成团队的目标,团队制定的规范或制度(如冲突的解决、少数服从多数的决议规则和会议管理等)是否得到遵守等。

(八)沟通

团队成员要明白他们的任务的先后次序,并有一个明确的方式接受诚实的绩效反馈。组织应定时提供重要的市场信息。成员要理解他们工作的承接关系,团队成员之间彼此能进行开诚布公的沟通,并都能提出一些创新性的观点供决策层参考。团队之中有一些必要的冲突产生并最终都得以解决。

(九)创新

组织要重视变革、创造性思维、独特的解决方案和新的观念,并对一些通过合理冒险取得革新的成员给予奖励,或是对一些在工作岗位上任劳任怨、成绩出色的成员给予奖励。团队要提供培训、教育等方面的机会使团队成员充实思想,以及实现创新。

(十)结果

团队成员在组织内进行合理的冒险行动应得到尊重与鼓励,并使团队成员不用担心组织报复,从而减少他们用于猜测上司意图的时间。组织要设计激励机制认可团队与个人的绩效,并给予个别绩效突出者分享组织的利润与新增的收益的机会,使业绩突出者能看到他们努力的价值。

(十一)协调

团队的个体成员之间只有通过沟通和协调才能保证项目的高效完成。如果管理者只是将任务布置下去,而忽视了项目实施过程中成员的沟通和协调,往往会导致团队成员只满足于对自己的细化任务负责,忽视与其他成员任务之间的有效衔接,从而影响团队协同作用的发挥。团队的协调应由一个核心的领导者负责,制定高透明度的协调制度和完整的目标体系,保证团队内部的各项政策及目标指令能够上下畅通的传达,并得到一致认同。只有这样才能发挥出各个成员的主观能动性和积极性,共同完成任务。

(十二)文化变革

高效团队的背后需要有与之相适应的文化作为支撑,文化是企业团队建设和发展的基础。要想使文化有利于团队的发展,就必须不断地进行组织文化变革。企业家是组织文化的灵魂,在团队建设中,组织领导者的力量起着至关重要的作用,获得领导者对团队文化变革的支持是系统变革第一阶段的非常关键的因素。团队文化变革首先要分析客观现状;其次要创造变革的氛围,并在多个层面上推动变革;最后就是对变革的持续评估、更新和延伸,总结经验教训,为下一步的文化变革提供借鉴。

四、团队建设的流程

团队建设的流程并不是简单的过程,也不是一朝一夕就可以完成的任务。要想构建有效的团队,必须了解团队建设的基本流程,合理搭配团队构成人员的角色,并善于选择不同的建设策略和方法。

(一)招募团队

团队建设的第一步应当是招募团队。具体来讲,在招募程序开始之前,我们应编辑好职位说明书,设定职位所有者的职责和责任。接下来的任务就是着手物色最适合该职位的人员。我们可以通过广告、学校分配或人才交流中心推荐等方式进行招募,确定了适当的招募方式后,应安排应聘者填写个人简历。个人简历是了解应聘者个人信息的重要文件,通过个人简历可初步筛选掉不符合招募条件的应聘者,然后安排面试,选择适合的理想团队成员。

(二)培训与开发团队

团队的成员来自不同的群体,他们的专业类别、生活习惯、工作习惯都不尽相同。为使他们的行为和意识都符合团队的评价标准和行为准则,就必须对团队成员进行定期或不定期的培训,首先要进行入门训练。入门训练应从以下方面着手:在融洽的气氛状况下,为团队成员提供相互认识和交流的机会;在团队领导者的参与下进行入门培训,建立团队归属感;将团队的目标概念作为一项重要的培训内容传授给团队成员,并在团队成员的共同参与下制定团队目标;对成员进行技术技能、人际关系技能、解决实际问题技能的培训,至于具体使用什么方法来培训团队成员,需要根据实际情况而定。

（三）激发团队

一是识别团队成员的需要。观察是一种能够使团队领导者最直接、最有效地识别需求的方法。团队成员的一些积极的迹象如干净而整洁的外表及令人愉快的表情及善意的眼神等，消极的迹象如不愿进行交流的眼神、令人厌倦的语调及防御性的身体语言等，都可以让团队管理者知道其成员是否需要激励。作为管理者，有必要和团队中的每一位成员进行谈话以确定他们的特殊需求，甚至包括那些已被很好激励的人员。然后综合所有的信息加以识别，并在此基础上，使用合适的激励手段对团队成员加以激励。

二是满足需求。团队成员个人情况相差很大，每个人可能都有不同的需求。团队需求是团队个体需求的总提炼，只有将团队需求分解成不同的需求来加以激励，才能直接作用于团队。赋予团队成员一定的职责和权利，使每位团队成员都确信，除一些必要的限制外，再没有任何阻力能妨碍他们为团队奋斗的决心。尊重每个团队成员的工作以及他们的人格，鼓励并聆听团队成员的思想和建议。可能的话，让团队成员适当参与决策的制定，这种人格上的平等与尊重会增强团队成员的荣誉感，从而激发团队的战斗力与凝聚力。

三是提供激励。激励团队成员应认清个体差异。每一个成员都是一个不同于他人的独特个体，他们的个性、品质、文化层次、人生阅历、个人需求与他人不同。要确保成员个人能力与其职务相匹配。

任务三　团队组织管理

一、出色的团队领导

尽管多数学者对团队工作中的自制性表示认同，但也一致认为，团队的领导者在帮助团队确定目标和方针上具有重要作用。领导者的职能包括以下几方面。

（一）创立并传递变革愿景

领导者的首要任务是从事变革，因此，确立变革的方向就构成了领导者的基本职能之一。需要指出的是，确立方向不等同于制订计划。因为计划属于管理的内容，具有演绎的性质，其目的不在于变革，而在于产生某种有序的结果。相比而言，确立方向更具有归纳性，领导者需要大范围地收集信息，以寻求有助于相关问题解决的模式、关系和联系，其根本的目的是确立某种愿景和战略。

（二）激励员工

优秀的领导者懂得以不同的方式去激励员工。他们善于以强调员工价值的方式来描述组织的目标,让工作对于员工来说变得很重要。同时,领导者可能会定期地让员工参加到组织的决策制定过程中来,这种做法的目的是给予员工某种控制意识。通过培训、反馈及角色模拟等来加强员工对于组织目标的了解,这样不仅能提高员工的专业能力,还能强化员工的自尊。最后,优秀的领导者能够及时表彰优秀员工,使工作本身成为一种内在的激励。

(三)加工传递信息

信息加工是领导者的关键工作之一。有研究发现,首席执行官与其他人接触时间的40%是用于传递信息,而来函的70%是纯信息性质的。在相当程度上,沟通就是他们的工作。首先,领导者是信息的监察者,领导者通过不停地监测环境、探问各种联络者和员工来获得完整的信息。其次,领导者也是信息传播者,领导者可以将某些权威信息径直传给员工,特别是当员工之间由于某种原因难于沟通的时候,领导者便处于传递信息的桥梁位置。最后,领导者还是信息的发言人,领导者需向组织外部人员传递某些信息,同时,还必须与那些对本组织有控制力的人保持联络。

(四)业绩辅导

业绩辅导是"以人为本"的管理方式,它要求领导者通过建立良好的关系和令人鼓舞的面对面交流来密切与员工的关系。业绩辅导的内容包括如下。

1 培训

这种角色要求领导者扮演"一对一"关系中的教师。领导者有责任处理好影响员工成长的问题并与员工分享信息。领导者必须对员工的发展负责。

2 职业辅导

作为职业教练,领导者需要辅导员工深入地就其职业发展道路问题进行探讨,提出员工职业发展的替代方案,并有责任让组织了解员工的职业发展观,以便使组织做出相应的计划安排。

3 直面问题

要提高业绩,必须直面问题。领导者必须学会在不挫伤员工的工作积极性的前提下,让员工直面业绩存在的问题,并指出可以改进的方向和措施。

4 导师

导师的主要目的是促进员工的职业生涯取得成功。作为导师,领导者需要指导员工解开组织中的种种难题,引导员工渡过组织中的种种危机,帮助他们培养处理问题的能力。在员工遇到个人危机时还要充当他们的知己。

（五）管理决策

毫无疑问，领导者在组织决策系统中扮演着主要角色。首先，作为组织变革的追求者与发起者，领导者必须不间断地寻求新观点，在发展的不同阶段，思考或制订组织新的战略发展计划。面对巨大的环境变化时，必须及时予以反应和做出决策。其次，领导者决定组织资源的分配，因为只有他们才有权动用组织资源，并拥有谈判所需要的重要信息。同时，他们还负责组织的结构设计，决定组织内部的分工和协调。

二、领导者的素质

领导者的素质修养至关重要。根据团队领导的工作需要，以下从五个方面阐述团队领导者的素质修养问题。

（一）人格素质修养

人格素质修养是团队领导应该具备的基本素质，它需要在后天学习活动中逐步养成。人格素质属于非权力性影响因素，其对成员的作用是自然的、非强制性的。领导者的人格素质修养包括以下几个方面。

1　品格素质修养

品格就是一个人的品性和品行，它关系着个体的处世态度、方法和思路，也影响着他人的看法和评价。品格的力量是无穷的，一个人的高尚品格会长久地根植于人们的心灵，并始终在他们的生活和工作中产生作用和影响。领导者品格素质修养包括诚实待人、热情工作、开明办事、包容他人、自信自律、正义公正、勇敢执着、敢于负责等。

2　情感素质修养

情感素质是指领导者能够关心他人、平易近人、和蔼可亲、感情融洽，使成员产生亲切感的影响因素。成功的领导者，不仅要以德感人，还要以情感人，始终能够谦和待人、尊重他人，主动为成员排忧解难，让他们感受到大家庭的温暖。当团队遇到困难时，成员就会以高度的主人翁意识和责任感，与领导者同舟共济，共渡难关。领导者情感素质修养的内容包括把成员当作自己的职业伙伴，用感恩的心对待人和事，改变居高临下的工作习惯，克服工作中的武断做法，控制情绪等。

3　思想素质修养

思想素质应该体现在觉悟、主义和作风三个方面。所谓觉悟，主要指领导者的思想觉悟，是在一定文化知识和政治思想前提下，对大是大非、轻重缓急等的醒悟程度。所谓主义，是指领导者的信仰、理念、主张和思路。所谓作风，是指一个人的思想作风，如主观主义、利己主义、权力主义、唯物主义、集体主义、民生主义等。思想作风，决定着领导者的处世态度和行为方式。领导者思想素质修养的内容包括树立正确的人生观、价值观、权力观和群众观,重视政治思想锤炼和文化知识积累,培养强烈的使命感和责任心,养成务实工作、缜密思考、严谨计划、大胆纠错、勇于创新的习惯。

(二)心态素质修养

心态,即心理状态,它对一个人的生活、工作等起着十分重要的作用。优秀的领导者应该具备良好的心态,而良好的心态需要通过后天的修炼得到。领导者的心态素质修养的内容包括积极的心态、成功的心态、包容的心态、平常的心态、奉献的心态等。

(三)情商素质修养

情商即情感智商(EQ),是人的情绪、情感发展水平的一种指标,也就是指一个人感受、理解、控制、运用、表达自己及他人情感的能力。现代心理学家普遍认为,情商水平的高低对个人能否取得成功有着重大的影响,有时甚至超过智力因素的影响,特别是生活积极、人际关系良好、富有向上精神的人,更容易获得成功。领导者的情商素质修养包括以下主要内容:

第一,能够认识自己的情绪,并能准确地知道它是什么,有哪些,是什么原因产生的;

第二,能够控制自己的情绪,善于让自己克服情绪冲动,摆脱忧郁、焦虑、沮丧等消极因素的困扰;

第三,能够实施自我激励,善于运用激励手段,让自己走出阶段性低谷,努力朝着既定目标奋进;

第四,能够认知他人的情绪,真诚地去理解他人、帮助他人,实现有效交往与沟通;

第五,能够进行人际关系管理,建立和维系融洽的人际关系。

(四)决策素质修养

决策是领导者应该具备的重要素质,它直接影响着团队的兴衰与成败。决策能力强的领导者,能够高瞻远瞩、运筹帷幄。当团队需要做出选择的时候,能够凭借智慧和能力,做出具有独到见解的抉择,能充分利用人力资源,使团队化险为夷、从平凡走向非凡。

作为领导者,应该从以下几方面着手,提高决策素质的修养。

第一,学会思考。要勤于动脑,熟悉系统思考方法,习惯转换思维模式。

第二,学会批判。要敢于质疑,善于对问题的形成原因和自己的主张依据进行批判性思考。

第三,学会诊断。要善于发现问题所在、影响所在、根源所在,能够快速做出正确研判。

第四,学会选择。要形成比较的习惯和能力,善于从备选方案中选择最优的解决办法。

第五,学会决断。要有决定事项的勇气、胆识和能力,勇于拍板、善于组织、敢于负责。

第六,学会调整。要敢于承认自己的错误,培养发现问题、纠正偏差、修正方案的能力。

(五)毅力素质修养

以精神为标志的意志力,是个体发展的重要条件。即使在组织活动中,也不能回避意志力的存在和作用。领导者的毅力素质修养包括以下内容。

一要培养信心,要求坚定信念,坚持用目标导航,面对困难要学会运用自己的优点;二要敢于吃苦,要求树立正确的苦乐观,勇于承担和忍受,积极进取;三要勇于追寻,指勇于追求真理,学会发现,积极探究,善于从各种信息中汲取营养;四要善于控制,学会激发与遏制,在实践中善于运用积极力量,限制消极力量;五要善于坚持,把践行诺言作为最高准则,在执行中做到不放弃、不逃避。

■ 知识关联

领导者的六种特质

特质	表现
进取心	表现出极高的努力程度,对成就有较高的渴求,精力充沛、积极主动
领导欲	有强烈的意愿去影响和领导其他人,展现出勇于负责的意愿
诚信	领导者之间以及上下级之间通过诚信和言行一致来建立信任关系
自信	展现出充分的自信,使下属对目标和决策的正确性深信不疑
才智	能够处理大量信息,创造美好的愿景,做出正确的决策并解决问题
知识	对公司、行业和技术问题有足够的知识储备

(资料来源:根据相关资料整理。)

三、建立学习型团队

1990年,美国管理学家彼得·圣吉出版了《第五项修炼》一书,在世界范围内掀起了一阵关于组织学习和创建学习型团队的热潮。像美国的福特汽车、通用电气、摩托罗拉等国际知名企业,先后在组织里创建起各自的学习型团队。时至今日,创建与培育学习型团队已成为组织管理、团队管理的一项重要而普遍的内容。所谓学习型团队,通常是指一个为了完成共同目标而共享信息和其他资源,在充分的沟通和协商的基础上开展工作的群体。它是关于团队概念的一种新的理解。在学习型团队中,每个人不仅要参与问题的识别,而且要参与问题的解决。团队价值也常常通过新的观念和信息获得提高,而不是物质产品。

(一)团队成员拥有一个共同的愿景

所谓共同愿景(shared vision),是一种浓缩着组织目的、使命和核心价值理念的未来发展的"蓝图",是一个组织最终希望实现的美好前景。组织的共同愿景,既来源于员工个人的愿景,又高于个人的愿景。它是组织中所有员工共同愿望的景象,是他们的共同理想。

它能使不同个性的人凝聚在一起,朝着组织共同的目标前进。正如著名心理学家马斯洛所说,杰出团队的显著特征是具有共同的愿景与目标。拥有共同的愿景是组织获得成功的重要因素之一,学习型团队当然也不例外。

(二)由多个具有创造性的个体组成

学习型团队的特征之一在于它的创新性。在学习型团队中,团体是最基本的学习单位,团体本身应理解为彼此需要他人配合的一群人。团队的每个成员具有强烈的创造力,对市场变化莫测或新形势下产生的任何新思想、新问题都能用一种新的思考方式来考虑。这种新思路不是在常规思维中产生的,它是在质疑原有的知识、超越原有的极限,从全新的视角去观察世界、思考世界。只有通过团队成员这种不断的自我创造,才能合成较高的团队创造力及资源整合能力。

(三)树立不断学习的思想

这是学习型团队的本质特征。所谓"善于不断学习",主要有四点含义:一是强调"终身学习",即团队中的成员均应养成终身学习的习惯,这样才能形成良好的组织学习气氛,促进组织中的其他成员不断学习。二是强调"全员学习",即企业组织的决策层、管理层、操作层都要全身心投入学习。尤其是经营管理决策层,他们是决定企业发展方向和命运的重要阶层,因而更需要学习。三是强调"全过程学习",即学习必须贯彻于组织系统运行的整个过程之中。四是强调"团体学习",即不但重视个人学习和个人智力的开发,更强调组织成员的合作学习和群体智力的开发。学习型团队通过不断学习,不断突破组织成长的极限,从而保持持续发展的态势。

(四)建立扁平式的组织结构

传统的企业组织通常是金字塔式的,而学习型团队则提倡扁平化的组织结构,即从最上面的决策层到最下面的操作层,中间相隔层次极少。扁平化的组织结构尽最大可能将决策权向组织结构的下层移动,让最下层单位拥有充分的自主权,并对产生的结果负责。例如,美国通用电气公司目前的管理层次就已减少。这样的扁平化结构比较有利于上下级的沟通,它不仅能让下层直接体会到上层的决策思想,也让组织上层能及时了解到下层的动态,从而在企业内部形成互相理解、互相学习、整体互动思考、协调合作的群体。

(五)善于自主管理

学习型团队理论认为,自主管理是使组织成员将工作和学习紧密结合的方法。通过自主管理,组织成员可以自主发现工作中的问题,自主选择伙伴组成团队,自主选定改革目标,自主分析问题的成因并制定对策与组织实施,自主检查效果并进行评估总结。团队成员在自主管理的过程中,能形成共同愿景,以开放求实的心态互相切磋,不断学习新知识,不断进行创新,从而提升组织快速应变的能力。

（六）领导者的新角色

在学习型团队中，领导者是设计师、仆人和教师。领导者的设计工作是一个对组织要素进行整合的过程，他不只是设计组织结构和制定组织政策、策略，更重要的是设计组织发展的基本理念；领导者的仆人角色表现在他对实现远景的使命感，自觉地接受远景的召唤；领导者作为教师的首要任务是界定真实情况，协助人们对真实情况进行正确、深刻的把握，提高他们对组织系统的了解，促进每个人的学习。

■ 知识链接

坚持"精品意识" 打造精品班组

项目小结

民航服务工作是一项群体性的工作，要求团队成员要精诚合作，紧密合作。做好民航团队建设对于提高工作效率非常有帮助。本项目对团队建设的必要性、建设的过程及团队的组织管理进行了阐述，通过拓展链接，重在强调提高民航服务人员团队合作的意识，注重实际工作中的密切配合。

项目训练

一、填空题

1. 团队的构成要素可以总结为_____、人员、_____、_____和计划五个方面。

2. 高效团队建设的原则可以简明地归结为"12C"法则包括：_____、_____、_____、_____、_____、_____、_____、_____、_____、_____、_____、_____。

二、论述题

1. 简述领导者的素质包括哪些方面。
2. 结合你的生活、工作经验，谈一谈团队建设的重要性。

三、案例分析

万米高空中的紧急救援

2020年10月27日晚间，北京飞往杭州的南航CZ8853航班刚刚进入平飞阶段，乘务组开始餐前准备，这时公务舱乘务员行色匆匆地走进服务台向主任乘务长汇报："主任，有旅客晕倒了！"主任乘务长马上进入客舱查看情况，原本坐在1G座位的旅客陈女士倒在了过道上。乘务组立刻按照手册流程开启机上医疗紧急处置程序,观察旅客生命体征,同时广播寻找医生,并将情况报告机长。"你好!我是乘务员,能听见我说话吗?"主任乘务长一边轻拍旅客一边加大音量尝试唤醒她,但旅客此时没有意识,始终没有回应,只有浅浅的呼吸和微弱的脉搏。听到机上广播后,三名从事医务工作的旅客马上前来协助,在初步判断旅客没有外伤后,乘务组合力将旅客的身体恢复至舒适体位。此时,氧气瓶和应急医疗箱已经准备到位,乘务组立刻让旅客吸氧,同时为其盖上毛毯保暖,并调整了客舱温度。乘务组按照主任乘务长的分工开始默契配合,协助医生救助旅客,检查旅客行李物品,了解旅客信息,同时做好了机上特殊事件记录。

飞行机组在得知情况后,也第一时间与空管、目的地机场等部门取得联系,为救治旅客争取宝贵时间。这时,一位医生乘客表示陈女士目前身体状态不太乐观,虽然有呼吸和脉搏,但较为微弱,要根据情况随时做好心肺复苏的准备。在医生的建议下,乘务员给旅客喂了少量的糖水,为了更直观地感知旅客的体温变化,同时安抚旅客情绪,乘务员便一直握着旅客的手,并对她的掌心进行轻轻按摩。

令人欣慰的是,乘务组和机上三位医务工作者的精心救治和护理慢慢发挥了作用,旅客的呼吸渐渐清晰了起来,脉搏也比之前有力了。16分钟后,旅客苏醒,逐步恢复意识,可以轻声回复问询,乘务组继续守在旅客身边,并轻声安慰:"陈女士不要怕,您现在身体已经有所好转,我们会一直陪护着您!您可以把您家人或者朋友的联系方式告诉我吗?"乘务组一直保持跟旅客沟通以确保其意识清醒,一名医务工作者也在一旁陪护着。医务工作者对其进行了评估,认为旅客身体状况有所好转,建议飞机可以继续飞往目的地,而目的地机场此时已经做好了急救准备。通过机组与地面的多方积极沟通,飞机于晚间22:53分平稳降落在了杭州萧山国际机场,比预计降落时间提早了12分钟。飞机停稳后,地面医疗救护人员已在廊桥上就位。为了给旅客让出生命通道,乘务组立刻做了客舱广播:"女士们、先生们,现在情况紧急,请您在座位上休息等待以配合地面医疗人员尽快上机救治生病旅客。"机上旅客也非常配合。舱门打开后,地面医务团队立刻上机对旅客进行了检查,表示旅客现在状态尚不稳定,需要立刻转运至就近医院做进一步检查和治疗。"慢点,保护好旅客头部!现在下楼梯,大家小心脚下,保持前高后低!"主任乘务长与医务人员一同用担架将旅客抬下飞机。将旅客送上救护车后,在南航地面工作人员的陪护下,旅客被送往就近医院进行专业救治,乘务组也及时联系上了旅客的朋友,通知其尽快去医院陪护。航班结束后,全体机组成员仍然非常关心旅客的身体状况,经联系地面同事得知,通过医院的救治,旅客终于在次日早晨有了明显好转,并在朋友的陪同下顺利出院,听到这个消息,大家悬着的心终于放了下来。旅客出院后,专程联系了乘务组表示感谢,病人陈女士是南航多年的旅客,也是南航的银卡会员,这次经历让她更加坚定了对南航一如既往的选择,在和乘务长的微信对话中,旅客这样说道:"你们要一直优秀下去!"

(资料来源:根据 http://www.caacnews.com.cn/1/6/202010/t20201029_1313045.html 整理。)

请问:

1. 用思维导图的形式分析该案例中乘务组处理突发事件的整个过程。
2. 结合案例,请说出一个优秀的乘务团队应具备哪些要素。

四、实践题

无敌风火轮

本游戏主要为培养学员团结一致、密切合作、克服困难的团队精神;培养计划、组织、协调能力;培养服从指挥、一丝不苟的工作态度;增强队员间的相互信任和理解。

(1)项目类型:团队协作竞技型。

(2)道具要求:报纸、胶带。

(3)场地要求:一片空旷的大场地。

(4)游戏时间:10分钟左右。

(5)详细游戏玩法:12—15人一组,利用报纸和胶带制作一个可以容纳全体团队成员的封闭式大圆环,将圆环立起来全队成员站到圆环上边走边滚动大圆环。

项目十　应急心理与民航服务

项目目标

○ **知识目标**

　　了解群体的概念、民航群体的特殊性；

　　理解民航群体性事件的含义以及民航突发群体事件中群体的心理和行为特征。

○ **能力目标**

　　灵活应用相关知识预防和处理民航中的突发性群体事件；

　　有效应对民航服务中航班延误、行李遗失、旅客过激行为等突发事件。

知识框架

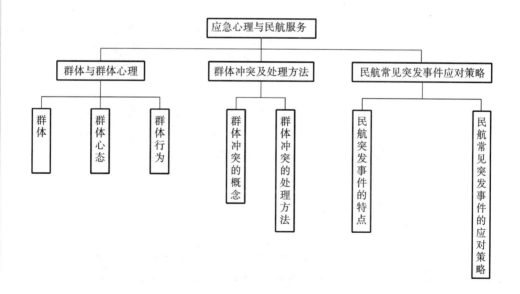

 **项目引入**

昆明长水国际机场航班延误

2013年1月3日,因为一场大雾,昆明长水国际机场当天434个航班被迫取消,7500名旅客滞留在机场。1月4日,笼罩昆明长水国际机场的大雾散尽,前一天滞留的旅客再次聚集,创纪录的906次航班起降、规模空前的人流引导、旅客焦躁情绪的安抚、各航空公司与机场的接洽,让长水机场的工作人员应接不暇。4日晚上开始,乘客和航空公司、机场的冲突愈演愈烈。20:00,前往上海的××先生和其他旅客"占领"了航空公司的值机柜台;21:00左右,一名外国旅客因为插队问题和保安发生冲突;21时40分,游客在大厅中喊着"立刻回家"的口号游行,各种冲突不断上演,不少旅客情绪波动较大,毁坏现场多个值机柜台。

(资料来源:根据https://baike.so.com/doc/26778586-28070594.html整理。)

分析:

航班延误、行李差错及客票超售等原因导致旅客与航空公司的冲突越来越频繁和激烈,旅客霸机、拒绝登机、破坏航空设施及机场设施设备、伤害民航工作人员的情况时有发生。面对这种失去理智的行为,不少人也发出了感慨,"旅客的素质太低了"。在他人看来,似乎只要国民的素质提高了,旅客与航空公司的冲突就会自动消失。民航旅客群体事件与社会上群体性事件有着本质的不同,大多是由于航班不正常、服务不到位,旅客自身利益与航空企业的利益发生冲突,双方产生严重的利益对立引起的,旅客便以"闹事"的形式宣泄不满情。大多数事件中,旅客的要求和目的是合法的,但是采取了非法的手段。

其实,许多激烈群体冲突的当事人中,不乏具有较高文化修养和较高社会地位的旅客,在平时的社会生活和工作中,他们可能温文尔雅,从不与人红脸,可为什么面对服务中的一点差错,就不依不饶,根本不听工作人员的解释,情绪激动甚至做出些破坏性的行为呢?是我们的服务出了什么问题?还是我们不够了解群体心理?在冲突中,这些群体的心理又有哪些特殊性呢?

 ## 任务一　群体与群体心理

一、群体

(一)群体的概念

群体是指两个或两个以上的人,为了达到共同的目标,通过一定社会关系结合起来进行共同活动并产生相互作用的人群。

与人群相区别,群体中的个体有共同目标、相互依存,如机组内的成员。而飞机上的旅客、电影院中的观众和候车室内的人群,仅仅在同一时间、同一地点出现并进行了相似的活动,但相互之间并没有产生交互作用,所以并不能称之为群体。

群体介于个体与组织之间。个体之间拥有相同目标,相互依存便组成了群体;而由两个或两个以上拥有一定资源并保持某种权责结构的群体就构成了组织。各种各样的组织,加之自然环境、文化环境便形成了社会。

(二)群体的分类

根据群体内明确的组织目标及规范的组织结构,我们可以将群体分为正式群体与非正式群体。

正式群体是指有一定的规章制度、既定的目标,以及固定的编制和群体规范的人群。在正式群体中,成员占据特定的地位并扮演一定的角色。例如,学校里的班级、企业里的新产品开发小组均属于正式群体。

非正式群体是指人们在交往过程中,由于相同的兴趣、爱好和看法而自发形成的群体。非正式群体可以是在正式群体之内,也可以是在正式群体之外,或是跨几个群体,其成员的联系和交往比较松散、自由。比如,在群体性冲突中,旅客们组成非正式群体。非正式群体也有一定相互关系的结构和规范,但往往没有明文规定,群体成员中会自然现出首领,成员的行为受群体中自然形成的规范所调节。

■知识关联

霍桑实验

梅奥最早发现非正式群体对正式群体有重要影响,这就是著名的霍桑实验。实验中选择14名工人在单独的房间里从事绕线、焊接和检验工作,并实行特殊奖励的计件工资制度。

实验原来设想实行奖励会使工人更努力工作,但结果发现,人的生产量只保持在中等水平,工人日产量没有明显差别,并且有瞒报行为。进一步调查发现,工人们担心产量提高,会改变现行奖励制度,或裁减人员,或会使产量低的人受到惩罚,所以就私下约定,大家保持一样的生产量以预防上述风险。这表明为了维护团队成员,人们可以放弃物质利益。由此,梅奥提出"非正式群体"的概念,认为在正式的组织中存在自发形成的非正式群体,这种群体有自己特殊的行为规范,对人的行为起着调节和控制作用,同时也加强了内部的协作关系。

霍桑实验表明,人不是孤立的、只知道挣钱的个人,而是处于一定社会关系中的群体,个人的物质利益在调动工作积极性上不是主要因素,群体间良好的人际关系才是调动工作积极性的决定性因素。梅奥的理论也被称为"人际关系理论"或"社会人理论"。

(资料来源:根据相关资料整理。)

（三）群体的作用

群体之所以形成、存在和发展，主要在于它有一定的特殊作用。概括地说，群体具有两大作用：一是群体对组织的作用；二是群体对个人的作用。

1. 完成组织任务，实现组织的目标

该功能是群体对组织而言的。群体是一个由若干人组织起来的有机组合体，它具有单个人进行活动时所没有的优越性，成员之间为了共同的奋斗目标，互相协作、互取所长、互补不足，使群体产生巨大的动力，促使活动顺利进行，圆满地完成任务。比如一个机组的目标就是顺利地将旅客送往目的地，为公司创造收益，等等。

2. 满足群体成员的心理需要

群体的这一功能是针对个体而言的。群体成员具有各种需要，有些需要通过工作本身是可以得到满足的，但还有一些如安全感、满足感则是要通过员工之间的非工作关系、自发关系弥补空白。比如，航空公司举办的新员工入职活动、客机上举办特殊的春节晚会等。需要的满足在很大程度上能够影响成员的工作积极性，对组织目标的实现、组织的工作效率产生重要的影响。

（四）民航旅客群体的心理特征

1. 去个性化

旅客群体的一个重要的心理特征是去个性化，这是导致旅客行为无责任感的重要原因。在群体冲突中，旅客绝大多数是临时聚集在一起的特殊人群，即非正式群体，个体身份特征不明显，这就使得其行为具有个性。

群体掩盖了个体特征，也相应为个体提供了保护。因此，我们在处理群体冲突时，要了解群体的这一特点，打破群体的去个性化心理，明确重要人物的身份特征、弱化群体匿名性。

2. 情绪感染性

群体成员之间的情绪有极强的感染作用，常常使人们做出缺乏理智的行为。旅客群体事件多是先有明显的原因，如不正常的航班、不透明的信息造成错误（误传或者谣言）、服务偏差等因素，然后激起在场旅客的某种情绪，旅客间又彼此交换信息，这种情绪的交互感染很容易促使众人情绪的迅猛发展，出现情绪失控、丧失理智的情况，最终导致违法犯罪。

3. 社会事件影响

社会上许多缺乏公德心的人，常常通过"闹事"来解决问题，仿佛"闹事"被视为最有效的诉求方式，受此类社会性群体事件的影响，不少人纷纷效仿。一些旅客认为不闹不能解决问题，甚至形成小闹小解决、大闹大解决的不正常心态，造成旅客闹事常态化。

二、群体心态

由于时空的局限性,在一个特定的时间内上百名旅客积聚在飞机这一狭小的空间里或机场这一特殊的场合里,接受航空公司、机场人员为他们提供的服务。他们对旅客提供的服务,大多数情况是面对旅客群体进行的服务,由于群体关系,旅客在任何一点不良诱因的作用下,如航班延误没及时通报信息,工作人员态度粗暴或生硬等,都可能引发不可控的群体心态。

仔细分析和研究民航服务中激烈的冲突事例发现,许多事例多是起源于很小的,有的甚至是微不足道的服务问题。但是,由于民航服务人员根本不了解群体中的群体心态,以及这种心态作用下的群体行为走向,没有在危机刚发现时及时有效地采用合理的方式将它控制住,而任由群体心态影响下的群体情绪互相碰撞、蔓延,最终导致事态升级。

所以民航服务相对于其他服务业而言,具有非常特殊的一面,我们不仅仅要把握消费者个体心态,更要研究群体心态对民航服务的影响和群体心态作用下的旅客服务技巧。这样,航空公司(或机场)与旅客的纠纷甚至冲突才会得到很好的控制与解决,恶性的服务危机才能够从根本上得到遏制。

(一)群体心态的特征

1 场景性

在学术上,场景性是指一种"心理群体",这与人类的聚众性密不可分。在这样的群体中,心理感受的一致性非常突出。这种场景性使得群体心态具有极强的形象化的想象力。这种场景性致使群体要么不会推理,要么进行错误的推理,而且也不受推理过程的影响。

这种特性使得群体在面对非法行为时,很难理智地思考行为的合理性。此时,比较好的方法是采用一种合法的强制手段,即堵的手段,来针对个别旅客的非法行为,处理萌芽状态的冲突事件。果断的、强制的、合法的措施不仅能满足控制事态的需要,更是民航服务的一项重要内容,能够为大多数旅客提供满意服务,保障大多数旅客的根本利益不受损害和侵害。

勒庞曾经说过,只会形象思维的群体,也只能被形象所打动。只有形象能吸引或吓住群体,成为他们的行为动机,并且要在必要的时候采取"大喝一声"或"猛击一掌"的非理性方法把参与群体行为的人群震慑住,将他们已经成形的情绪走向打乱,然后再采取措施将他们引开。

这种方法要的是在极短的时间内果断地采取一系列措施,因为只有这些措施才会对群体的行为走向产生引导的效果。

2 潜在性

群体的潜在性是指群体心态一般处于一种潜在状态的。从表面上看,它会被认为是一种不存在的状态,其实,这是一种潜在的状态,不是不存在。平时,群体心态潜藏于个体身上,基本上受人的理性控制,宛如被困在笼子里的一只老虎。一旦时机成熟,一个或多个因素刺激动摇个体的理性或放松个体对群体心态的控制时，其就会失控，就会构成对人类生存和发展的威胁。

从发展来看，群体性事件一般来说是自发形成的，其产生没有个人与组织特定的协调，是一种自发的群众性行为，缺乏明确的计划、目标和领导。而人本身也存在一种对群体行为的渴望，一般情况下个体能够控制自身的群体心态和群体行为，但一旦失控，情况是难以想象的。

在群体中，绝大多数参与者不是接收到明确的指令，而是受到他人的影响，突破了自己对于群体心态的控制，自愿加入群体性事件中的。因此，控制好旅客群体的氛围，将某些危险因素从根本上消除，防止其影响其他人越来越多地参与到群体性事件中，是需要我们高度重视的问题。

3 从众性

从众心理人皆有之，但个体的从众性与群体的从众性是不同的。个体的从众性是可以从理性的角度找到一些可以解释的原因的，群体的从众性则不然，其更多的是有一些盲动性、残忍性和狂热性，是无法用理性原因加以解释的。

旅客群体中普遍存在着一种从众现象，即旅客群体本身具有一套非成文性规范并对其成员施加压力，使其本身表现出一致对外的行动倾向。一旦有"标新立异"的成员出现，群体会将他视为"越轨者"，从而疏远并孤立这个成员，施加压力迫使该成员服从大多数人的行为。但是如果这种从众倾向与法律规范相冲突，则会产生大规模的群体冲突，导致严重的后果。

虽然从众行为从根本上来说是个体迫于外界群体的压力而产生的一种非自愿的行为，但从众也有一定的积极作用，如在个体与团体利益发生冲突的时候，为了团体的利益而克服冲突的情况下，个体会迫于群体压力主动服从团体利益。例如，有旅客在候机室抽烟，周围旅客的压力会迫使抽烟者放弃抽烟，从而保障大多数人的利益。因此，如果能正确利用从众行为在群体达成一致方面的积极作用，避免盲目从众，便可以有效规范群体运行。

4 情绪性

在群体性事件中，人与人之间通过暗示和模仿，情绪相互感染，参与人员的非理性因素逐渐增长，以至于达到狂热的程度。当情绪凝聚到一定程度，必然要寻找发泄的渠道。在特定的社会环境的刺激下，人们的情绪会激烈地宣泄出来，导致行为失控。

群体性事件的参与者为表达共同的利益要求，聚集在一定的场所，对事态做出一致的反应，显示出群体认同的力量。由于"人多势众"，事件参与者普遍有一种"集体无责任"和"法不责众"的心理。在这种情绪的支配下，人们会冲破现行社会规范的约束，做出一些违反规范的事情。

情绪性不是只在群体心态中才出现的特性，它同时也在个体心态中存在。群体心态与个体心态存在一定的区别，群体心态往往具有高度一致性，个体心态会受到理性的影响。群体情绪与个体情绪的不同表现在以下方面。

第一，群体是冲动、易变且不安的，它几乎完全被潜意识所控制。他们往往是针对一个目的而产生激动情绪，不达目的誓不罢休，来势汹汹且完全没有个人利益，很难理性地去解释。

第二，群体是格外容易轻信和受影响的。它没有批判的能力，对它来说不存在不合适的事。群体的感情总是非常单一且浮夸的，完全丧失了思考问题的能力。

第三，群体不渴求真理，他们需要的是幻想得到满足，没有实现自己的幻想便不依不饶。比如在旅客群体性事件中，旅客认为自身利益受到侵害，对于航空公司做出的补偿并不满足，屡屡提出更加过分的要求，已远远超出民航服务范围。这种特性使得群体不能够区分实际情况与幻想的情况。

第四，群体行为表现为一种逆反性。往往表现为，你想让它往左，它偏要往右；当你觉得它应该往右时，它却偏偏要往左走。例如，总有旅客会违反民航飞行的相关规定，屡禁不止。

5 随意性

随意性是指群体行为在发生和发展的过程中随时都可能发生变化的状态。人的群体行为基本上没有目的，理性因素和机制难以深入其中，发挥其应有的作用。

针对群体随意性的特征，我们要对旅客群体的行为进行引导，使其朝向有利于群体安定的状态发展。因此，教育、引导旅客的行为是预防群体性冲突的重要手段，也是信息服务的一项重要内容。旅客不是业内人士，他们的行为通常会跟着自己的想法走，没有明确的目的，也不可能了解民航服务工作各种各样的复杂情况。

所以，为了避免由于旅客的不理解而给民航服务增加困难的这种情况的发生，我们应该更多地利用各种媒体，用各种方式对旅客进行文明乘机、做文明旅客的教育和引导，通过更多的民航服务信息的传递，加强旅客与民航的双向了解和理解，让民航服务更令人满意。

6 互动性

互动性是对从众性的一种补充。互动性使群体中的成员之间相互交流，思想相互碰撞，彼此启发，在群体中碰撞出不同性质的"火花"。

群体成员之间互动交流时，会通过自觉地调控自己的仪表、体态、言谈等方面，来影响他人对于自己的感受，这一过程叫印象管理。社会中的每一个个体都希望得到别人乃至社会的认可、赞同，并期望能够控制社会交往的结果，所以就会有意无意地进行印象管理。比如，在什么场合穿什么衣服，对什么人说什么话，通过表情更好地表达自己等，都是为了给别人留下美好的印象。还有，当一个人要去面试的时候，总会事先做一些必要的准备，如个人资料、形象设计、谈话内容等。

例如，在民航服务中经常出现的航班延误问题，旅客的焦虑不安往往容易引发群体性事件，此时旅客最希望获得的信息就是延误原因及航班动态。因此，航班延误后，民航服务人员应在第一时间向旅客告知延误原因、延误时间等，同时通过印象管理，调节控制自己的言语、表情、神态等，提供温情服务，使旅客获得充分的安全感，从而降低群体冲突事件的发生概率。

印象管理是群体互动的润滑剂，处理好了，不但能使自己赢得群体其他成员的尊重和喜欢，还会使群体氛围变得更加美好和谐。

7 无序性

群体的无序性是相对于有序性的一种心理状态。它包括非理性、混沌性、动物性和模糊性等。其中人类的动物性就是一种典型的无序状态,其表现如下。

1)侵犯性

当群体成员的生存利益受到威胁时,所发生的攻击或逃走冲动,是一种防御的良性的侵犯,而一旦威胁消失,这种冲动也会跟着消失。例如,在民航服务中,由于误会、谣言的连续传播,不断激化,可以使一些人在一定时间内深信不疑,引起疑虑、恐惧和愤怒,形成对抗,进而引发群体性事件;但当这些"威胁"消除时,旅客们的侵犯性也会跟着消失。

2)"恶性"侵犯

"恶性"侵犯即破坏,它无目的可言,除满足欲望外,别无意义。

8 爆发性

群体的爆发性是就群体行为发生和发展的速度和力度而言的一种特性,起势如破竹,往往伴随"轰"的一声,并且一发不可收拾。

群体成员具有相同或者类似的思想情感,他们爱憎一致,并且经过反复感染、强化,群情激昂,呼之欲出,难以抑制。这种情感一旦外化,则会形成一股强大的洪流。

(二)群体心态的四种情况

根据群体心态的特性,在这个群体心态支配群体行为的过程中,群体心态又可能出现以下四种情况。

1 自我价值保护

群体形成中必然存在一个或一些能够让后来形成的群体中的人"动心"的因素,这种因素能够使后来者获得最大利益,吸引着人们不断地加入群体。无论是个体还是群体,都存在一种保护自身利益不受侵犯的先天心理倾向。

比如当外界不同意群体的观点时,群体成员通常的第一反应是为自己的群体辩护,有时虽然不表现出来,但也会在心里寻找维护自己群体的证据。例如,当群体利益突然受到威胁、荣誉受到贬损、生命财产遭受侵犯时,会立即引起群体成员的强烈反应,引发群体性事件。这都是人们保护自身价值的行为表现。

2 群体思维

群体中异质性会被同质性逐渐"吞没","无意识"的品质会逐渐占上风。群体中存在一种思维方式,这是一种群体决定向什么方向发展的思维方式。例如,在会议上或课堂中,或是其他凝聚力很高的群体中,如果有人的意见与大家不一致,那么他很可能最终放弃说出自己的想法而顺从群体的意见,这种现象就是群体思维。

这种思维会使得群体的决定向两极发展,并高度一致,少数人的不同意见会被大多数人的意见"吞没"。这在一定程度上能够提高群体决策的速度,但是会影响决策质量。

3 旁观者效应

整个群体包括群体中的个体都呈现出一种不再能够意识到自己的行为的状态。在这种状态中,群体内的成员就像受到催眠的人一样,一些能力遭到了破坏,同时另一些能力却有可能得到极大的强化。在某些暗示的影响下,他们会因为某些难以抗拒的冲动而采取某种行动。群体成员在智力上差异巨大,却有着非常相似的本能和情感。

旁观者效应就是此类现象的典型。该效应是指在危急事件发生时,有很多人在场却没有人对受害者提供帮助的情况。产生这种状态可能是因为当一个人面对此类事件时,都有着一定的看法并会采取相应的行动。但当其他人在场时,个体在行动前就会把自己准备做出的行为和他人进行比较,以防出现尴尬、难堪的局面。同时,在紧急情况下,有他人在场时,个体不去救助受难者而产生的罪恶感、羞耻感、责任感会扩散到其他人身上,个体责任会相对减少。

4 真诚建立信任感

有时只需要一句悦耳的言辞或一个被及时唤醒的形象,便可以阻止群体的暴行。人作为社会性动物,需要自己在物理环境和社会环境上都处于一个安全的境地,真诚的态度、温暖的举动会使人们对于即将发生的行为有明确的预见性,因而更容易建立起安全感和信任感。

三、群体行为

群体行为,尤其是在成员差异很大的群体中间,会因责任感的彻底消失而强化。群体成员会意识到自己的行为可能不会受到惩罚,而且人数越多,其可能性就越大。因为人多势众而一时产生的力量感,会使群体表现出一些孤立的个人不可能有的情绪和行动。群体中那些自身能力不强的人,摆脱了自己卑微无能的感觉,便会感觉到一种短暂但又巨大的力量。

(一)社会助长

社会助长是指个体与别人在一起活动或有别人在场时,个体的行为效率提高的现象。1988年,社会心理学家注意到自行车手在一起比赛时,成绩要比各自单独和时间赛跑时的成绩好。在动物中也发现了此类现象,如当有同类在场时,蚂蚁能挖掘出更多的沙子,小鸡会吃更多的谷物。

心理学家给出了科学的解释:他人在场会削弱完成复杂任务的能力,但能促进简单任务的完成。所以说,在简单任务中他人在场起促进作用,在复杂任务中他人在场起阻碍作用。

社会助长产生的原因有这样几方面:一是多数人在一起活动,增强了个人被他人评价的意识,从而提高了个人的兴奋水平;二是与他人一起活动,增加了相互模仿的机会和竞争的动机;三是减少了群体成员单调的感觉和由于孤独造成的心理疲劳。

在他人在场的状态下,人们的潜力会被激发,精力更加充沛。这对民航业来说未尝不是一件好事。一定强度的竞争对群体行为有着积极的推动作用,可提高群体效率,增加群体凝聚力。在市场经济条件下,竞争直接导致了人们创造力与生产力的解放和市场的繁荣。竞争迫使民航服务人员不断进取,为民航服务做出不懈努力,从而使得整个民航事业的进步有了源源不断的动力。此外,竞争还是人们寻求自身意义和支撑自身发展的一种方式。

■知识关联

社会促进现象

美国心理学家特里普利特是最早以科学方法揭示社会促进现象的心理学家。他通过试验发现，自行车选手在有竞争对手的情况下比单独一个人时骑车速度提高了30%。为了进一步检验，在另一个实验中，他安排40名儿童在指定时间里尽快地转动钓鱼竿卷线轮绕线，结果证实儿童结伴绕线速度比单独绕线更快。同时，其他的研究者还指出社会促进现象不仅限于人，他们在老鼠、鹦鹉等动物身上也发现了这种效应。但是他人在场并不总是起促进的作用，有时也有阻碍的作用。

（资料来源：根据相关资料整理。）

（二）社会惰化

社会惰化主要指当群体一起完成一件工作时，群体中的成员每人所付出的努力会比个体在单独情况下完成任务时偏少的现象，它一般发生在多个个体为了一个共同的目标而合作，自己的工作成绩又不能单独计算的情况下。

比如在拔河比赛中，大家的目标是一致的，但由于自己使出的力量并不能被测量，于是就会产生"偷懒"的情况。法国心理学家黎格曼发现，在团体拔河中集体的努力仅有个人单独努力总和的一半。

社会惰化与社会助长作两者的内部规律是一样的。被他人观察时，个体会考虑到他人对自己的评价，工作能力会有所增强，社会助长作用就发生了，一旦观察消失，个体就会隐藏在群体中，认为别人注意不到自己，便会产生懈怠，社会惰化就产生了。

■知识关联

社会懈怠现象

最早发现社会懈怠现象的是心理学家黎格曼。他发现人们一起拉绳子时的平均拉力要比单独一个人拉时的平均拉力小。在研究中，他设置了三种情景让参加试验的工人用力拉绳子并测拉力：第一种情景是让工人单独拉，第二种情景是3人一组，第三种情景是8人一组。按照社会促进的观点，人们认为这些工人在团体情境中会更卖力。事实恰恰相反：独自拉时，人均拉力63千克；3人一起拉时总拉力160千克，人均拉力53千克；8个人一起拉时，总拉力248千克，人均拉力只有31千克，不到单独时的一半。实质上，此时他人的存在起到了抑制性的作用，因为责任分散了。

（资料来源：根据相关资料整理。）

从社会作用力分散的角度来讲，在一个群体共同工作的情况下，每一个成员都是整个群体的一员，与其他成员一起接受外来的影响，而当群体成员增多时，每一个成员所接受的外来影响就必然会被分散、被减弱,因此个体所付出的努力就降低了。

群体活动就一定会引发社会懒惰吗?有证据表明,答案是否定的。当任务具有挑战性、吸引力、引人入胜的特点时,群体成员的懒惰程度会减弱。当面临挑战性的任务时,人们可能会认为付出自己的努力是必不可少的。如果人们认为群体内的其他成员靠不住或者没有能力做出过多贡献,那么他们也会付出更大努力。

(三)去个性化

在群体中,成员有时会感到自己被湮没在群体之中,于是个人意识和被他人评价感觉丧失,群体成员难以意识到自己的价值与行为,自制力变得极低,结果导致成员产生冲动的、情绪化的,有时甚至是破坏性的行为,这种现象叫作去个性化。

当个体将别人对自己评价和顾虑都降到最低水平,认为"每个人都这样"时,所有人都会把责任归结为情境,而非个人的选择。

■知识关联

去个性化试验

研究者金巴尔多就去个性化进行了试验,他召集了一些被试者,要求他们对隔壁一名被试者进行电击,告诉他们这只是试验,不需要负任何道义上的责任。通过镜子,被试者们可以看到被自己电击的人。实际上这个人并没有受到电击,但是其需要在被试者按下电钮时假装受到电击而大喊大叫、流泪求饶。被试者分为两组。第一组被试者都穿上了带头罩的白大褂,只露出了眼睛,他们彼此间谁也不认识。试验时,主持人不叫他们的名字,整个试验在昏暗中进行。第二组被试者穿着平常的衣服,每个人胸前都有一张名片挂着。在试验时,主持人叫着每个人的名字,房间里明亮的。

试验结果发现,两组被试者都顺从指示,电击目标。但电击程度却有很大差别:匿名的那组被试平均电击程度较高,而未匿名的那组被试则平均电击程度较低。由此可见,匿名性能够增加去个性化的现象。

(资料来源:根据相关资料整理。)

产生去个性化的主要原因有两个:一是匿名性,即当一个群体的所有成员都穿着同样的制服时,个人是不容易被识别的,个体就被匿名了;二是外在因素干扰,即个体处于群体中,会受外在因素的影响,使自己的注意高度集中于他人的反应以及周围所发生的戏剧性事件上,使个体过于关注他人的行为,即产生"看热闹"的心理,从而降低自我意识。

任务二 群体冲突及处理方法

航空公司对旅客提供的服务,大多数情况是面对旅客群体进行的服务,由于群体关系,旅客在任何一点不良诱因的作用下,都可能引发不可控的群体冲突。所以,民航服务人员不仅仅要把握旅客的个体心态,更要了解群体冲突对民航服务的影响和群体冲突下的旅客服务技巧。这样才能有效地解决航空公司(或机场)与旅客的纠纷。

一、群体冲突的概念

群体冲突是在群体之间公开表露出来的敌意和相互对对方活动的干涉,往往会给组织带来冲击。在民航服务心理学中,群体冲突主要是指大面积的旅客与民航服务人员之间的冲突。从另一个方面看,冲突将妨碍现有组织与人员的运转,但是群体冲突并不总是有害无益的。如果能保持在合理的程度和有限的重要事件上的话,那么冲突实际上能使组织更有效地运行。

二、群体冲突的处理方法

形形色色的冲突扰乱了空中秩序,影响了民航服务的质量,妨碍了旅客安全感的建立,也降低了旅客对民航的期待和满意度。因此,如何平息冲突,是我们必须关注的问题,以下我们主要利用社会心理学的知识来讨论如何平息冲突。

(一)接触

研究表明,接触可以促使人们进行交流,减少敌意,进而降低冲突发生的概率。

良好的接触和自我表现是旅客和民航服务人员之间沟通的桥梁。在飞机上,如果民航服务人员能够有意识地按照一个模式表现自己,给旅客留下期望的好印象,就能在很大程度上减少群体冲突。成功的印象管理的确会帮助民航服务人员在许多情况下获得优势。

在自我表现中,人们首先关心的是如何给别人留下良好的第一印象,使自己与别人的关系一开始就有良好开端。社会心理学家艾根发现,人们在与陌生人相遇的初期,按照SOLER模式表现自己,可以明显增加别人的接纳性,使我们在别人心目中建立起良好的第一印象。

■知识关联

良好第一印象的六条途径

心理学家戴尔·卡耐基在《如何赢得朋友及影响他人》一书中,根据大量实际生活中的成功经验,总结出给人留下良好第一印象的六条途径。这六条途径是:
(1)真诚地对别人感兴趣;
(2)微笑;
(3)多提别人的名字;
(4)做一个耐心的听者,鼓励别人谈他们自己;
(5)谈论符合别人兴趣的话题;
(6)以真诚的方式让别人感到自身很重要。
(资料来源:根据相关资料整理。)

（二）设立共同目标

研究表明，促使双方摒弃歧见，从冲突走向合作的动因，是双方群体共同拥有一个超越自身的超级目标。超级目标的存在，引发了更高的超级同一性，即群体成员们感到他们已经同自己的群体一起，从属于一个包容范围更广的新的整体。例如，旅客感到他们连同整个机组成员，都是飞行的整体，应相互配合协作。

■知识链接

把好安全大关

深圳是典型的"移民城市"，节前返乡客流多是突出特点。在外打拼了一年甚至多年的人们回家时总想给家人带点新奇的玩意儿，所以像类似于"皮带刀""手机式电击器"等不常见的东西便出现在了很多人的包裹中。殊不知，这些新奇的物品都是乘坐飞机禁止携带的违禁品。除新奇物品可能成为违禁物品之外，很多日常用品也可能成为违禁物品。

旅客王先生说，一些生活用品在机场安检员那里"摇身一变"成了违禁限带品，不让随身携带给自己造成了诸多不便，总是觉得委屈又恼火，"又不是什么危害品，怎么就不能带上飞机"？某安检员介绍，随着航空安保新标准、新措施、新规定的出台，给旅客出行确实带来了不便，一些旅客存在侥幸心理，企图携带一些限制物品和违禁品上飞机，觉得出差带瓶自己专用的洗发水上飞机不是什么大事。

其实，根据相关规定，旅客在值机环节和销售环节中就应该收到违禁品告知。而目前网上订票、值机的盛行，也导致这一规定没有得到有力的贯彻和执行。相关法规的不配套和滞后，也给安检员的工作增加了压力。安检员还特别提到，很多旅客质疑的充电宝的携带。充电宝实际上是锂电池，一些旅客携带的充电宝是"三无"产品，有的没有标注安培量，还有的标着巨大的安培量。但在此之前，相关环节没有一个明确的文件能够呈现给旅客，在安检工作时自然缺乏一定的说服力。"2013年5月1日实施中国民航局发布的《锂电池航空运输规范》后，处理违规携带的充电宝容易多了。"一位安检员说，如果有旅客不理解，我们就能拿文件出来给旅客看。

一位安检员向记者坦言自己"压力山大"的根本原因是安检工作既要保证安全，又要保证服务。一方面，作为保证空防安全的重要部门，安检员要保证旅客的安全。另一方面，安检部门目前作为机场的一个重要组成部分，是机场展示服务的重要窗口，要让旅客感受到好的服务。在安全与服务之间实现两者的平衡，"这不好把握"，这位安检员说，"我们不是执法者，却要进行执法，安检员的身份很尴尬，旅客也感到不满意。"

（资料来源：郑菲菲. 民航服务心理学[M]. 北京：中国旅游出版社，2018.）

（三）谈判

无论是个人还是组织，在合作出现困难或者遭遇失败的时候，人们会选择以谈判的方

法来解决冲突。谈判是一种更正式、更直接、更公开化的解决冲突的方式,在日常生活中有着广泛的应用,我们在与旅客发生冲突时,也可以考虑采用谈判的方式。

旅客的感受和公司的成本在原则上是同等重要的,至于哪个更重要,就看你的处理能力了。诸如"旅客拒绝收餐盒"事件,你一定要去回复旅客,则可以说:"先生,我请示了乘务长,餐盒我们不能送给您,但我们为您儿子准备了一点其他的东西。"这时,你可以递上早已准备好的类似搅拌棒、水杯等一次性的物品。旅客的感受会大不一样,餐盒基本上就可以收回了。当然,突发的个别的事情还会发生,比如旅客仍然不还餐盒,这时可以视情况决定。比如三个餐盒,送他一个收回两个。民航服务人员要把这种事情当成一种服务加谈判的特例来解决。当然服务是前提,充分利用谈判的心理战和技巧,事情的解决效果会大不相同。当你遇到难缠的旅客时,他可能每一句话都充满了火药味。

首先,你要明白这是他的修养程度,他对任何人都是这样的,不是仅仅对你这样,不要把注意力放在他的表达方式上,静下心来认真听他的真正意思,从而弄明白他需要什么,然后再进行针对性的服务。这种旅客已经很急躁了,民航服务人员避免矛盾的发生需要自身保持较好的耐心。对于那种看见你没有急他就更急的旅客,他可能会出言不逊来激怒你。多数有修养的旅客都会反感这种人的做法,但为你说话的声音却没有。为什么?原因之一是,旅客们认为民航服务人员有能力处理这种事,他们没有必要在混乱的时候多说话。其实,这是对民航服务人员的一种尊重,对你职业素质的信任。那个旅客的声音越来越大,面目越来越狰狞。民航服务人员一定不能着急,无论发生什么,都要克制自己。当然,克制不是不作为地让他为所欲为,而是短暂地冷静为下一步工作积极地想办法。

(四)第三方介入

群体冲突可以由双方采用直接的交往和沟通方式来解决,当接触没有发生作用、合作失败或谈判陷入僵局的时候,冲突双方可以转向第三方介入,或与双方有关关联的第三方主动介入冲突,充当调停人、和解人或仲裁人,以帮助冲突双方找到解决办法。

■知识链接

引入第三方解决问题

每年的雷雨季节,因为航班延误而造成的旅客与航空公司员工的摩擦都是民航屡见不鲜的新闻,然而随着旅客维权意识的提高,加之不少人抱着看热闹的心理,这种摩擦大有愈演愈烈之势。民航业怎么了,为什么这样的事件被人们无数次地探讨,又在讨论之后无数次地发生呢?关键还是解决延误问题的相关方法出现了问题。

如何解决类似的问题,如果能实时引入第三方将是一个解决问题的途径。第三方能够站在事外人的角度来证实航班延误的真正原因,并且能够及时向旅客提供相关延误的进展情况,从而可以更好地得到旅客的信任,消除两者之间各自怀揣着的想法,为延误问题得到解决铺平道路。

如今,各家航空公司都有相应的赔偿标准,但是旅客对于赔偿标准并不清楚,很多旅客只知道延误后自己可能有获得赔偿的权利,在旅客不知道相关细则的情况下,遇到航班延误,旅客不出来闹事,航空公司为自身利益考虑便不进行赔偿或者对赔偿标准打折扣,如果旅客闹了,航空公司便提高赔偿标准进而保障航班正常起飞。这样一来,每次航班延误就必然出现航空公司和旅客相互拉锯的现象,既影响其他旅客乘机,也不利于航空公司飞行的效率。

如果能够引入第三方,那么出现航班延误时,第三方可以按照提前制定的标准来执行,从而可以避免很多不必要的摩擦及人为造成航班延误的现象发生,这样可以更好地提高民航的整体工作效率,一旦航班延误,航空公司一线员工也不会担心航班延误自己如何应对的问题,从而可以更好地做好自己的本职工作。同时,第三方的介入可以很好地解决两者矛盾的同时,也有利于航空公司在旅客中树立良好的信誉,一旦出现延误问题,旅客可以得到应该得到的,而不用绞尽脑汁、想尽方法和航空公司周旋,这样一来,航空公司赢得旅客信任的同时,可以得到更多旅客的信赖,提高旅客对航空公司的信任度,从而有利于自身整体效益的提高。

(资料来源:郑菲菲.民航服务心理学[M].北京:中国旅游出版社,2018.)

任务三　民航常见突发事件应对策略

突发事件,是指在旅客的旅程中突然发生的、对旅程造成严重影响的事件。突发事件不仅对旅客的旅程造成了一定程度甚至严重的影响,而且对民航服务也是一个严峻的考验。突发事件的处理情况,是考量民航服务水平的一个重要指标。

一、民航突发事件的特点

民航突发事件主要包括飞机延误起飞或降落,售票、行李运送出现问题,旅客机上发病,旅客间冲突,飞机上犯罪乃至劫机等,这些事件反映了民航突发事件的如下特点。

(一)突发性

突发事件是事物内在矛盾由量变到质变的飞跃过程,通常由一定的契机引发,而这个契机是偶然的。因此,突发事件发生的具体时间、实际规模、具体态势和影响深度,难以完全预测。

(二)欲望性

除自然灾害导致的突发事件外,其他突发事件都有明显的目的性和欲望性特点,因为人们选择的目的通常是为了满足某种需要。自然灾害本身并无欲望性,但是在处理这类事件的过程中,人们的欲望性也是很明显的。

(三) 群体性

社会性突发事件多是由少数人操纵，通过宣传鼓动而把一些群众卷到事件中来；自然性突发事件也往往危及多数群众的生命财产。

(四) 破坏性

不论什么性质和规模的突发事件，都会不同程度地给民航企业造成经济和形象上的损失与破坏。

二、民航常见突发事件的应对策略

(一) 航班取消或延误

按照国际惯例，飞机关舱门前后的 15 分钟的时间差都属正点起飞。航班延误是指按照航班时刻表规定的时间推迟起飞；航班取消是指由于种种原因，预定航班停飞。

航班的延误和取消往往是由天气、航空管制、机械故障等方面的因素引起的。

天气原因是造成航班延误的主要原因。民航方面对于因天气恶劣造成延误的解释是，天气原因，不够飞行标准，不能按时起飞。从旅客角度来看，天气恶劣包括大风、大雨、大雾，飞机就可能无法起降，航班就要延误。而这种认识是片面的，也就会造成很多误解，认为民航方面在骗人，尤其是出现有的航班能走、有的走不了的情况，容易引发群体性冲突。

通常人们的行为是受思想支配的，航班延误或取消发生后旅客的各种行为也是心理作用的结果。要想妥善处理航班延误或取消带来的问题，就有必要研究和把握旅客的心理特征。依据旅客的心理特征采取有针对性的对策，避免冲突和矛盾的产生。航班延误或取消时，多数旅客会产生焦虑、抱怨、怀疑、求补偿、希望被重视等心理。

1 航班延误或取消时的旅客心理特点

1）焦虑

当航班延误、取消等不正常情况出现时，旅客会出现焦虑情绪，坐立不安、频频询问原因、起飞时间。旅客出行都有一定的目的性，航班一旦不能正常成行，旅客就会担心行程被耽误、后续航班衔接不上、计划被打乱等一系列问题。

2）抱怨

遇到不正常航班的旅客本来就有一定的怨气加上长时间等待、服务不周、信息发布不及时、对原因解释不满等问题，加剧了旅客的愤怒和抱怨，甚至部分旅客会有过激的行为，如破坏机场设施、聚众滋事、妨碍机场正常秩序等。

3）怀疑

有些旅客不相信发布的信息及对不正常航班原因的解释说明，怀疑航空公司和机场为了逃避责任故意欺骗旅客等。有这种情绪的旅客会产生对抗行为，如罢机、闹事、要求赔偿等。

4）求补偿

航班延误或取消后，为了使自己的损失降到最低，旅客往往会索求补偿，如经济损失、精神损失等。有些旅客不管有没有达到补偿的条件就要求航空公司对其进行补偿或赔偿，并且对补偿标准的要求都比较高。

5）希望被重视

旅客对服务的需求在航班延误与取消时更为迫切，因此希望能够被重视，希望所提的要求能够及时得到满足。

2 航班延误或取消时的应对措施

民航服务人员应针对旅客的心理特征，转变观念，积极面对和处理航班延误与取消时旅客的焦虑、抱怨、怀疑等一系列心理情绪，采取有效的措施，及时安抚旅客。

1）提供相应的服务措施和相关信息

民航服务人员应及时通报信息以满足旅客的知情权、及时安排食宿、及时改签航班、及时满足旅客需求等，只有服务做到及时到位，服务在旅客开口之前，才能缓解旅客的不良情绪和心理，避免一些不必要矛盾和冲突的发生。此外，民航服务人员也可以做好相应预防工作，如在候机室、飞机上准备航空旅行手册供旅客翻阅；在广播中播放飞机延误等非正常航班的知识和相关规定，弥补旅客航空知识的空缺和不足，加强信息的沟通，增进旅客的认知和理解。

2）以诚恳的态度理解旅客

民航服务人员要通过换位思考，及时了解旅客需求，让旅客感受到自己被重视；找共同语言，拉近与旅客之间的距离，便于进一步沟通和交流；微笑服务，化解旅客不良的情绪，解决冲突和矛盾；用心服务，端正态度，及时满足旅客需求。

3）隔离情绪"隐患"旅客

航班延误和取消时，涉及的旅客非常多，一些本来不愿意"闹事"的旅客因受到其他旅客的情绪影响，也加入到滋事的队伍中，导致群体效应，群体会形成更大的影响，处理难度也更大。因此，民航服务人员应及时隔离不良情绪旅客，随时观察旅客动态，及时发现情绪不稳定的旅客，要做到主动出击，平稳其情绪，友好沟通。在遇到个别旅客有过激行为时，应将其同其他旅客隔离处理，让旅客冷静情绪等。

4）严格按照规定明确补偿

2004年，中国民用航空总局（现为中国民用航空局）出台的《航班延误经济补偿指导意见》对航班延误的认定、补偿原则、补偿方式等做出原则性的规定，由于没有对航班延误责任的认定和经济补偿的仲裁做出详细的规定，缺乏实际操作性，从而加剧了旅客冲突和矛盾的产生。因此，对旅客的补偿，一定要有明确的责任认定和详细的补偿标准，这样才能避免不满足补偿要求的旅客闹事，以及"闹得大、赔偿多"的现象出现。

5）加强与新闻媒体的沟通

航班延误后，民航方面要主动和媒体进行沟通，就航班延误原因、采取了哪些补救措施、对旅客做了哪些安排等及时反馈给媒体，防止信息失真。信息的及时传达，在很多时候可以减少消极影响，这些信息的传达也会影响到普通民众对航班延误的认识，消除他们对民航方面的诸多误解。

■ 知识链接

华东地区启动大面积航班延误新闻发布机制

为了及时向旅客传递航班延误、取消的相关动态信息,上海民航各单位启动了大面积航班延误对外新闻发布机制,第一时间通过各类媒体向公众发布相关信息。上海机场集团在台风影响到来之前,就主动与上海电视台新闻频道联系,在整点新闻播报时段动态播出上海两机场的运行情况,以及各航空公司、机场的热线电话与网站地址,并于2011年8月6日下午,主动请中央电视台、上海电视台、东方卫视、凤凰卫视、新民网等媒体采访,使民航抵御防范"梅花"台风所做的大量工作为社会公众所知。

8月6日上海两机场共取消航班260架次,7日取消了275架次。东方航空、上海航空、中国国际航空上海分公司、吉祥航空、春秋航空等公司和上海机场集团全力确保旅客和航空器安全,保证设备设施正常并通过官网、广播、电视媒体、手机短信、微博、服务热线以及航站楼内的电子显示屏等渠道,及时向旅客传递机场运行动态和航班调整信息,同时妥善做好取消航班后的旅客安置工作。

(资料来源:根据 http://www.caac.gov.cn/XWZX/DFDT/t20110809_22983.html 整理。)

(二)行李查询服务心理与策略

行李查询服务是民航客运的最后一个环节。一般来说,到了这个阶段,民航旅客对行程的需要已经基本满足,随之而来的是对自己的行李安全的需要。由于民航工作的特殊性,旅客的行李是在始发地搬运上飞机的,在运转过程中各种各样的原因都有可能造成旅客的行李漏装、破损、遗失、运错地方等。因此,负责行李查询的民航服务人员应该了解和掌握旅客的心理。

1 旅客在行李查询时的心理

旅客到达目的地以后,如果发现自己的行李有问题,心理就会产生落差,情绪变化十分明显,从而产生不满、对抗情绪,有时还可能做出过激行为。旅客迫切想知道自己行李的下落,急于拿回自己的行李。民航服务人员应当向旅客进行解释,安抚其情绪。由于行李出现了问题,旅客要求补偿的心理比较明显,若旅客提出的具体赔偿数额与实际损失数额不相符或远远大于实际损失的数额,民航服务人员要在心理上有所准备,不要使矛盾激化,以免造成更大的损失。

2 行李查询服务策略

针对旅客在行李查询时的心理,行李查询处的民航服务人员的服务策略应该做到以下几点。

1) 换位思考

民航服务人员应该站在旅客的角度去对待行李查询工作。

2）调整情绪

民航服务人员要调整好自己的情绪，避免在工作中与旅客发生冲突，给工作带来不必要的麻烦。

3）感化

民航服务人员用自己积极的工作态度感化旅客，积极地帮助旅客联系寻找丢失的行李，使旅客心理上得到平衡和安慰。

4）赔偿

若因民航方面的原因对旅客的行李造成延误，民航公司应为旅客提供一笔临时生活费用，并进行适当的赔偿。

5）致歉

如果由于行李出口处检查人员的工作疏忽，造成行李的错拿，民航服务人员应及时纠正，并向旅客致歉。

■ 知识链接

一件失踪的行李将南航优质服务口碑带到香港

CZ6327航班抵达深圳宝安国际机场后，南航深圳分公司行李查询员同往常一样开始为旅客查验行李票，交付旅客托运的行李。行李转盘上很快就只剩下两三件行李未被提取了，整个行李大厅也慢慢变得安静起来。一位旅客一直在行李提取转盘前焦急地来回走动，欲言又止，行李查询员快速走上前询问旅客是否需要帮忙。

经询问得知，旅客姓刘，一行八人跟随一个旅游团从大连前往香港开一个重要会议，他们托运的四件行李没有取到，其中有一个拉杆箱，里面全是会议需要使用的样板材料，所以不免有些着急。会不会是没有装上飞机？行李查询员一边安慰旅客，一边打电话到大连行李查询部门询问。得知刘先生的行李被传送带卡住了没有装上飞机，现在大连已经将这件行李用最快的航班运送过来，五小时后就能抵达。

当时已经是晚上8：00，车和其他旅客都在外面等，刘先生表示：他们不可能在机场等5小时，而且马上就要赶往香港，要求南航工作人员将行李送到香港开会的地点。后天开会必须用这些资料，否则会造成巨大损失。这让南航工作人员犯了难，负责行李查询的工作人员没有港澳通行证怎么办？

当天值班主任了解到情况后，当即表示让旅客先走，他们想办法尽快把行李送到香港。在值班主任的带领下，值机班组先后联系了三家快递公司，要求他们明天把行李速递过去，但周日是香港的公休假日，要周一才能送到旅客的手中这该如何是好？"旅客的满意，就是我们最大的心愿，这是南航的服务宗旨，也是我们的目标！那就派我们的员工去送，不管有多大困难，也要兑现我们的承诺！"值班主任坚定地说。说完，值班主任开始给一些可能有港澳通行证的员工打电话，半个小时过去了、两个小时过去了……终于联系到南航商务室拥有有效港澳通行签证的员工，讲明情况后，两位员工接受了这次特殊的任务。

第二天，经过5小时的奔波，下午4点，行李终于按时交付到旅客手中。看到南航的两位员工不惜用自己的休息时间，费尽周折把行李送到了自己手上，刘先生非常感动地说："刚开始，听说我的行李没有装上飞机时心里有一丝不快，但南航后续解决问题的方式和态度让我满意,真的是做到用心服务、用情服务,南航将永远成为我们的首选,谢谢你们!"

(资料来源:魏全斌.民航服务心理与实务[M].北京:北京师范大学出版社,2014.)

(三)旅客突然生病

由于种种原因,在候机厅或航班上有时会出现旅客突然发病的情况,这往往会使民航服务人员措手不及,给服务工作带来很大的难度。

意外事件可能由两方面原因造成:一是旅客的原因。例如,临时患病的旅客本身痛苦、着急、忧虑,急盼民航服务人员帮助,这时应为之寻医送药,妥善处置,有条件时应送医院处置。二是民航部门的原因。例如,发生空中事故,影响正常飞行,甚至威胁到飞行安全。民航服务人员应沉着、冷静,稳定旅客情绪,积极妥善处理。要通知相关部门和人员,启动紧急救护预案,不要随意判断,以免影响后续处理。

■知识链接

旅客突发癫痫　乘务员冷静急救

出行高峰期常会遇到航班不正常的情况,客运环境又比平时拥挤嘈杂,加之旅客个人舟车劳顿等因素,很多疾病会乘虚而入,此时出行的旅客更容易发生紧急情况,乘务员冷静负责的态度、训练有素的急救必不可少。

春运伊始,东航由长春飞往上海浦东的MU5698航班平稳地飞行,在航班落地停稳后,旅客纷纷准备下机,突然,后舱乘务员发现一名男性旅客浑身抽搐、口吐白沫、脸色青紫。乘务组立即疏导过道,乘务长迅速检查并判断该旅客有癫痫症状。为防止其咬伤口唇和舌头,乘务员迅速拿来小毛巾,折成筒形塞到他的上下牙齿之间,并备好氧气瓶以防病情恶化。乘务长一边广播找医生一边迅速将该旅客情况报告机长。

乘务员向同行旅客询问患者病史,并寻找有无随身药物。乘务组不停地为他擦拭嘴边的污物和额头上的汗水。通过广播找来的医务人员也为其按摩虎口、手指。时间一分一秒地过去,旅客的脸色终于不再青紫……乘务组又端来了热水喂给旅客,让他充分放松下来,安静地休息。此时,机场的医疗队上飞机对旅客进行了详细的检查。30分钟过去了,旅客逐渐恢复了正常,在确认旅客病情无碍后,乘务组申请轮椅将该旅客送下了飞机。

同样惊险的一幕发生在国航由成都飞往南京的CA4505航班上。飞机在南京落地后,旅客们正有序地走下飞机,这时,坐在客舱后部的一位青年男子突然大声地呼叫起来:"乘务员!快过来看看我爱人,救救她!"

听到呼叫声的后舱乘务员火速赶到这位旅客的座位旁,只见一位年轻女子呼吸急促、满头大汗、全身抽搐地倒在男子的怀中。乘务员马上拿来氧气瓶给病人吸氧,并立即报告给乘务长。接到报告后,乘务长向机长说明情况并请求呼叫地面医生上机进行急救。由于客舱通道里旅客们正在排队下机,乘务长一时无法前往后舱,但凭着丰富的经验,她判断该女子可能是癫痫发作,情急之下拿起话筒,指挥后舱乘务员对旅客进行紧急施救。

乘务员立即按压患病旅客的人中穴和合谷穴。病人刚才还抽搐、蜷缩在一起的双手慢慢地伸直了,双眼也慢慢地睁开了。这时乘务员又送来了白糖水和热毛巾,一口一口给病人喂着。她们一边轻声安慰着病人,一边帮她擦去满头的大汗……

20分钟过去了,病人的脸色渐渐红润起来,还可以开口说话了。她的丈夫见乘务员个个忙得满头大汗,激动地对乘务组说:"感谢你们为我爱人做的一切,我们会永远铭记在心!"

(资料来源:夏雪、王洋,载于《中国民航报》。)

(四)旅客的过激行为

旅客的过激行为,是指某些旅客由于情绪失控或修养较差,在言行上表现出的冲动行为。

随着搭乘飞机出行的旅客越来越多,旅客不文明行为也有增无减,这成为了机场和航空公司的一大烦心事。特别是雷雨季节,由于天气造成的大面积航班延误频发,使得扰乱机场秩序、打砸服务柜台、损毁设施设备、破坏航空器乃至攻击工作人员等不文明行为的"任性"旅客频频出现。

旅客的过激行为不但会干扰正常的公共秩序,而且极容易被坏人煽动和利用,从而造成更大的危害。

面对旅客的过激行为,可以从以下几个方面着手应对。

1 加大媒体宣传民航相关法规

通过大众媒体宣传普及《中华人民共和国民用航空法》《中国民用航空飞行规则》等法律法规的相关知识,以乘机过程中的安全事故个案和公民违法违规处置个案来说明安全乘机、文明乘机的重要性。加强对每一位公民的民航通识教育,有利于培育大众乘机出行的公共道德意识。可以在与旅客发生直接接触的显要位置,通过各种媒介形式告知乘机出行的关键信息。例如,在机场大厅内播放倡导文明乘机的专门影像资料,在购票、退改签柜台张贴客票售后服务规定,在休息室播放乘机违法违规案例的视频,在候机厅书报栏摆放乘机出行常识、航班延误原因分析的宣传册,在飞机上播放倡导安全乘机的视频等。通过以上举措,可以加强在乘机过程中的每个环节对旅客的引导和教育。

2 航空公司和机场通力合作,持续提高整体服务水平

即使在发生航班延误等特殊情形下,民航服务人员也能为旅客提供始终如一的服务。这就要求航空公司和机场应以各类旅客的需求导向为基础,面对特殊情况,建立合理化、程序化、人性化的预警应对机制。

3 应当站在情绪过激的旅客的立场看问题

以往我们是站在工作人员的角度,或是公共道德的角度来思考问题,并没有站在情绪过激的旅客的立场,以他们的思维方式进行思考。许多时候,单靠几位一线员工势单力薄地与正处于不满、愤怒状态下的旅客进行沟通,很难从根本上解决问题。情绪过激的旅客也许就那么几个人,但在特殊情况下,他们通过激愤的情绪、大声的喧闹甚至是与工作人员直接的身体接触,使其他旅客产生从众心理,在其他旅客中扩散紧张和不满。应对这类旅客,我们需要进行科学的实地调研和心理分析,制定跨部门、多人协同且具备可操作性的应对措施。

4 支持更多的航空公司和机场建立旅客"黑名单"

支持更多的航空公司和机场建立旅客"黑名单"并定期向社会公众公布,对行为极端恶劣的旅客在一定期限内予以惩戒。为应对旅客不文明行为,还需要空管、公安、边防等相关驻场单位的进一步支持,建立协同应急机制,在必要时提请有关政府部门启用行政手段。只有采取一致行动,对不文明行为说"不",才能让更多旅客出行安全、舒心,让民航一线单位避免不必要的损失。

(五)售票差错、退票、超售等

由于服务意识、态度等因素,在售票环节也会出现很多问题,引起旅客的不满与投诉。主要问题在于,一是销售代理人不按规定要求售票,造成旅客重新购票、不能按时成行;二是当航班变更时,不能将有关信息及时通知旅客,引起旅客投诉。另外,还有部分投诉是由于旅客在没有民航管理部门正式批准的黑代理点购票,服务不规范、不标准引起的投诉。

据某航空旅行网总经理介绍,其实有些问题的发生归根到底是由于机票销售市场的"信息不对称"及信息传递延迟造成的。一般来讲,传统的"电话问询"及"柜台式"机票销售服务中,代理人使用专业销售终端,旅客根本没有机会了解航班舱位及各舱位的退改签规定等具体情况,给旅客带来极大的不便,同时也影响了机票代理公司乃至航空公司的信誉。

■ 知识关联

中国国际航空公司航班超售服务方案

尊敬的各位旅客:

为了满足广大旅客的出行需求,减少因部分旅客临时取消出行计划而造成的航班座位虚耗,我们可能在部分容易出现座位虚耗的航班上进行适当的超售,以保证更多的旅客能够搭乘理想的航班。我们会合理地控制航班超售比例,因此,已定妥航班座位的旅客最终未能成行的情况极少发生。如果因航班超售而造成部分旅客未能成行时:

(1)我们会在机场首先征询自愿搭乘晚一些航班或者自愿取消行程的旅客。
(2)在没有足够自愿取消行程的旅客的情况下,优先登机原则如下:
①执行国家紧急公务的旅客;
②经国航同意并事先做出安排的、有特殊服务需求的老、弱、病、残、孕旅客以及无成人陪伴儿童;
③头等舱和公务舱旅客;
④国航白金卡、金卡会员及其他星空金卡会员;
⑤已经定妥联程航班座位且转机衔接时间较短的旅客;
⑥国航银卡会员及其他星空银卡会员;
⑦证明有特殊困难急于成行的旅客(如签证即将到期)。
(3)我们将为未能成行的旅客提供后续服务保障:

①优先安排最早可利用的航班保障旅客尽快成行;
②或按非自愿退票处理,不收取退票费;
③或按非自愿变更航程处理,票款多退少不补;
④如所安排的后续航班为次日航班时,将免费为旅客提供膳宿。

(4)除为旅客提供上述服务保障外,我们将根据旅客所持客票价格水平、航线距离以及改签后续航班等待时间,同时给予一定形式的补偿。

①补偿条件。

符合下列所有条件时,自愿取消行程或被拒绝登机的旅客可得到超售补偿:

a.已经定妥航班座位的旅客(含持里程兑换奖励免票的旅客),不包括持各类奖励及航空公司职员免/折票的旅客。

b.旅客在截止办理乘机登记手续时间前,到达指定登记柜台办理乘机登记手续;

c.不属于依据《中国国际航空股份有限公司旅客、行李国际运输总条件》和《中国国际航空股份有限公司旅客、行李国内运输总条件》被国航拒绝运输的旅客。

②补偿方式。

a.国航超售补偿采用运输信用证、里程、现金三种补偿方式。

b.对于持里程兑换奖励客票的自愿取消行程或被拒绝登机的旅客,超售补偿和降低舱位等级补偿应采用里程补偿方式。

③补偿币种。

使用国航支付补偿金或填开运输信用证补偿地所在国家或地区的货币进行补偿。

如果航班发生超售,我们将在机场相关区域内通过告知书或广播等形式发布航班超售信息。我们真诚地感谢您的理解与配合!

(资料来源:根据中国国际航空公司官网整理。)

严谨、细致、扎实的工作作风对培养售票工作人员的敬业精神、团队精神和责任意识有着积极的作用。只有细致、严谨,才能在工作中考虑缜密、计划严密,才能避免工作中的差错、遗漏与失误。针对售票工作中常出现的问题,开展购票温馨提示服务可以使售票员和旅客达到直接面对面的双向沟通交流,在出票之前避免工作差错。出票后,工作人员应给旅客讲解票面信息,告知旅客应提前一小时到达机场办理登机手续,还应告知旅客退票的规定以及折扣票的限制使用条件,使旅客能感知在享受打折票的同时,自己也应承担的相应风险。

建立和完善服务信息链,提供全面而准确的信息服务,让旅客及时了解航空公司的相关政策、法律和法规以及各种服务信息,这样许多麻烦都能事先避免。

(六)晚到或值机安检不畅导致误机

值机人员严格遵守飞机起飞前30分钟截止办理乘机手续的规定,对于晚到的旅客坚决不予办理导致旅客误机;因客流量较大,安检不顺畅导致旅客误机。

对于一般的乘机旅客来说,最可能发生的误机情形是赶到机场的时间较晚,来不及办理登机手续。如果遇到这种情况,如何采取补救措施使旅客顺利搭乘原定的航班呢?

1 使用紧急柜台

大多数航空公司都设有紧急柜台,如果你因故晚到机场,且晚于起飞前一小时到达机场,自助值机服务已经停止了,这时就可以到"晚到旅客服务台"办理。如果柜台前面排队旅客较多,还可态度诚恳地跟排头位的旅客协商,优先办理。

2 尝试申请头等舱通道安检

另外,在万分紧急的情况下,机场值机人员会酌情在你的登机牌上加盖"优先安检"章,凭此章旅客可优先从头等舱通道安检登机,而头等舱通道使用人数一般很少。需要注意的是,此法只适用于持加盖"优先安检"章登机牌的晚到旅客。

■知识链接

> **安检待检区画出了不同颜色的等待标示线**

西安咸阳国际机场发现旅客在安检排队待检时最想得到的信息是多长时间可以通过安检。基于旅客的这种心理需求,该机场安检站在安检待检区画出了不同颜色的等待标示线,如5分钟的黄色线、8分钟的橙色线和12分钟的红色线,提示旅客等待时间,让旅客根据乘机时间自行决定是排队等待还是到"晚到旅客通道"快速通过安检。

(资料来源:根据相关资料整理。)

项目小结

本项目着重介绍了群体及群体心理行为,分析了民航旅客群体的特殊性及民航服务中突发事件的影响,探讨了民航突发事件的处理方法,重点分析了民航服务中常见突发事件下旅客的心理和行为反应,阐明了解决突发事件的关键在于制定合理的处理原则与手段,建立科学有效的应对机制。

项目训练

一、简答题

1. 群体如何分类?
2. 民航群体的特殊性有哪些?
3. 群体心态的特征有哪些?
4. 群体行为有哪些?
5. 航班延误如何处理?
6. 航空公司应如何应对旅客过激行为?

二、选择题

1. 以个人好恶、兴趣爱好为联系纽带具有强烈情感色彩的群体是（　　）。
   A. 联合群体　　　B. 正式群体　　　C. 松散群体　　　D. 非正式群体
2. 在足球比赛中，往往呐喊助威的观众越多，运动员表现越勇敢、越顽强，这种现象是（　　）。
   A. 从众　　　　　B. 社会促进　　　C. 社会干扰　　　D. 轰动效应
3. 民航旅客群体的特殊性不包括（　　）。
   A. 去个性化　　　B. 情绪感染性　　C. 社会事件影响　D. 自我价值保护
4. 以下不属于群体行为的是（　　）。
   A. 去个性化　　　B. 社会助长　　　C. 社会惰化　　　D. 暗示效应

三、案例分析题

面对恶劣天气对航班造成的影响，河北航空应对有招

2011年5月以来，华北地区出现了不同强度的雷雨天气，持续的降水及雷暴对华北区域内的航班都造成了不同程度的影响。

面对复杂天气和保障航班正常的现实情况，河北航空公司认真执行雷雨天气条件下的放行程序，根据天气预报情况指导机组航行，并及时向空军申请空域及临时航线，保证了航班的有序运行。截止到5月12日，河北航空公司共安全飞行、保障航班451架次。

为做好应对恶劣天气的飞行工作，河北航空公司在3月就组织人员编写了雷雨、沙尘暴等恶劣天气的学习资料，每周二都组织所有人员进行学习，强化业务能力，以确保安全飞行。

此外，河北航空公司AOC运行指挥中心的工作人员还严密监视天气变化，增加天气讨论和集体观测次数，24小时监控石家庄运行基地和河北航空公司所执飞城市和航路上的天气预报情况，及时发布雷暴、大风警报，随时与机组人员保持沟通，做好各项准备措施，全力保障航班及旅客的安全，最大限度地减少因天气原因造成航班延误给旅客带来的不便。

（资料来源：古建学、刘飞，载于《中国民航报》。）

请问：

1. 河北航空采取了哪些措施应对恶劣天气对航班造成的影响？
2. 你还知道哪些航空公司在应对航班延误、值机拥堵、行李破损等突发事件时采取的有效措施？请分享。

四、实践题

盲人走路

游戏方法：两人一组（如A和B）。

A先闭上眼将手交给B，B可以虚构任何地形或路线，口述注意事项指引A进行。

如：向前走，迈台阶，跨东西，向左或右拐……

然后交换角色，B闭眼，A指引B。

要点：
(1)通过体验,让队员体会信任与被信任的感觉。
(2)作为被牵引的一方,应全身心信赖对方,大胆遵照对方的指引行事;而作为牵引者应对伙伴的安全负起全部责任,对一举一动的指令均应保证正确、清楚;万一指令有错,信任很难重建。

参考文献

[1] 魏全斌.民航服务心理与实务[M].北京:北京师范大学出版社,2014.
[2] 向莉,周科慧.民航服务心理学[M].北京:国防工业出版社,2009.
[3] 梁宁建.心理学导论[M].上海:上海教育出版社,2006.
[4] 郑菲菲.民航服务心理学[M].北京:中国旅游出版社,2018.
[5] 张澜.民航服务心理与实务[M].北京:旅游教育出版社,2013.
[6] 纪志明,刘汉辉,孙高洁.团队管理[M].北京:科学出版社,2011.
[7] 安萍.民航服务沟通技巧[M].北京:清华大学出版社,2018.
[8] 陈杰.民航服务心理学[M].北京:国防工业出版社,2014.
[9] 王建民.管理沟通实务[M].4版.北京:中国人民大学出版社,2015.
[10] 庞美云.客舱服务心理学[M].北京:人民交通出版社,2016.
[11] 叶萍,陈玉莲,邓雪梅.民航服务心理学——"理论·案例·实训一体化"教程[M].北京:中国民航出版社,2015.
[12] 辜英智,邓红军,魏春霖.民航服务心理学[M].成都:四川大学出版社,2017.
[13] 顾胜勤,马广玲,庞美云.民航旅客服务心理学[M].2版.北京:北京理工大学出版社,2005.
[14] 于海波.民航服务心理学教程[M].北京:中国民航出版社,2007.
[15] 杨丽明,廉洁.民航服务心理学[M].上海:上海交通大学出版社,2013.
[16] Bernstein A J.情绪管理[M].范蕾,等,译.北京:中国水利水电出版社,2005.
[17] 宫火良.情绪管理原理与方法[M].北京:新华出版社,2012.
[18] 赵颖.民航服务心理学[M].上海:上海交通大学出版社,2016.

教学支持说明

高等职业学校"十四五"规划民航服务类系列教材系华中科技大学出版社"十四五"期间重点教材。

为了改善教学效果,提高教材的使用效率,满足高校授课教师的教学需求,本套教材备有与纸质教材配套的教学课件(PPT 电子教案)和拓展资源(案例库、习题库、视频等)。

为保证本教学课件及相关教学资料仅为教材使用者所用,我们将向使用本套教材的高校授课教师免费赠送教学课件或相关教学资料,烦请授课教师通过电话、邮件或加入旅游专家俱乐部 QQ 群等方式与我们联系,获取"教学课件资源申请表"文档,准确填写后发给我们,我们的联系方式如下:

地址:湖北省武汉市东湖新技术开发区华工科技园华工园六路

邮编:430223

电话:027-81321911

传真:027-81321917

E-mail:lyzjjlb@163.com

旅游专家俱乐部 QQ 群号:306110199

旅游专家俱乐部 QQ 群二维码:

群名称:旅游专家俱乐部
群　号:306110199

教学课件资源申请表

填表时间：_____年___月___日

1. 以下内容请教师按实际情况填写，★为必填项。
2. 学生根据个人情况如实填写，相关内容可以酌情调整提交。

★姓名		★性别	□男 □女	出生年月		★职务	
						★职称	□教授 □副教授 □讲师 □助教

★学校		★院/系	
★教研室		★专业	
★办公电话		家庭电话		★移动电话	
★E-mail（请填写清晰）				★QQ号/微信号	
★联系地址				★邮编	

★现在主授课程情况	学生人数	教材所属出版社	教材满意度
课程一			□满意 □一般 □不满意
课程二			□满意 □一般 □不满意
课程三			□满意 □一般 □不满意
其 他			□满意 □一般 □不满意

教材出版信息						
方向一		□准备写	□写作中	□已成稿	□已出版待修订	□有讲义
方向二		□准备写	□写作中	□已成稿	□已出版待修订	□有讲义
方向三		□准备写	□写作中	□已成稿	□已出版待修订	□有讲义

请教师认真填写表格下列内容，提供索取课件配套教材的相关信息，我社将根据每位教师/学生填表信息的完整性、授课情况与索取课件的相关性，以及教材使用的情况赠送教材的配套课件及相关教学资源。

ISBN（书号）	书名	作者	索取课件简要说明	学生人数（如选作教材）
			□教学 □参考	
			□教学 □参考	

★您对与课件配套的纸质教材的意见和建议，希望提供哪些配套教学资源：